我的菩提路

——第二輯

——郭正益 等人合著

ISBN 978-986-06961-4-1

佛法是具體可證的，三乘菩提也都是可以親證的義學，並非不可證的思想、玄學或哲學。而三乘菩提的實證，都要依第八識如來藏的實存及常住不壞性，才能成立；否則二乘無學聖者所證的無餘涅槃即不免成爲斷滅空，而大乘菩薩所證的佛菩提道即成爲不可實證之戲論。如來藏心常住於一切有情五蘊之中，光明顯耀而不曾有絲毫遮隱；但因無明遮障的緣故，所以無法證得；只要親隨眞善知識建立正知正見，並且習得參禪功夫以及努力修集福德以後，親證如來藏而發起實相般若勝妙智慧，是指日可待的事。古來中國禪宗祖師的勝妙智慧，全都藉由參禪證得第八識如來藏而發起；佛世迴心大乘的阿羅漢們能成爲實義菩薩，也都是緣於實證如來藏才能發起實相般若勝妙智慧。如今這種勝妙智慧的實證法門，已經重現於臺灣寶地，有大心的學佛人，當思自身是否願意空來人間一世而學無所成？或應奮起求證而成爲實義菩薩，頓超二乘無學及大乘凡夫之位？然後行所當爲，亦不行於所不當爲，則不唐生一世也。

——平實導師

如聖教所言，成佛之道以親證阿賴耶識心體（如來藏）爲因，《華嚴經》亦說**證得阿賴耶識者獲得本覺智**，則可證實：證得阿賴耶識者方是大乘宗門之開悟者，方是大乘佛菩提之眞見道者。經中、論中又說：證得阿賴耶識而轉依**識上所顯真實性、如如性**，能安忍而不退失者即是**證真如**，即是大乘賢聖，在二乘法解脱道中至少爲初果聖人。由此聖教，當知親證阿賴耶識而確認不疑時即是開悟眞見道也；除此以外，別無大乘宗門之眞見道。若別以他法作爲大乘見道者，或堅執**離念靈知**亦是實相心者（堅持意識覺知心離念時亦可作爲明心見道者），則成爲實相般若之見道內涵有多種，則成爲實相有多種，則違**實相絕待**之聖教也！故知宗門之悟唯有一種：親證第八識如來藏而轉依如來藏所顯眞如性，除此別無悟處。此理正眞，放諸往世、後世亦皆準，無人能否定之，則堅持離念靈知意識心是眞心者，其言誠屬妄語也。

——平實導師

目次

平實導師　序

正覺同修會諸同修們證悟的事實，藉由《我的菩提路》第一輯披露以後，引生臺灣與大陸某些自稱證悟者的仿效，也開始舉辦四天三夜的禪三了；並且也有部分人自稱是早期被平實印證而離開同修會的人，也在舉辦共修及引導他人開悟；這些自稱「開悟」的人之中，有一貫道的點傳師，也有佛門中的法師、居士，各個都自稱是平實早期弘法時的得法弟子，但都不與平實往來而且處處保密，深恐平實知之。然而當本會近年證悟者偶有因緣相遇時，甫問雲門胡餅之意，彼等悉皆不能了知；亦有被已離同修會之法師印證爲悟之法師，從大陸遠來臺灣聽平實演述《金剛經宗通》時，竟然聞之不解。如是光怪陸離之事，不一而足，顯見仿冒之舉歷久彌新，永遠存在，非唯一端；由是誤導學人同得大妄語業，其過豈謂小哉！由此一斑，可以證明親近依止眞善知識之重要性。

復次，《我的菩提路》第一輯出版以後，證實佛菩提的見道—明心證悟—並非絕無可能，即使末法時代二十一世紀初的今天。衡之於正覺同修會中，每年都有人繼續證悟明心，發起實相般若，法界實相之義趣了然於心；此亦證明法界實相永恆不變之事實，追溯於二千五百餘年前的 釋尊妙法，迴然無異，何曾有絲毫演變之處？然而像法之際，聲聞凡夫僧之間廣作思惟臆測而欲了知菩薩之所證，故有聲聞法上座部演化分裂所成的部派佛教諸派之間，全憑思惟臆測而演述大乘佛法，致有表相上之流變而有清辨、佛護、安惠……等聲聞法中之凡夫僧，廣造邪論謬說大乘法；都屬聲聞凡夫僧對大乘佛法之臆測妄說現象，並非菩薩們所弘傳之大乘佛法有所演變。彼等古時諸聲聞凡夫僧，尚且不能了知自身聲聞法之解脫道義理，竟然以蠡測海，以邪見妄弘大乘佛菩提道妙義，故有種種謬論問世流傳至今，復被收入大藏經中貽誤後人。

復有天竺密宗擅稱繼承 龍樹中道妙理，將實相般若中道之觀行命名為中觀，納入其密宗法義中，謊稱彼等已於顯教妙理有所實證，然後宗本於密宗之男女雙修無上瑜伽（樂空雙運）外道法，將彼意識貪淫境界高推為遠勝於 釋尊之報身佛境界，佛護、月稱、寂天、阿底峽、蓮花生、宗喀巴等人即此流類。至於近代崛起之印順法師，則是主動繼承西藏密宗祖師宗喀巴六識論邪見之愚人，與彼等古人同墮聲聞凡夫臆想思惟之中，不離斷常二見；乃取材於聲聞法分裂而成之部派佛教聲聞凡夫僧之弘法記錄以爲憑據，並將大乘菩薩弘法記錄及所說八識論法義扭曲爲聲聞凡夫僧所主張之六識論，著書妄言古今大乘佛法有所演變。然平實於正覺同修會弘法之過程中，一一舉證古今眞悟菩薩所弘佛菩提道妙義從未演變之事實，令印順在世之時不能置一言以辯，亦令印順門人同皆不能著文回辯。可以預言者，謂其門人現在如是，未來亦將如是；唯除不愛惜羽毛者，方能爲文妄言而不考慮正覺同修會中諸多金毛獅子加以辨正。

法界實相唯一，是故古今一切眞悟之人所悟內涵，必定永遠如一而不可能有所演變；古時如是，無量劫以來之諸佛如是，未來之無量佛出世時亦將如是。是故佛法流傳過程中有所演變之說，皆是誤將解脫道錯認爲佛菩提道之聲聞凡夫僧之妄言，永遠不符大乘眞悟菩薩弘法之歷史事實，亦永遠不符法界實相。若有人妄言佛法之流傳演變是增上進步者，必知其考證時取材不當，完全不符合文獻學取材之原則。若有人如是考證立論後，自稱其取材完全符合文獻學之取材原則，宣稱其考證爲實，主張佛法確實有所演變而認定大乘諸經非佛說者，則其所言必然是在指控　釋尊尚未成佛，是故後代佛弟子所造經典可以遠勝於釋尊所說之理。然而成佛時即是法界實相之究竟證，後代弟子們都尚未成佛，乃至證悟後都遠遜於諸等覺菩薩，竟言有智能造大乘諸經？而諸大乘經典卻又遠勝於四阿含諸經，寧有斯理？若 釋尊所證之法界實相是唯一無二的，後代弟子所證法界實相又可以異於 釋尊，豈非法界實相有二、有三？方能更勝於 釋尊之所證。抑或顯示彼等諸人是在指控 釋尊僅僅是明心見性而未入地、尚未成佛？而言後代弟子「所造」經典法義遠勝 釋尊？彼等主張大乘非佛說者，有如是大過；若依實相繼續質疑衍生者，其矛盾現象必然無量無邊，難以盡述。

深究此等主張「大乘非佛說、佛法眞義流傳有所演變」等聲聞凡夫僧之所說，有無邊過失而不曾自覺者，皆坐於信受六識論所致。由於堅持六識論邪見，必然不通大乘諸經，亦且誤會四阿含正理，於是橫生邪見而無法實證二乘菩提，更不可能實證大乘菩提。如是諸人，先已否定涅槃本際第八識，甫閱四阿含聖教所說「入無餘涅槃時五蘊十八界俱滅無餘」，恐懼墮於斷滅空，於是對外法所攝之五陰斷滅無餘之聖教滋生恐懼，成爲阿含所說「於外有恐懼」之常見凡夫，則不願滅盡五陰十八界以成就涅槃；乃於應滅盡五蘊十八界之正理中，別立意識細心常住說，建立爲無餘涅槃中之本際識；由此返墜常見外道邪解中，死後必再受生，不得了生脫死。亦有確信五陰十八界必須滅盡方爲眞實涅槃者，但因心中懷疑：釋尊所說無餘涅槃中尚有本際識獨存，故非斷滅；而我不能證得此識，世尊之說是否屬實？心中不得決定，阿含中名之爲「於內有恐怖」者，如是類人亦不能眞斷我見。釋尊於阿含諸經中說此二類人不能斷我見，永屬聲聞法中之凡夫僧，彼清辨、佛護、月稱、安惠、般若趜多、寂天、阿底峽等，皆此流類；至於蓮花生、宗喀巴、印順、達賴……等，皆屬此類之末流，尙不能斷我見，悖於四阿含聲聞解脫道，遑論親證法界實相大乘智慧而符佛菩提道？

今究其實，部派佛教各派既是由聲聞法中分裂而出者，所學唯是聲聞法而未實證聲聞法；是故不論彼等後來由清辨一脈發展爲自續派中觀，或者後來由佛護一脈發展爲應成派中觀，皆不離六識論之凡夫見解，同以六識論爲其教義基準而研究大乘菩提，亦同以聲聞解脫道而研究大乘菩提；連自家聲聞解脫道之斷我見智慧尙未能證，焉有實證大乘佛菩提道之可能？是故彼二派中觀師所說，一向不離我見，異於四阿含所載聲聞解脫道之眞義，亦從來異於大乘佛法；故彼等眾人冒稱大乘僧而各造大乘論，皆無實義。至於大乘佛教之實證者，從來外於聲聞部派佛教等臆測佛法者，始終一脈相傳而綿延遞傳至今；亦皆同證第八識如來藏，古今如一，法無異味，從無演變可言。此乃事實，徵之於 釋尊、彌勒、無著、世親、戒賢（正法藏）、玄奘、窺基、達摩、靈祐、克勤、大慧、篤補巴、多羅那他……乃至今時正覺同修會中諸實證者，同皆親證第八識如來藏阿賴耶識，古今無異，何曾有絲毫演變？是故，邪見之害人者，古今無異而綿延不斷，謂六識論也。一切修學聲聞菩提者，若不能認同八識論佛法，求斷我見終無可能；一生辛勤修學，終究徒勞而不能斷三縛結。一切修學佛菩提而參禪以求大乘見道者，若堅持六識論邪見，一生精進參禪之後絕無眞悟之可能；必然抱憾而終，或墜入意識境界自以爲悟，成就大妄語業；欲冀眞悟實相而通般若，終無可能。當代一切禪宗大師與學人，於此皆應注意。

《我的菩提路》第一輯出版時，恰逢正覺祖師堂建設完成，於今已歷二年餘；於此期間所辦禪三精進共修，皆於正覺祖師堂行之，並維持每年春秋二季禪三各二梯次；由此緣故，正覺同修會中每年仍有不少會眾陸續證悟。今再蒐集諸同修之見道報告，益以七年來首次復有見性者之見性報告一篇附中，以饗當代及後世禪和；冀能見賢思齊，勇發菩薩大心，同求入道而護正法。

佛子　平實　謹序

公元二〇〇九年小雪　誌於竹桂山居

平實導師　再版序

本書初版時的見道報告中有張志成者所寫報告長篇，係平實早計成熟而加以引導證悟者，後來發覺他既無定力又欠缺福德支持，所以當年禪三平實施加引導時，他心中對第八識並無體驗，對八識論正法並沒有相應而不信受，仍信釋印順的六識論邪見，當時心存大疑而勉強接受，是故「悟時」對於第八識心體並無體驗及勝解，即無念心所成就，如今已不能再憶當時所悟的第八識所在及自性，導致後時無法轉依成功，成爲後時忘失所悟而不信有第八識如來藏眞實存在。

然張先生對此並未向善知識發露，隱藏之後都未再求實證；後來他撰寫論文解釋公案時所說不正，當時即被身任評審的楊老師所發覺，以電子郵件向平實提出質疑；當時平實見其所寫論文有益於學人，理論上並無錯誤，只是實證上無法助益於學人，是故主張繼續發表，隱其未悟之事而印行其論文。

後時因其家中同修王老師比他更早眼見佛性而上任親教師，致令張先生難以安忍心有不平；加上張先生在本會中英譯組的職事上與其他同修有諸矛盾，堅持自己的英譯見解比其他同修正確，但被其他同修證明爲並非正確時，心中大有不服。張先生退轉後，初期欲說服其同修及家屬們隨其改信釋印順邪見而離開正覺，但諸親屬悉皆婉拒，因爲都已親證第八識而可以現觀其眞如法性故，般若智慧已經生起故。

如是，彼諸所爲之事不得成就，只能單獨一身離去而心生憤恨，便怪罪於正覺同修會，乃於網路上公開貼文懺悔其未悟言悟之事，並依其未悟言悟之事而推測會中增上班同修皆與其相同，皆屬未證得第八識如來藏，乃恣意無根毀謗之；並誘惑會中的新學者隨其退轉，主張不必修行六度中的前五度，不必修集福德而可直接進修般若度，達成證悟眞如的目標，公然違背 世尊所說要依前五度的修集作爲福德資糧，方可修學般若度的聖教。

張先生並於網路上貼文，公開主張第八識能分別五塵，其所認知的第八識已成爲有分別心，後時縱有所悟亦將成爲有分別智而非無分別智，其實只是意識心的變相；並公然違背聖教而主張眞如並非第八識的所顯自性，外於第八識而有眞如可以實證，成爲心外求法者。以此錯誤見解而據以判斷正覺的增上班諸同修，皆同他一樣未曾悟得第八識如來藏，亦未證得眞如。但他自身忘失對如來藏的所證而成爲退失者，不代表正覺同修會增上班的同修們也同他一樣未曾悟得第八識，或忘失第八識的所在，或未能現觀眞如；他卻認定大家都與他相同，未知未證第八識眞如，於是先在網路上匿名撰文公然無根毀謗正覺。後時被證明彼諸網路貼文係他所撰，不得不承認，但他有時具名公開撰文繼續對正覺無根毀謗，亦同時化名撰文無根毀謗正覺，至今未歇。

由有如是事，初版書中所列張先生的見道報告應該撤下，改換其他數篇新的見道報告，以饗讀者。今此書即將改版梓行，籲請正智出版社的讀者寄回或送回初版書，免費換取再版新書，以示負擔文責。即以說明事實作爲再版序如上。

佛子 **平實** 謹序。

時在二〇二一年立冬 寫於松柏山居

《我的菩提路》

——第二輯

見道報告——十天等於一生

——郭正益——

南無本師 釋迦牟尼佛
南無極樂世界 阿彌陀佛
南無十方三世一切諸佛
南無一切菩薩摩訶薩
南無 平實菩薩摩訶薩

從小時候，便喜歡接觸宗教和忠孝、道德、節義的書籍；夜見星空，不禁自問：生死的根源以及死後是什麼？這宇宙有盡無盡？後來便常在廟宇佛寺拿結緣的善書佛書閱讀，知道了各大宗教；那時候因爲沒有智慧，無法揀擇。

讀中學時，假日在家睡午覺，時常進入一個恐怖的夢境：此生性命已經到了盡頭，心裡生起了一個很強的悔恨，爲什麼這生的修學道業都沒有成就？生死根本作不了主，這樣，下回要投胎到哪裡？根本沒辦法通知那一個未來的我—下輩子那個全新的我—要他好好學佛，心中如是悔恨交加！當夢境驚醒過來，冷汗全身，悚覺此生再不修學，如何對得起自己。這個夢境如是伴我一生。

所以一直掛念著要修行，到十八歲左右，深覺古今中外一切哲學智學，無非戲論！自知時間到了，由於 地藏王菩薩廣大弘願感召，決定終生信受、修學佛法，發願將所學奉獻社會。便從大學時代開始盡力布施，財施善處至今不絕。於母辭世後，心中傷痛逾恆，想我學佛幾近一生，欲令我母得一善終，也不可得！每思及，痛楚難當，於是更加發心，希望布施迴向救度亡母，於是布施更亟！

對於各個道場，則深有戒心，深覺許多出家眾知見上根本謬誤，對於生死過於輕忽！對於禪宗，既不能保證開悟，我又何必修學！更於坐禪處，上座用功就頭昏不適，諸護法菩薩護念，令我不入錯誤禪門！然於佛門中禪淨不能融匯，深不滿意！

時閱大德書籍，於聖嚴法師處看到以「虛空粉碎」描述他境界事，心中不以爲然。書中又提及他夢境事：山洞裡怎樣、怎樣。看其前後之意，應是自我首肯，這時心中又是一個念頭：「**什麼跟什麼嘛！**」盡拿夢中幻事更說夢話！更不必提其大妄語事，乃至其法脈傳承如同兒戲！有的人想：「**寫得隱諱些，便可掩人耳目。**」殊不知明眼人於關節處，一眼看穿！

有一陣子，「我」眞的是起了一個疑惑：怎麼 導師說的諸師落處，這些不如理作意的地方，「我」怎麼幾乎都知道？後來 導師開示，才知意識意根運作時，會把「不以爲然」的地方牢牢記住，久時仍不會忘記。原來如此！當時讀到那些閒扯淡，我也不懂，只能放過；但一看到「關節處」，絕不錯失，記得牢牢的！七識敏銳，唯恐錯會，再誤人身；所以仔細，深恐遺漏！多生以來必皆如是恐懼愚師的誤導，所以法感敏銳至此！

在大學圖書館，接觸了大量佛書，印順法師的書籍好多，可是對於他不肯信受「佛陀是永生的」，乃至暗示「阿彌陀佛是波斯太陽神的信仰」，則非常不以爲然，因爲以前早已知道：這是外國人的基督徒論點。想他聰明過人，如何不知？所以印象非常深刻！不管是對「大乘佛法的懷疑」、「大乘性空唯名」的宣說，乃至文辭詭辯「滅相不空」、「佛陀是人們永恆的懷念——已經灰飛煙滅」，這些都讀過，最終覺得：**印順法師這個人很奇怪，既不信佛，何必在佛門中出家？**

大學旁有一佛教文物中心，其中學佛人聚集，便去幫忙；洪啓嵩老師正在教授禪法，與之隨學；其中洪師提到其閉關，觀行華嚴境界，最後生起困惑，只能破關而出。乃至更說：「**試著打我看看。**」以示其身體反射動作，以見證其學佛功力。但這兩件事，尤其後者，都讓「我」知道：**這個「不盡相關」**！

李元松的禪法，也在那時興起，但我無力揀擇，只知道這似乎有點東西：**以文字說出來，將人的篤實氣魄躍然紙上**！後來李師對於惟覺老和尚不予首肯，認爲他這樣開山還是有問題，當下也覺得李師說的話絕對可信。

後接觸宋澤萊居士書籍《被背叛的佛陀》等二書，感覺他是被誤證，於他評論大乘佛法處，本不留意；但他發心將《阿含經》翻成白話文處，則很信受，便因而對大乘佛法一時起疑；幸障不深，很快捨離！往昔二乘業種尚存，雖愛樂大乘，但**世上無眞能說大乘法者**，**以致大乘法義難會**；而雖一時信受小乘論議，必很快捨之！

宣化法師到臺灣，「我」便正式歸依佛門。後讀到「眞如可由許多螞蟻的眞如合爲一體，這樣回復爲人。」讀之心中一驚：這是一貫道的說法啊！後知宣師捨報時，是被「黑色馬車、黑衣人」帶走，感覺不妙。當導師指出他的法義正、訛，再無疑問，令我感嘆：戒行即使出過人天，但捨報前若無精進懺業，則一生干涉各件因果事、樂鬼神事、曲解法義事，何能解消？金山妙善師拼死命在仰光，於正午烈日當空，五體投地大拜，直至形壽命盡，示現自壞其身，以償無盡眾生因果業債；何況「上人、活佛」，不便妄稱；即此一語，也該大拜，以償自他二業，作爲後人殷鑑！

《護法集》所評論的月溪法師，由於以前眞看不懂他的書籍，所以只能從細微處觀察；一看他尚喜歡彈琴，耽樂於世事，便知道這不可能是眞悟；以修道之人無剪爪之工，無休閑餘暇故！即便是眞悟，大約也不高！何況更舉之爲辭，不避人知！眞悟者不耽於戲樂，住於法樂的緣故；而喜歡世俗之樂，必無眞法樂者！

此生雖然下定決心：不要修學禪法。但我所有學佛因緣卻都是禪法：洪啓嵩老師、宣化法師；乃至於農禪寺和中臺禪寺普行精舍，都去親近修學基本禪訓課程。只是以之方便攝受今生眷屬，希望培植福德；自身對於禪法則無所用心，不欲究竟其意！

對於中臺禪寺的一卷錄影帶中，介紹惟覺和尚與其弟子小參，那位弟子演得太不像，口語皆無自信，眞兒戲耳！當時心中不以爲然，又覺得：這如果流傳出去，定當不妥！如今思之：會外禪人，從不說自己修得個什麼，連「道一句來」的氣魄也無；既無知見，又缺發心，更喪膽魄；只張牙舞爪，以爲完人；然懼他人檢點，日夜忐忑，何苦來哉！

當初教書時結識范師，由是知道淨空法師，所以常發心布施印他的書；而後因 導師書籍，便能揀擇，就指名要印哪些書籍，以免觸犯因果！又聞其言：「**我大藏經也看完一遍。**」由是知道亦是我慢高幢，非是修道中人！熏習正覺妙法，悟前翻閱其書，方知其於第一義諦全不離常見臆想，誤導蒼生！

一生希望臺北有個好的淨土道場，但事與願違，於諸方都不滿意，人生空過；茫然修學，又因知見不正而誤印不當佛書，屢犯大錯，造諸惡業，當時便知箇中因果不可思議！世事虧欠，無能償盡，所以寫下「還盡眾生人情」一語，以示盡未來恆久，不斷回報眾生恩情！

於中國時報所印的《高僧傳》中，特別喜愛 玄奘大師的傳記，乃至買送多次，不能自已；對於他藉著破斥外道而能成功的宣揚正理，印象尤其深刻！不知那時心中早已埋下深種，決心破斥諸外道見！於《維摩詰經、文殊師利所說摩訶般若波羅蜜經、思益梵天所問經》則很喜愛，雖已多次舉送種種佛書與人，而此三經則自行閱讀，難以割捨予人！很想理解其中深意。

如是，不知蹉跎何幾，個人也眞正有時間了，終於看到 孫正德老師所寫的書，其中提到「**週二講經說法，電梯口一出來，便擠得水洩不通**」，方得偷心盡棄，決心進入正覺講堂修學，決心瞭解 佛陀正教，受法熏習。來到正覺，希期護持正法，無求開悟之情；惟願念佛成就，無愧此生修學！後便報名週六禪淨班，更斷偷心。也由於發此正心，乃能堂堂不缺，全勤始終；而因緣殊勝，親教師正是 孫正德恩師！

自己平時除翻閱熏習 導師所說所寫的書籍知見，更詳閱 導師拈提古今公案的書，最早是《護法集》；最早時也是因此書而決定 導師所說一切知見，絕對符合佛意！然此書於公案處，則無太多解釋，有的甚深，頗覺難會。

後又詳讀及思惟整理 導師的七本公案拈提：□□□□□□，□如來藏□□，便各一一標註幾字作爲註腳。另一種是原句回陳，後來也懂，□□□□□□□！還有一類直會知見，顯眞心無見聞覺知（現又更知□□□□也同時直示方便）！但於前後看似不搭嘎的話，不曉其理，如是公案眞的有爲人之處嗎？（禪三後的現在，更知原來這四類公案都一樣有爲人處！）

後來　導師譴責西藏密宗誤導眾生之惡行，命眾應慈悲勸諭同事親友離開西藏密宗；所以警聳發心，取達賴喇嘛書中，破壞　佛陀正法戒的見解，予以盡情駁斥。由於已經知解如來藏少分，文思泉湧；又恐知見錯誤，誤導他人，便請示　老師慈悲修改；後來文成印送，希期救護！經此鍛鍊，說法談理更爲流暢！本於讀書處，不落窠臼，不肯於　導師言處囫圇吞棗；是以才見一問，便作發揮，往往文思敏捷，甚出意外！年少便常突然會通一理，更常於爲他演說時，自然通達，自己也頗意外！如今知見、公案，兩事備矣！當時不知：平時方便示人之處，所爲談者，盡皆密意！（今發露懺悔，永不復作。）

後根據親教師囑咐，作五蘊的觀行，自寫一篇短文，現已知其中密意更是洩去；意識末那共出文字般若，未嘗示人；若直接提問，想老師因爲會中規矩，必不答之，便作罷。然文中對於「無意識」的描述仍不夠清楚；後因緣湊巧，一學佛同事有心為我，提到□□無意識□□□，迅如閃電，我馬上截斷他的話：「這是因為末那的微劣了別慧心所，經過判斷後，馬上作主，□□□□□□□□□的□□。」

後來有一天，想距離禪三也很近了，心血來潮，想參一參；惟當時無意去起疑情，□□□□，正當要參時，突然□□□□，就□□□；靈光一閃，直接認取！自己文章都這麼寫，承認□□□□□□□的就是祂就好了。前後剎那，電光石火！自知參禪大事已畢！但是對於「一念相應法喜充滿，覺明現前得以不眠」，無此境界，都無信受，想諸師未免言過其實！開悟便就是如此安住，哪更需一杓惡水！（編案：此是單憑意識思惟所得，並非經由禪法參究而一念相應，故尚無強烈功德受用，覺明不能現前。）

隔日和同事聊，我便說：「直接相信這個就好了。」因為我的法感（至今仍深信是自參自悟，明心見性，所以想：「說一說，應沒關係。」結果同事說：「這樣只有百分之九十九。」我一聽，晴天霹靂，怎麼可能？！更說：「這不算！祂還有很多的體性。」更驚，這怎麼可能？百分之百的答案竟遭否定，一下子心情沉重，開悟信念被擊垮了！然此一跤雖跌得不輕，但造就後來發心，得獲勝果，豈能以一字興毀道之！

後來禪一時，聞法師建議：「**要認眞懺悔業障，迴向給冤親債主，不要在禪三時給導師和監香老師造成困擾。**」想我雖是凡夫，自業也曉得自揹，便去請《地藏菩薩本願經》和《八十八佛洪名寶懺》，每天念一部經，間而拜懺，如是直至禪三前。我相信：此生能夠明心，依此而得往生極樂淨土，上品上生，成就無生法忍，即時迴入娑婆，再度有情。由是明心，法身慧命得以出生，漸次成滿第一大阿僧祇劫的修行，這對於發願決定要再來娑婆的所有再來人，幾乎是義無反顧的一條路！

即將在正覺受菩薩戒的那一週，導師宣布：「**這菩薩戒是上品戒，但戒體要得，必須先懺業清淨。**」於是善根發露，下課後趕快跑去找同班師兄，又準備週六再找人幫忙，於下課後面對大眾懺悔。週六孫老師上課時，慈悲舉示：「**要受菩薩戒的人，看有否需要懺悔，課後發露懺除！**」我便懇切地在 佛前、親教師及諸護法義工菩薩大眾見證下懺悔。得孫老師如是幫忙，可以簡短清楚地在 佛前說明「自己」的重業，因而至誠懺悔、後不復作，實在感恩不盡！

最後知道禪三錄取了，心意觸發，深覺要在禪三前，大死一番，便將家裡書籍、衣服、音樂、電影碟片結緣布施，乃至賣到舊書店，許多以前取得的佛書更送到結緣流通處。在公司則將辦公桌上冗物清除，把電腦設計文稿託付同仁。如是於世事中，極少牽掛，預備禪三用功參究。於是請假，共六天於家中自修，希望拜佛憶佛更加得力；於外出時儘量攝護身心，如是靜候禪三到來！

終於到禪三時，導師實在是太慈悲了，對於我這個業重眾生，不斷地多加提攜照顧，每一次 導師一走過來，我實在是很慚愧，無處躲，愧不能悟！

游老師不斷地勸大家發願，有一次甚至直接到面前來，要我到 佛前發願；便想：「**剛剛才發過，再來一次也可以！**」所以願越發越大！想我應當是 地藏王菩薩的法眷屬，所以發願以眾生成就佛果爲先，令這無量無邊我所曾惱害過的有情都成佛後，我才願成就佛果！「常住莊嚴地獄」是本來早就有的想法，這次於 佛前發心表露！

第二天時，到 導師跟前小參，覺得慧光全失，只模糊說道，好像有「東西」。最後 導師多加勉勵，甚至手指往我面前戳，直說「**只差一點，一戳即破。**」不知如何回答！

晚上過堂時，心想：「**反正我無量世都要行菩薩道，護持菩薩戒行，開悟也不**

全然爲了自己，只要繼續精進，就一定可達到攝化有緣眾生的目標，即使這次眞不能悟，那也沒辦法；這樣禪三雖還要辛苦個好幾次，但我這一生一定可以開悟！這一次加行用功點，至少作個好的影響眾，不要讓護三菩薩感到所護非人！色身疲憊總是一時的，即使睡眠品質不好，但早上精進觀行拜佛，精神不是反而很好嘛！」經過如是思惟，心中舒暢！（補記：後知「請益王」菩薩都幾乎是最後一個離開禪堂，凌晨二、三點多才走，眞厲害！何能相比？要知眾師兄四點多便起床了！）

到第三天早上，男眾菩薩許多人正加緊再度小參，但我連 導師所指示的方便都作不好；想還是明天再找個機會，問一下監香老師，是不是下山後，要繼續奉行方便？自認根器駑鈍，證悟無徑可入。所以打定主意明日再參，無緣則罷！

後來想去架房，便起身跟護持參堂的淑瑛老師講，老師很客氣地問：「師兄！你爲什麼不繼續小參呢？很多師兄都繼續小參，但你沒有。」便回答：「因爲我功夫不好，並不需要去小參。」老師便客氣地建議：「即使如此，也可以和小參的老師講，從中整理一下知見，這樣老師也可以幫忙你作些判斷指示，到時你就可以根據新的方向，繼續參究。」我想「這也是」，但又覺得不必非得如此；但生性不喜違逆他人好意，所以說「好」，老師便主動幫我登記小參，說到時會來叫我。

回到座位，導師又過來與我施設新的方便，麻煩 導師如是親自叮嚀，我還跑過去找小參，當時實在覺得很是慚愧。後來 導師更施設了最後一個甚是奇怪的方便，當下便覺得自己□□笨拙，只怕要辜負 導師期待，又想：「**我生來原本只是個勤能補拙的笨蛋而已。**」所以，雖然那個方法很奇怪，但我還是依教奉行。

後來進了小參室，頂禮監香張老師，老師客氣地相詢。這次明顯不同，慧光現前，不知爲何大膽直說：「**這如來藏**□□□□□□□。」張老師面容變得很嚴肅，問：「**從昨天導師施設方便後，到今天早上，你發生了什麼事？**」我同時在張老師的問話中觀察出來了：這本來就是答案！在同一剎那回答時，應該是睜大了眼睛，一臉震撼表情地說：「**沒有什麼，這如來藏本來就是這個啊！**」於此悟見，不再疑惑！

這本來就是，當初不按參禪理路的參一參，這簡易答案就是！要不是一句「在深沉裡，會□□□□」，讓我一下子打結，拼命想找這個一念觸證，眞可靈山會上直呈心見；所以會外無法交語，不知進退；即使明心、見性，亦將無法攝護學人！

導師的七本公案拈提，我在關節處，都詳細註明，那些□□分明的公案，□□□□！意識妄心本來就是心，如何能□□□相通？只能□□□□□□□□□，這□□識，當然可以□□□□□□□□□，這如來藏才是這□□眞正的□□者。

如今，這原先的答案竟然還可以「用」，實在是「太好了」！

原來佛法都是如此「平實」，不假造作！

一切玄論，到此嘎然而止！

小參過以後，張老師首肯了。張老師又考了昨天晚上 導師所說的雲門胡餅公案，我說：「**我知道，那是因爲它很平常！**」張老師立刻丟下一句話：「**這樣還是落在文字脈絡上。**」我慌了，原來不是這樣會去，深恐會被打回票。（補記：當時這種想法眞丟臉！）

但很快地，張老師施作方便，只聽見張老師說道：「**何不問我？**」只此一句，大悟無疑！原來這些禪師們眞「狠」啊！爲對治眾生病的緣故！然良馬見鞭影而知先行，何待錐刺加身而後發！

我便順著問：「**如何是佛？**」張老師說：「**胡餅。**」我便笑。接著，換張老師問我說：「**如何是佛？**」我本來是想說點別的，但覺得那太葛藤了，便還是笑著回說：「**胡餅。**」其實胡餅正是最好的答案。張老師笑，又問我：「**爲什麼？**」我說：

「因爲我看見□□□□□□□。」這是方便答，也是一般人的「正」答。只不過更說，是機關墮處，即是悟處！不必□□□□□□了！□□□□，只是隨應餘事；智者先鞭，何勞更潑一杓惡水！

只能說，古人就是喜歡有人要作腦筋急轉彎！眞的是很無聊！原來古德眞是有人在前頭語時，尚未施作方便前，便大悟了。以前總是不解。原來尚未說如何之前，一觸動機關，宿慧早開！然必有先前知會之處，所以必悟！

我最後說出口了：「我不再畏懼生死輪迴。」悟有、悟無，如夢一般。

中午過堂時，聽到 導師很高興的說：「今天總算是有小小的一點成績。」知道這成績有算上「我」一分，因此較吃得下飯，夾菜時也頗不同；後來 導師親自傾了一個菜給我，爲大眾作示範：「這不是我給你的，是你自己本有的。」是的，師父！弟子受命。眞的是感恩 師父亦如是方便教育一切學人，眞的是令弟子沒齒難忘；他日將來，總不教 師父以我爲恥！總要 師父將來以「我」能夠弘揚聖教爲榮！乃盡未來際，令此末代法教宣揚，彰顯如來正法，以及 導師聖德！

下午略略思惟題目，想這幾年不斷閱讀 導師書籍，有時讀至幾近於天空將發魚肚白時，仍然不能自已；所以覺得如還不能臨場發揮，那實在是太辜負自己了；

便不願於問題中打轉，覺得還是應爲道場師兄們加油打氣。便於 佛前發願：願以明心功德迴向護念此會大眾，不論悟與未悟皆不退轉，願諸大眾皆證實相。後游老師又特來告誡要向 佛、菩薩求，便繼續向 佛、菩薩發願迴向，願大眾身心攝護，永不退轉！後歸座，堅持百拜，迴向給同期參學諸君，想這是「我」此時唯一所能報答大眾的地方了。

然後再跟張老師小參了一次，承蒙慈悲印可。期間有許多問題，多蒙賜教！

晚上公案普說開示後，又蒙 導師多加開示，獲益良多，如是印證。

晚上洗完澡後，便回禪堂，雖然 導師說：「可以開始喝水，繼續深入觀行。」但我想還有一天，因此打定主意陪大家用功。於 佛前發願，願諸大眾都能不退，願將此次破參功德迴向我的冤親債主，願大眾往生佛國淨土，或生人天善趣，受勝妙樂，決定成就菩提。迴向我的亡母郭連快，期望她老人家新的一生中能夠決定修學佛法，決定成佛；也迴向我的父親郭華雍，能夠早日修學正法，決定往生極樂淨土，成就菩提。也迴向我今生一切有緣眷屬，將來能夠成滿菩提！

喝水一事，因善藏法師見道報告中有提到，所以早已作過觀行。更相信□□兄弟所說：「□□□□要□□□，□□□□□。」由是知道□□發作迅速，自可告訴答案，所以揣摩觀行不有困難，而於竹如意點處，不待禪三自然會通。後第四天 導師慈悲「竹點」時，不禁暗道「果然」；唯 導師實在老婆心切，令人感動！而今更爲利益明眼人故。若有於「眞妄和合」處不解者，當觀、當思□□如何學習，一切自得！

第四天吃飯時，又起了念頭：「導師！如果將來我捨報時，您還需要我繼續留在娑婆，只要講一聲，我就不到極樂世界了，即使有無生法忍可證，即使發願即時回到娑婆；但如果您交代須臾不離娑婆世界，我也照辦；希望導師不以後世惡業眾生爲慮，我會盡力扛這如來正法家業！我也要和這群在道業上共進的菩薩們，大家不自量力地一起打天下，令此東山家風旗幟，斗大飛揚、永傳於世，共同守護這末法九千餘年的佛陀法脈，生生世世，奉獻正法！」

乃至早上肚子痛，根本吃不了多少，當游老師轉過水果時，便苦笑合掌推辭；等到東山家風的水果禪又開始時，心想：「自己算什麼菩薩？一點也幫不上正法的忙，同桌還有未悟的人，怎可只顧自己？頂多再衝到架房去。」於是奮起拿了水果，游老師含笑讚許；接下來直吃水果，如是展現家風！（後記：當然最後還是得跑去架房了。）

至於張老師，爲感念師德、直接護念之恩，所以有時張老師夾了什麼菜，便跟著夾，以示感念。而且從第一次過堂開始，張老師和我一樣，不想要吃那麼多的飯粥，所以會把過量的飯粥先撥回原飯鍋裡；張老師實在是很客氣，每次一撥完，便輕輕轉動，請我撥飯，承蒙老師如是護念，終生難忘！

解三後，嚴師兄載著我、還有眾師姊下山，言談之中，才知師兄非常精進，週二、週五，如是長途往返，於四、五年間沒缺過一堂課；乃至當義工也不缺席，實在是好精進，太厲害了！感念師兄載車護送，圓滿修行功德，祝他早日破參！

如果要說破參有沒有因緣，我是有些感覺；證悟前和證悟後，意根的犀利，眞是令我嘆爲觀止：禪三中所料之人，最終皆與預料結果相符！所以這世間很奇怪，是不是會破參的人都已經寫在臉上了？乃至行爲舉止上都可以「知道」。這就像是在古時候民間傳說中，說誰會考上狀元、進士、舉人，老天都老早就註定好了！頌曰：

只是動念，隨即相應；意識思惟，當下承當。菩薩眞行，舉世難思！電光火石，□□□□。與人言談，與己抒文，都如是說，何不認祂！有意無意，本來就是，如是風光！

然心落處，未起種性，何取無事，一句興毀，落草下堂！爲求證驗，因上禪三；游師起願，命我更發，乃能重逢；以示久遠，因果無訛！若非見悔，焉發大心？焉知導師，諸般伶俐，度人手段！

原來早覓，若非遭毀，諸方踏腳，何勞更與！淑瑛菩薩，推我臨門；鼎力相持，度我迷津！張師啓命，護念不退；方曉經言，舍利弗處，眞有其事，否則何信？證悟諸人，尚需護念，方得不退；經此遭遇，再無分疑！諸師大德，終生難忘！盡力佛事，所敢報答！

只是因爲拼命布施發心，將一位初住菩薩，硬是活生生地上推到七住菩薩位；若非 導師慈悲，何以致之！布施此事，發心猛利能到彼岸，確非常人可爲。深信要把正覺寺道場建起來，對於佛法來說非常重要，而佛法就是我的生命！所以一次又一次的發心！從開始時知道有人單是欲樂享受，買部車子就可花上一百多萬元，那我自己還是個學佛人呢，怎可不眞正發起道心、護持正法呢！後聞同事無意之中損失兩百萬元，讓我感慨甚深：三界無安，無常的世間財，應轉成眞正堅固的法財！因此道心上湧，寧可錢財都作正法用途，也不因我愚癡業行而平白喪失，如是盡出所有！

也好可惜，公司連續兩年虧損，政府規定虧損便不能發放員工股票，「我」眞的是好失望（無法大力護持正法。「好奇怪」，這時候，淚水又自動上湧）。在此期間，正覺寺的捐款，因爲還不能登記成立爲法人，仍然沒有可供報稅節稅的收據，心想「這有什麼大不了」，就執意捐給正覺寺籌備處。聽到一位母親爲子女張羅新屋，就送了八百萬元鉅資；另一對父母爲了子女出國留學，便供給了四百多萬元。如果我在布施上，還算得有那麼一丁點的作爲，但和這些爲人父母者的用心相比，那又眞的是太平凡了，實在是太微薄了，算得了什麼呢！

我布施的習慣養成於年少時，父母大恩大德給予我生活費用，除了每個月花在買書、公車月票和午飯外，便是縮衣節食，想辦法掙出點錢來行布施，常弄到自己捉襟見肘；但因爲如是發心，即使僅有二、三百元，也可度過大半個月的求學生涯。

眞的令人讚歎：這「布施」功德不可思議！乃是想到一切菩薩的發心，都應該是這麼的尊貴，世間人何必跟菩薩比呢？何必硬要冒著「謗法」的風險、下墮三惡道的風險，來和實義菩薩議論高下呢？菩薩心地光風霽月，不爲名利、不求聞達，不在意自身利益；如是發心，只願正法成就，只願眾生解縛得樂，這樣「尊貴」種性的人，為什麼還要去詆毀「他」呢？為什麼要這麼愚癡，造這種惡業，見不得人家好呢？即使惡意「誹謗」他，實義菩薩也不會生氣；菩薩當初作的任何事情，所花的心力，都已經超過了「不還嘴」的德性多多，多出甚多。世間有一些人，就是沒有辦法「受用」菩薩的功德，不知道自己的心性根本和菩薩的心地光明不能相比，不能夠比得上其任何一分，連其少分也不行！一點都不懂「謙遜」地看待正法，乃至「惡行」輕視 導師大菩薩，這眞的是太不檢點自己的言行了！如是故說菩薩種性尊貴。

於此更說：菩薩眞心發願度眾，願大眾早「我」成佛，願不得一切世間名聞利養，如是願力難得！乃至喪身捨命，也才四字而已，「住」位菩薩，人人可行否？想他世間凡夫尚能捨身取義，無愧天地，開悟之人當於中深省！君子固然因戒而不故入難處，然眞為抵抗外侮，力護如來最後一分家業，世法中道二字必然捨焉；此於《大般涅槃經》上，單是 佛陀的文字宣示，尙不足以發顯眞意，佛陀更以無量往世的菩薩生死志行，為吾人盟證，有心者當知！

禪三後，隔天上班，走一段路，結果鄰居養的小黃，不知為何反常的急忙從身後跑過來親近；當下自知佛法不可思議，畜生靈知，有何不及？即慈悲地將頭靠在其額上，願牠歸依佛、歸依法、歸依僧，不要再又墮入這畜生道。爲牠講這些話的時候，心中感到難過，不禁淚水全數上湧，爲眾生業報深感痛楚！意念更起：**「即使今天有狗屎在前，但只要吃下去就眞的能讓眾生開悟，菩薩也不會猶豫，定會當場吃下去！」**淚水如是泛湧眼眶。想自己開悟了，尚且不計較自己道業，只是感念如來家業、眾師兄未悟；願以功德迴向時，尚且不能不如是心酸；如今想到眾生眞正可憐，卻是淚水不止、一直哭去。搭上捷運，還是淚水湧上，心想：菩薩道的精神，終究不是爲自己求取安樂處。今天終於知道了：除爲了眾生外，不爲自己的道業哭。原來菩薩行處，就是要讓自己的菩薩種性完全發起；此時，「種性尊貴，無可譏嫌」，這斗大的八個字，不知出於何經何典，剎那映入腦海來！

到了公司，於世間事中，因他人譏嫌、對我故作輕慢，不禁言語生瞋；事後悔恨不已，馬上道歉！隔日又再度與人起爭執，又生瞋；最後仍主動與之握手，心口皆說抱歉。

如今明瞭：原來深心中對於恃才傲物之人從無好感，如是見解種子深深烙印八識田中；雖然尚未深究其人品，但意識意根就如此伶俐的直接反應出來了，焉能不知？即使菩薩種性開發了，但原有種子流注如斯迅速，毫無差訛。從始至今，我便沒有攝受此類人品的功德！必然見微發作、生起現行，因此可證業種從來不失！後又覺得應善珍惜彼此未來之緣，遂先行示好致歉。但知今生很難攝受如此之人！想自己生性謙遜，從小對於他人讚美，便覺過譽；凡事都想讓人，走路時也常想要側道予人先行，買東西時自然想要點頭以示恭敬；處身於販夫走卒中，常覺自在，願與人方便。原來我之謙持待人，卻又嫌慢恃才傲物者，心態如是分明，不能容物！

當初讀經，「悟後起修」，感覺不知尚要修學多久，才能棄盡凡情！如今親證如來藏了，知道其中關節，原來就是如此單純！應當眞誠「攝受」這些驕慢眾生；乃至一切眾生，不論其業行如何，不論其業種如何，眞正願意攝受各種形形色色的眾生，來生「我」國！若摒除任一惡劣眾生，就是菩薩的過失；原來一個不想攝受眾生的念頭，就是「惡念」，就是「退墮」！如是攝受，日後言行自可「平等」待人！菩薩道就是如此行去！這自家事，何許人知！明心一事，於證悟者來說，深可哂之！唯發心願行，此眞乃大事；菩薩之道在於心地，不問行止；況且此時菩薩還在有學地，一切成就世間莊嚴的善巧方便，都非初悟時可知；此時必須發自至誠，決心利益他人，以爲眞實方便！所以即使和驕慢人共事甚難，想諸聖眾菩薩和諸行更惡劣的人相處更久，尚無一時一念生起退心，我實在是太不精進，太沒有道心了！

後來致謝張老師賜的書法墨寶，蒙師開示：悟後隨時現起作主的那個意念，就是「末那」的心行！於是恍然大悟：原來意識心根本無置喙處，哪輪得到祂作主！以前自覺邏輯推理能力極強，但不論如何用盡思惟，事事結果皆出意料之外，難以置信；後便漸息妄念，不知如何用心！現在開悟後，親見意根威力何其強大，皆得作主施爲，再不由意識更作其他過分思惟；意識心只要了別見取人事地物即可，如是簡別了，意根便自有主張，其餘的一切交給意根即可；末那偕同如來藏所藏種子，遇緣現行，如是方便！

所謂捨識用根，並非捨盡意識，而是不奔馳葛藤、再生煩惱。意根可以遇緣發起種種心行，此理本然，如果非爲佛事，則可默然；但爲顯示，當益有情！而今知道：原來「一念相應」有深、有淺。有人爲自己道業獲得增上，高興雀躍落淚不止，是爲自己哭；而實義菩薩發心不同，即使是這意識心都是此生悟得，但實義菩薩下手之處，不在急切獲取明心功德；因種性不同，所以菩薩不會爲自己的道業增上而歡喜的哭，總想「自己何德何能，能夠蒙受如來深恩」？豈敢不以身命回報，發誓要盡心盡形壽去扛起如來家業；即使百般曲折，也要救護一切眾生。待更見眾生受此重業，悲苦萬分，如是才會一時牽動悲心，淚水自動上湧，不能自已！如此菩薩大悲志行「一念相應」，不能自已！而心中了知佛法聖道，非是此生此世而已，乃有多生多劫；倘今生不爲眾生更作方便，恐未來世更無以利生；爲攝受眾生故，不敢半點遲疑，如是爲眾生落淚；菩薩於此一切眾生有利益處，便如是相應！

如今才知何謂「一念相應、覺明現前」，於禪三前夕子夜，便無睡意；此期間精進用功，如是至今；身體常常疲倦，但因想打好見道報告，冀能因此利益眾生，不願歇息，精進如常！原來菩薩從大悲生，因爲大悲緣故，願意以法分享大眾，以悲願成辦世事，所以才會不想睡覺，覺明現前！新學菩薩重逢得法，欣喜異常不得成眠；然菩薩應該「爲眾生」而不成眠，而非在「眠」字上著眼！如是方更爲「覺明現前」！（補記：若眞能不睡覺，該多好！心戚然焉！惟仍應遵師教誨，於佛法中行取中道，照顧色身道器，長期利益有情，不故意毀壞之！）

晚上應孫老師之命，到週四班爲眾證明，欣然前往；後來瞭解這是我原來班上的同學轉入的進階班，心中歡喜。等孫老師出來，便對之禮拜；老師執意不肯受禮，我便爭執說：「這是導師說的禪三規矩，師不能不受。」師無奈，但也隨即回我禮拜，我又說：「這樣不行。」然後師道：「我拜佛。」只能隨順三拜。兩年半辛苦教導之恩德，何止抵此三拜？即使百拜也不爲過！當時在家裡用功時，早晚禮拜 佛、菩薩，也禮拜正德菩薩摩訶薩！

於是師請眾菩薩們容我報告，於報告前，只知要說發心的事情，想太多就不是「道」；於是惟憑諸佛菩薩攝眾之力，單就菩薩發心，發大心而談起；自覺所談出自肺腑，以報師恩浩瀚，無愧師教！

於言談中，念頭即起，自然作略，迅作施設！馬上介紹：「稍後會有一位開悟的女眾菩薩上臺演講，她不斷地作義工，令人讚歎『義工』之行，功德不可思議，乃至今日開悟！」更讚歎「供養」功德，隨即走到一位老菩薩旁，對之合掌，請老菩薩起身，於眾說明：「老菩薩於兩年半修學之中，供養佛菩薩，沒有間斷，這樣的恆心毅力令人感動。」隨即大眾揚起一片掌聲，爲老菩薩讚歎。又以鄭重語氣重宣：「不要看老菩薩這樣（的年紀），以爲不是開悟者，他只欠印證（依古時的標準已算是開悟）。」令大眾讚歎「供養」佛陀的功德！再盛讚願力功德，對羅師兄這樣的菩薩讚歎，於禪三時，佛前猛發大願，每次幾乎都最早到 佛前發願，心想：怎會有這樣的善男子！如此願行最早感應，果然開悟證果，令人讚歎「發願」功德不可思議！

提醒大眾發心，鄭重宣說：具足菩薩性的人値遇眞善知識，終究會開悟。這個道場是個必定開悟的道場，佛教有史以來，這是從來沒有過的事情！大家要身心安住，不要生起退心！最晚、最遲，四次禪三、五次禪三，這樣辛苦的努力，必定開悟！想 佛陀之後千載，自 大迦葉菩薩以來，古人在宗門正法中明心者，三十多代以來多只有單傳；所以我們要更加珍惜這希有難逢的因緣，不要遠離道場！如果今天不是佛法眞的走到了危急存亡之秋，佛、菩薩需要有人在這末法中護持正法而作中流砥柱，我們這群娑婆惡世的眾生，哪裡有什麼機緣可以得到 導師大菩薩發心打破一切禁忌，將 佛陀眞正密意說得這麼清楚明白，又哪裡可以得到這開悟的保證呢？絕對不要再辜負自己了！

菩薩種性，要論發心；心發不起來，即便開悟，要作什麼？不肯發大心，這無上大法得了，連半分受用都無法生起，這樣開悟有何意義？大心不發者，即使因爲道場殊勝，導師和親教師慈悲威德加持攝受，以致禪三能夠加行精進，但這樣，就算是可以勉強破參，又有什麼可貴的受用呢？這菩薩種性一點都無法發起，怎能成佛？如是和偷聽密意之人，不過一步之隔，有何差別？菩薩眞正的功德受用，在於悲心現起；即使地上有髒的東西，只要能夠利益眾生、讓眾生發大心、開悟，菩薩都會毫不猶豫地吃下去！可貴啊！多麼可貴的菩薩種性！菩薩以發心爲上，不在功夫見地；沒有這樣可貴的菩薩種性，要開悟的智慧境界作什麼！言到激動處，多次哽咽，淚水上湧：菩薩「種性尊貴，無可譏嫌！」「種性尊貴，無可譏嫌！」菩薩種性「自我輕賤」：可以爲眾生、爲法而捐軀殞命，絕不自重，毫不遲疑！菩薩種性「平等」：等視眾生，無有差別！

我們已不是初信到十信位的眾生，我們是「住」位的菩薩，本來就是要走向不同樣的道路：證解這第一義諦以後捨報生西，至少也是上品中生；而我們更要勤求開悟、得上品上生。如果不肯發大心，證悟無門，即使能往生極樂世界，也只是上品下生而在蓮華裡面睡長覺，哪裡會有什麼般若、解脫的功德受用！要知道，阿彌陀佛上品下生、中品下生大願，正是爲信位菩薩施設方便，但我們應該以地上菩薩的證德來自我期許與自勉，如果不是爲救度眾生，何必上品上生而勤求道業增上呢！現在末法距離法滅尚有九千餘年，只要我們發起菩薩種性，發起大心，發起大願，還怕我們不能夠扛起如來的家業嗎！

當時剴切陳詞，不斷禮敬大眾！如今只隱約記得自己當時慨然誓師的風範，要與眾師兄們共同扛起末法大業！要於道場中，猛作師子吼！最後：「**感念師恩難報，我今天要讓大眾看看師道的莊嚴，師道的尊嚴。**」於是大步走向恩師孫老師處，予以誠摯懇切頂禮，老師此時很慈悲地受我一拜，爲昭眾信故！爲啓四眾深信故！爲成就菩薩發心故！

於此文中，更曉諭諸探聽密意者：如果不是今生必悟，般若如來藏的密意絕對不可能探聽得到；探聽得到的密意，只是知識，不會有功德受用，智慧也無法泉湧發起。本來應該自己用功加行，就必定能破參；但現在眾生心地下劣，願行不能發起，法身慧命不得出生！應當佛前懺悔，言「**我多生多劫或當有緣可得此法，然今日盜法，損如來意，願此生與來世全力護諸正法**」，於禪一之時在佛前大眾之中懺悔，其業或消！否則過後多生多劫，仍然不免緣缺，良可悲歎！而我們當自慶幸，三年、五載就能願行成就，明心自得；苟不自慢，恪遵善知識教，此生跨三賢位，定矣！何必學他偷心之輩貢高我慢，長劫輪轉！

悟後觀行，非是「觀行」自己阿賴耶識在身中如何運作，「祂」本性清淨，何勞觀行？其功德浩瀚，種智深妙，若繼續作內觀，雖無不可，但如果不落實、不回到這七識心現於三界中的不淨體性去作觀行而修除之，開悟要作什麼？怎能轉依完全成功？阿賴耶識心中的七識不淨種子又要如何去除？如果這個人連簡單的菩薩志行都作不到，我眞搞不懂「他」開悟要作什麼？他的心根本不想再繼續請法受法，排斥更深妙法，也不想精進修集菩薩應有的福德：不想爲眾生作些什麼，也無心於如來家業的荷持，其心不相應於菩薩諸行；像這樣的愚人，如果能夠僥倖往生淨土，也只是困於蓮苞之中，不得開敷見佛！

每一天在歷緣對境時，會察覺有些事，其中「好像」有什麼「怪怪」的；但是往來繁忙，根本無暇可作思惟；所以回到家，到電腦前邊打邊想，去發起探討這「怪怪的」到底是什麼？如果是爲自身利益，就該快到佛前懺悔！如果不是，當更深究背後隱藏了什麼，是否悖離了 佛陀的究竟教誨？因此如何再以究竟大乘法義來調整自己、回熏識種？這樣才能不再於心上掛礙，如是落實「觀行」！菩薩當下身行所作一切法，都不離開第一義諦佛法，無有一法可以迴避！

對於眾生身見之難除，舉示四事，以爲方便：

一、當人自省想要莊嚴色身時，無非激發識種，令我見纏縛堅固，引人注意此虛妄變異之「色身」，何其愚癡！「我見」根本未斷！現於大庭廣眾之中，由於意與意識知道眞心的無得無失，常現起方便，發現對眾生常無所求，所以不顧顏面，所作所爲，都不覺得「丟」了什麼「臉」，不在身相莊嚴上取著萬端，我見可漸漸斷得更徹底；我又不依仗這個「我」從這個世界獲取什麼，那「我」還要在這三界中裝腔作勢作什麼？如是坦然去！而且世人死愛著的面子，從來只是我心的虛妄想，根本不實，要它何用！所以才一思惟考慮到「面子」，即已是作愚癡戲子，大演幻夢；若不即時棒喝，枉費開悟！

二、在廁所裡覺察髒的一法，乃是無始以來，意識心執取身根；於安危之外，更取著染淨；於一切行中不斷回熏，於種種污穢法中心生畏懼！爲對治之，便拿布開始直接擦拭馬桶：「意識啊！當想一想，這糞尿本來是在你所愛樂的這座活動的人形馬桶身體中，現在才轉到這小馬桶來；這一層人皮底下，從來都和這身外的馬桶相通，臭穢更遠勝於它，『我』本來就是又臭又髒的活動馬桶，自己都已經接受了，何以不能忍受這小馬桶的不淨而心生畏懼呢？」於是更取馬桶抽吸器，以指甲用力摳其底下那層多年糞便污垢，撫觸廁所黏滑的地面，又攤開垃圾桶中污穢的草紙，重新感觸整理後再放回去，如是少分斷除這清淨污穢的法上的執取！

三、信步停在馬路中央。意根決定：「坐下來吧！」便於路中安全島坐下來看書，不避諱色身有無威儀；更轉動身體直接面對更多人車，意識起念，尷尬無奈：「太丟臉了！」然而意識深心中及末那識都惟願深入破除身見，特地轉身看看人車，漸漸不怕來往人車注目；『我』是如此一介老朽凡夫，來結個緣吧！」意念又起：要對過往車輛大力揮手，這意根迫於無奈，只得同意輕輕招手；再起心刻意要斷我執，意根只得加強手的力道，後更加入左手一起對來往的人車揮手。這個我執，這想要保護身根的意根，便又退卻了一分，結果就在這實在好廣闊的天地裡，對遠方盡情用力揮手！菩薩要這愚癡的身見執著，畢竟何用！這世界哪有什麼丟臉不丟臉可說的！

四、於清明節時，和家人到母親骨灰奉安處（不知為何，現在寫的時候，鼻子一酸，淚水慢慢上湧；畢竟佛法也沒有辜負我，即使我是這樣不中用的凡夫，也可以讓我迴向母親得脫苦輪！我絕對不負佛法！）到諸佛菩薩聖像前問訊頂禮發願、祈願，於歷代宗親祖先牌位、母親牌位前，亦頂禮迴向，不再畏懼別人如何看我。頂禮，只是卑微的我能代替　世尊作的一樁小事，希望與會的大眾因此結下佛緣。祭祖後，驅車到碼頭觀光景點，步上高臺，看它大海遼闊無邊，風鼓其浪飛揚天地，心想菩薩道業度生利他，不可思議；想今一代時教，猶如磅礴法海；願一切學人，於中徜徉！

如是觀行受用，意識破除了我見，又能隨時相應於眞心如來藏，這進步實在是太大了；這**十天如同一生**，也**從初住而到七住中安住**，終於知道爲何有修行者可以長劫入短劫！在這些歷緣對境中，由於只想利益眾生，所以不會懈怠！以張老師所賜墨寶作結：是日已過，自知不再；終日繼晷，如少水魚，斯有何樂。來日無多，道業增上，一無重要；然「匯融禪淨，發顯眞意」，攝生度生，刻不容緩，時不相待！煩惱處處，移動意識，則乎不再；一觸即止，觸之即走，煩惱不再；然非二乘，身心俱走；此中一線，天地懸隔！大法當前，成佛尙遙；若不眞於、華嚴經上，閱讀十行、十無盡品，至十迴向、諸品般若，了然字字，傾吐咐囑，鑑明發心；如何跨越，曠劫精勤？三賢位次，而乃獲得；諸佛願力，直上諸地！三界輪迴，淫愛根本；若不持守，菩薩大戒；如何欲界，色界安住？

爲了引導有緣人到這正法道場來修學，不顧今生身相如此醜陋矮小，聲音破碎不堪，唯一擁有之方便，便是老實付出時間、親自登門造訪。菩薩道上廣大志業，爲眾生如是老婆，雖然於中感受眾生見取見之深重，生起諸般邪見邪解。後乃默默思惟：因緣淺深不同，此世不能度他，只得再候來生，「我」必將生生世世常於娑婆示現，將來必定有緣！況此生尚未報盡，度緣猶存；不應心上生起諸見，而壞一切緣！

導師，「您」所度化的我，絕對不是「二乘種性」的人：「我」不是一個二乘聲聞種性的「人」。「我」又淚落了。感謝 導師，以種智菩薩的證量，於禪三時多處老婆作略，令我下劣凡夫得以成才。文至此處不禁盈眶，於此禮敬諸佛菩薩、平實菩薩摩訶薩、正德菩薩摩訶薩；弟子發願將來成佛時，佛號亦爲釋迦牟尼佛，於此娑婆世界成就佛果；願盡未來劫，於無盡穹蒼裡，常於娑婆惡土示現，現童子身；生生世世護持正教，捨身殞命在所不惜；願護一切菩薩心志，如是頭目腦髓皆捨；願此不退心，證取佛智！望 師常於娑婆世界住世，盡顯大乘眞義，弟子誓爲外護，令諸跳樑小丑不能猖獗得便，望 師不以爲慮！導師平實菩薩摩訶薩，再受我一拜！

「悟後起修」、「善男子」、「善女人」、「仁者」、「身見」、「我見」、「我執」、「攝受」、「來生其國」、「觀行思惟」、「善惡無別」，如是聖教，箇中意旨，個人領受甚多！深覺常不輕白衣菩薩，甚可驚異，眞奇男子，願效斯行，決心成佛！

後蒙 導師和孫老師囑咐：善觀因緣，乃至珍惜命根，莫可輕棄，以之發為中道佛事，方能利樂更多有情。於此誓言：謹遵 師教！

女人因為容貌色身，諸男子趨之若鶩；意識才予簡別，意根隨行；原來無始以來，早經熏染八識心田，於男女事總起妄見顛倒，貪愛淫欲，所以意根攀緣，心起親近諸想；如是奔馳識種，隨緣發現！（編案：發者發起，現者現行。發現者，發起與現行也）皆因不能如實觀察：七識熏染不實，淫欲無根，惟在樂取身觸；無分男女身相，所緣一切身觸皆是內相分，何有其實！

我本佛子，奈何取諸欲樂觸相，牽連諸欲？無見「眞實」，無悲憫諸苦，盡失方便攝受之心！當眞誠攝受所有女子，演說正法，令一切大眾降伏慾念，方便解其纏縛，令一切「善女人」，皆能成就大福德、大因緣、大精進，昭德流芳！

於捷運上，便如是觀行，開始「歷緣對境、作意」方便；後久久觀行，一切女子、女眾、女人、醜女、美女、幼女、老女人，一切女人都具有如「我」一般的「如來藏」，□□、□□，眾生本是如來藏身，眾生本是如來藏相，眾生本是如來藏，一切女子是如來藏，所有男子是如來藏；於一大和合相中，巍峨丈夫、纖弱女子，眾皆如來藏！原來必須於「此」處觀行，不把「人」當作是「人」；都不是「人」，都爲如來藏所生故，都是如來藏所現故，哪裡是「我」所「想」的「人」？哪有「我」盡情「妄想」下的「眾生」？蓋「生、如」平等，「眾生」相有這莊嚴的「如來藏」爲伴，左邊這位是，右邊這位也是；旁邊這位是，那邊那位也是；後邊那位是，左右前後一切人，一起「是」「如來藏」，個個具有，個個發起一切世間事；個個□□眾生身，你的、我的、他的、她的，哪裡更分？他、她哪裡分別起？總爲「祂」故！年紀終沒，何有壽者！「我」「人」之間，一句道得！本師釋迦牟尼佛說道：「有眾生、人、我、壽者相，即非菩薩！」原來這是告誡語，對於開悟的人，必須透入此處，深作觀行，必須眞實「歷緣對境」，所謂「眞實者處」，即是每天、每時、每分、每秒，常常以此語，應化世間，不應忘失！此是 佛陀對「菩薩」的親自叮嚀！

對於一切□□□□，所觸一切人物，皆能會取如來藏；對一切眾生，不分男女老少，總如此會去；對於一切眾生的現觀乃至自觀，皆是□□□□，等等無別，如此得力，透得世間男女眾生一切事，乃至「我」，亦是不免！既然都是，更如是觀：一切眾生，連「我」在中，都是「□□□」，如何認取「身相」、如何認取「四大」而執著？「你」是「□□□」，「他」是「□□□」，「我」是「□□□」，離此

「如來藏」，何能道將來？若問「是誰」者，非此「□□□」耶？「□□□」個個依照「□□」，如是萬象森羅，「指令」何來？七識妄心。若究其實，眾皆如來藏持種，何有七識為實？

然以佛道廣大，非入莫辨，非悟不知；非悟，則不得起諸勝行，如何得說？悟後，此識種凡情乃得盡銷；倘非悟者，不能事理圓融、共攝諸法於一堂。縱使經藏法寶憶持無漏於心，如是慧力深可驚人，若於此「關節」不能會去，何有日後開顯心要、證取無生法忍之時！大凡諸經上事，乃至上上之事，都不離如來藏；佛法如是平實近人，總離一切玄妙！所以戒慧菩薩心性可貴，不於定中發起勝事，示同俗人而默然安住於佛法中，於一切世俗生活語句中，平實安住；可貴！可貴！可貴！其種性真是「太尊貴生」！因為不修神通而這麼和光同塵，人不己知，不以炫異奪人；縱未斷盡思惑，次第增上，以法為先，卻能沒有「人」「我」「眾生」「壽者」之相，絕對依此如來藏，繼續發起聖道，如是佛法修行，真是太平實、太可貴了！

如是開悟的老實人，日日安住如是境界：日日如來藏，終日如來藏，終生如來藏，生生如來藏，觸目如來藏，眼聞如來藏，身觸如來藏，鼻嗅如來藏，口嚐如來藏……，如來藏上事，更有別事乎？唉！一事也無。會取，則天下本無，何有天下事？共眾生沉淪，令見取佛要；爲是一佛事，如來藏中事。就這樣了嗎？就這樣安住嗎？是的！「我」此生就應這樣安住，以如來藏故等視眾生，無有差別，慢慢洗盡故往雲煙，淘盡浪裡陳沙。

春江送水魚將滿，滿目鄉關獨伶仃；
人生風月添將來，聖賢到此俱高歌。
古德如是對當前，大塊假我以文章；
問君何有更上事，含語微笑共話祂。

其事，難思惟！其境，難思議！就這樣，一事也無；活著，在這三界中，不於七識心上找，總向如來藏尋，從來不曉伊！悟道，才是修道始；事事總不離，七識來思惟；意識殊伶俐，取人我貢高；人我皆不服，如是下下種。今日皆歸識，純一如來體，藏識本自存；不作此思惟，不應求開悟；不以此持身，何必勞身行？五蘊皆從生，無法而不造；經意自然透，何乃黃袍加！本自一佛子，何有瞬間離！江湖詭多譎，度生雖不易；貪瞋起現行，菩薩總不避。是不爲自爲，然此步步忍；腳下生蓮華，會得即菩薩。人人本至善，佛力無少缺；總爲此煙霧，功德不得發。

菩薩入世間，說取世間事；共生俱沉淪，生生而無悔。明明一眾生，仍作如來會；大法心行處，處處不思議。世人何能知，焉知無上事；此中一心曲，古來聖賢道；不於凡夫地，不著五欲間；坦然會眞如，觸目皆眞實。總爲無人我，不共眾生壽；相中不取相，如此眞心然。眞妄俱和合，於此方可道；是中行轉依，不有共別異；雙行於世間，世間以爲癡。雖行貪染事，偶壞菩薩行；然此明月心，兩月共清照，問君何得會？不畏地獄行，本自地獄生；共事地藏行，眞乃大丈夫；踏入地獄界，何處不莊嚴？問佛偈頌後，語更詳經文；何不同經語，必乃偈頌道？心中曾此疑，於今更無惑。本來發衷抒，識者乃得見；思惟盡去耳，然後暢快道；是所自然會，絕非諸外道。菩薩興志事，眾皆是如來；如來無更上，從此更無疑。修道在除我，除得死心盡；死去盡徹底，如是乃得謂：眞是菩薩行！

原來如此，諸佛菩薩有這麼多的善巧方便，讓一切有學地的菩薩能夠更加精進、道業增上；但是這種善巧，必須道心發起來，才能夠受用；如果未發，即使知道「文字」名義，最後反而埋沒了這種善巧方便；所以經典上自當避免詳言，但這其中無足、也無半分可爲外人道矣！因爲菩薩種性是這麼的尊貴，如果揠苗助長，失去了發起尊貴種性的機會，實在是太可惜了！這樣尙未眞正發起菩提悲願的人，得到了這種最勝法，又能作什麼？小器何能容受大水而解天下人飢渴？既不能受用，作此小容器何爲？

如能眞正擁護正法道場，雖然許多人現在仍不能來到正覺講堂修學，然而後時或後後時能至正覺寺修學，這也不遺憾；因爲正法可以揀斥諸方，眞正宣達佛意！開悟，本來就是佛門中少數人的事，自古皆然，但這開悟的知見—第一義諦知見的熏習—尋求上品中生，絕非是少數人的事！佛經之廣爲宣說，本爲利益眾生！如今文字網路，通達便利無遠弗屆，知識流傳再不爲難！社會教化興盛，大眾多能自閱佛經，自修菩薩經論；輔以 導師之著作以後，可以不再慢心自重，漸能虛心向佛；隨著越來越多的學佛人多分熏習 導師的書籍之後，佛法正義自當漸漸深入人心，當能瞭解這意識心虛妄，由是轉而知解第一義諦，再也不是夢想！於念佛往生淨土之法，也不再受到邪枉諸師邪知教導，也不會再受到現今錯誤滿筐的部分淨土大師們的惡啓發而不知所措，而對往生淨土茫然。

這些淨土大師，如□□法師、□□法師、□□法師，因爲不知、不曉、不證、不悟如來藏，所以不能知解第一義諦，故於甚深菩薩法義，心生畏懼，茫然無知；但又好爲人師，妄言邪語，綺語謗法，猜測聖意，令眾生往生信念無法落實，心中皆無決定！這樣又如何更行勸勉感發學人走向「解勝義諦」的上品中生？乃至「眞精進位」的上品上生？惟願「當今、後世淨土諸師」，深自思惟眾生慧命可貴，如來開顯時教苦心難思。如是盡去邪見，開示眞意！

極樂世界上品中生，於九品廣門之中，昂然獨立！攝受一切瞭解「第一義諦」卻未能實證的此土有情！古來諸師於此眞義難解難知，不知本師 釋迦牟尼佛爲何特別解說此品，致使此間娑婆學人難有多人可以如是往生！於今忽逢 導師度生願力，以及諸佛菩薩無盡慈悲護持，疑惑盡去，得知上品中生眞義，一切凡情盡掃而空！願諸有緣念佛人，盡得上品中生，只要肯讀 導師著作而解勝義諦。

所以，正覺諸師兄們！我們必須堅守菩薩志行，不負諸佛菩薩付託，不讓一切外道與二乘看輕大乘正教！我們不勉強一切學佛人來學我們的志行，因爲娑婆世界眾生本就難度，所以度眾非常艱辛，以此緣故，十方一切諸佛菩薩有目共睹、共同讚歎：甚爲稀有！難能可貴！所以我們惟在護持大乘正教，散佈大乘正見，讓此佛陀正法廣傳於世，這樣自可救護眾多迷惘學人，奠定一切學佛人對於正法及上品往生的正確知見；如是攝護學人，讓一切已學、當學、未學者，都能得到眞實利益！若學人大眾能於大乘正教，心生嚮往，不問證與未證，都能確信意識心虛妄不實，唯 佛陀所說此如來藏眞心是眞實究竟歸依處，便能坦然接受佛意，信受眞正大乘，自可期許上品中生於自己，以之爲往生極樂之最低目標；如是娑婆世界風氣爲之一轉，念佛人心量爲之增廣，確信自己絕對可以得到 彌陀世尊慈悲接引，決定上品中生而生極樂！所以如來特開此品—上品中生—正是特爲此正法聖教之宣演而開，如何可以輕忽？由是，一切信位菩薩皆可蒙受深恩，但能努力熏習第一義諦知見，廣修三福淨業，不必親證如來藏而悟入無生，亦得上品中生，決定往生極樂淨土，再無疑惑！此眞實利益，乃末代教化之最大盛事！即是《觀經》的一大妙理，亦是 世尊的大慈大悲以利末法行人。

若見此文發心，必當長劫不退，誓將出世救度！

惟願諸佛菩薩，加護此念因緣，令我度眾不失！

南無本師釋迦牟尼佛！

弟子　郭正益　叩首敬上

2005/04/27

明心見道報告

——張瓊文——

在無邊暗夜，風暴雨驟
吾師
力擎巨擘慧炬
引領
匍匐迷失 顛倒妄想
的
有情
離無明
向正覺

一九六八年的某一天，母親專程帶我去承天禪寺，歸依了廣欽老和尚。感懷中，老和尚總是親切慈祥的說：「去拜佛，到處走走看看。留下來吃飯。」

一點兒也不認生，彷彿我們就是老和尚的子女，年少飛揚的心，悄悄安止。

一九七四年初春的晚上，春寒料峭，下班後和朋友共騎一輛機車，直奔臨沂街的□□精舍，初見渡輪法師（編案：後來名為宣化法師）。

法師，望之有若嚴父，當晚有十位左右在家弟子歸依，儀式圓滿之後，法師一一個別談話；我進去後，法師先讓我坐下來，溫和的說：「**在臺灣，妳要親近廣欽老和尚，知道嗎？**」又說：「**我若來臺灣，是一定要去拜望老和尚的。**」

言談中流露出對廣欽老和尚濃濃的仰慕之情。語氣溫和，叮嚀再三；我沈默點頭，感覺這是一位無私的師父。

然而我從沒想到，這是師徒今生僅有的一次見面和談話；以後法師再度來臺時總是萬人空巷，我只能在報上或電視上遙望。而我閱讀法師著作，其中開示錄（二）p92的疑問，也就不得親問機緣，究竟是護持行者會意落差？抑是師父有所不察？

直到一九九八年十二月，臺北市政府在大安公園舉辦宗教博覽會；學生甚幸，在展出的最後一天（星期日）下午一點多，才從電視上得知，那時學生其實已是尋覓一個能親近安住的道場多年、多年而不可得了。立即從住所驅車前往，帶回一大袋佛教書籍，逐一閱讀，終於留下唯一的一本：《無相念佛》。內心雀躍不已，但覺意猶未盡，又到講堂請了《禪—悟前與悟後》上下二冊，閱讀完畢，對此二書深深禮拜。

開課之前特別情商張老師引見　蕭老師一面，請教內心的疑惑；蕭老師讓人感覺平實、隨和，不是名師，是明師。學生雖然不學，然而對　蕭老師所解之惑，當下信受……。

參加禪三前，繼續在張老師星期一班上課，張老師很關心每位已獲准參加禪三的同修們情況，不辭辛勞讓我們一一小參。

張老師說：「妳身體不好，一些常服用的藥物要記得帶周全。」又問：「妳在參了嗎？」答：「在參了。」問：「那妳知道如來藏在哪裡嗎？」答：「知道。」問：「在哪裡？」答：「□□。」張老師點頭說：「就此方向。」

我一向後知後覺，這次（借用慈願寺舉辦的禪三）也不例外，禪三第一天早上過堂時，蕭老師發生意外——跌跤悶絕，在隔壁桌的我竟然一點都不知道；直到過堂完畢排隊穿過會客室時，看到　蕭老師躺在沙發上，有監香老師、護三菩薩照顧著。嚇了一跳，不知道爲什麼，又不能說話，唯一能作的就是到禪堂拜佛，求佛保佑吾師速離病痛、平安無恙。

明知眞如心體離見聞覺知，跟楊老師小參時又落入見聞覺知。楊老師慈悲的指出：「落入『知』，再參！」

走出小參室，「先靜下來」，我這樣對自己說：「否則離禪更遠。」就先以憶佛方式拜佛，之後再參。

晚上看見 蕭老師抱病趕回禪三，內心十分不忍；爲了我們，連生病都不得安寧。老師開示公案時跟往昔一樣生動活潑，可以講的就暢所欲言，不可明講的就點到爲止。會意的笑咪咪，不會的捻斷三根鬍鬚也枉然。

第二天拜佛時，師說：「拜佛□□要□□，才容易相應。」我□□□□，又參：色身非我，五蘊非我，塵受非我，那麼現在在這裡參到不能再參的又是誰？爲什麼要拜佛時參、經行時參、洗碗時參？沒錯，一眞一妄，兩個一起運作。喜悅的心來了一下又走了：「妳肯定嗎？」

已經是第三天晚上，明天就要解三，決定不睡，到禪堂拜佛；奇怪的是精神特別好，一反常態，連先前的感冒都不見了（以前感冒至少要有半個月才會好）。

早上經行時，師用如意叫我把腳提高一點兒，又說：「□□！叫妳□□□，叫妳□□。那時不是有所觸動嗎？」再參，再參，……。不知何時，蕭老師走來說：「有沒有消息？」我愣了一下，搖頭。師問：「妳會唸《心經》嗎？」答：「會。」師說：「妳□□□默唸。」說時遲，那時快，老師走開不到幾步，我就追上去，師曰：「怎麼樣？」答：「找到了！」師曰：「在哪裡？」答：「在這裡。」我□□□□□□。師問：「還有呢？」答：「在拜佛、經行、洗碗，□□□□□□。」師曰：「那是□□，跟眞如心有什麼關係？」答：「這雖然是□□，但是因爲『祂』要□□□□□□，□□要□『祂』才不□□□□。」師曰：「妳好好的去整理、整理。」剎時不知不覺眼眶裡面溢滿了淚水，又著實想笑。眞是：「青青子衿，悠悠我心；但爲『君』故，沈吟至今。」

太感謝了，牆上掛鐘指著十二點多，夜晚子時將盡，蕭老師、監香老師還在繼續爲我們而辛苦用心，太感謝了！在內心再三拜謝。一直到天亮，毫無睡意；越整理，越發現：事情越來越不簡單。深深了知：一窺堂奧後，此去，路正遙遠。至心感謝參與禪三這項艱鉅工程的每位大菩薩們。

弟子 張瓊文 頂禮

公元二〇〇一年十一月

弟子　周明玉　佛前拜謝

二〇〇一年十一月二十六日

見道報告

弟子今生得以值遇大乘第一義法，並入門正覺講堂，修學無相念佛殊勝法門乃至明心，感謝　佛恩、師恩浩大，唯有心心念念擁護正法，護持道場，是爲報恩。

弟子學佛的因緣，緣於一九八八年父親往生，家人請海會寺的師父到家中誦經，在跟隨跪拜誦經時，我每每聲淚俱下，卻不知爲何會如此？只是當時福德因緣不具足，且對佛法完全不具知見，所以一直未再接觸佛法，直到申請提早退休，再度興起學佛的懇切意念，在家持名唸佛。一九九八年七月間，有一天突然念起，就到基隆大佛禪寺禮佛，意外的看到圖書館；館中書架陳列很多經典、名師著作書籍，我繞了一回，赫然發現《無相念佛》這本書，心想：這與持名念佛應有相關之處。迫不及待的翻閱，在書中約略知道「此爲明心法門」，驚喜萬分，請同修詳讀之後（同修此時也已提早退休，一心學佛，卻也未得其門而入），更加確定這絕對是成就學佛之道的無上大法，就趕緊報名開始這一生中學佛的第一步。

記得初入講堂時，連拜佛都不會，經張老師耐心指導，且以長遠心勉勵，進而學習憶佛——無相念佛；我整整用三個月的時間，才確定了憶佛的淨念，欣喜若狂，覺得是多麼奇妙：居然可以不必語言文字就能念佛，居然在任何時刻都可以帶著這一個淨念，心裡好踏實。

由於對法、老師、自己，信心十分堅定及學佛心切，從親近講堂上課就一一遵行老師所教授的知見，不執著眷屬念戀，修除習氣、不攀緣、直心、除慢心⋯⋯。在張老師千叮嚀、萬交代下，日日奉行省思，深恐有違教導；尤其張老師的身教，常以自身經歷演說，只爲了教導我們善待、圓滿一切眾生，發大悲心行菩薩道，以救度眾生。張老師的悲心，常引得我上課時紅著眼眶，更加警惕自己要更精進、更要發大願心。除此之外，老師爲了維護講堂制度的確立，更要求我們謹守講堂規條，依照 導師鋪設的佛菩提道步步精進。更者：擔負摧破邪見、救護佛子向正道的重任。

在此要感謝我們週五班的助教游老師，常常提醒我們：要累積福德資糧，作功夫要老老實實。而且鼓勵我們說：「這個班眞是菩薩班。」令我們很感動。平常上下課，我們師生都不攀緣，但認眞學法、發大願心、護持講堂，這都成了我們師生共同的一念；也因爲如此，我們都發願：生生世世跟隨 導師、張老師行菩薩道。

緊接著禪三日子愈來愈近，老師開始要求我們每天要加倍拜佛時間，不可揣摩悟境，更不可攀緣打聽答案；也不需太早參禪，只需好好老實作功夫，因爲因緣具足時自然一念相應慧出生。所以那段期間雖然是很迫切的時刻，也不敢打「悟」的妄想，因爲我們知道：唯有老老實實的作功夫，悟的因緣自然具足成熟。

在禪三前二個月，開始不斷的增加拜佛時間，尤其老師說過：「**拜佛也可以悟**（□□□、□□□□）。」有一天拜佛時□□、□□突然一念相應，所謂眞妄和合，頓時所有知見一湧而上，覺得應該是觸證了；就拿起平日老師所講如來藏體性的筆記一一對照，自己在作家事、走路、吃飯時再加以體驗，所謂煩惱即菩提；尤其曾看過 導師書中所寫□□□□□，再起思惟，以確定自己所悟爲眞心。

禪三（即將解三前）入小參室，導師雖然印證弟子所悟爲眞心，但由於所悟並未深入、更未整理，所以囑咐弟子回家後要深入體驗，更需整理通透，才能看得懂經典。導師如此悲心指導，感恩至極。解三回家後就開始詳讀 導師的書，讀到深夜時；同修看我如此用功，更鼓勵我要持續精進用功，才不負 導師一片用心。

在禪三第二天早上 導師摔跤而昏迷，看著師兄們把 導師抬往樓梯走上去，每個人都紅著眼，只記得淚水夾雜著稀飯，根本無法下嚥，只有擔心卻什麼都不能作；還好，後來楊老師告訴我們：「不要擔心，導師無礙。」但是我們都知道 導師是不捨這些等著破參的弟子們，更不捨眾生啊！世間有如此大悲願菩薩，我們又怎能放逸、不精進呢？

在自己確定能參加禪三後，我每天拜佛，求佛菩薩保佑弟子在禪三時色身狀況能平安（由於色身本來就狀況不佳），不可思議的是四天中色身完全無礙，甚至狀況特別好，弟子感恩佛菩薩的保佑；但當目睹 導師爲了幫助弟子們破參，心意堅定、發悲心、強忍身體虛弱，不顧醫師囑咐「多多休息」，當天傍晚又趕回山上來爲我們開示公案；甚至連晚上睡覺時間也捨不下在禪堂用功的弟子們，又走到禪堂一一關照、再關照。導師如此慈悲度眾，令弟子想到自己只爲了怕禪三期間色身有礙而求佛菩薩保佑，是何等愚癡、自私，於此向 導師懺悔，更在 佛前懺悔，從今而後，弟子每日祈求佛菩薩保佑 導師身體安康、度眾無礙。

解三時 導師開示：破參只是修學佛菩提道的開始。也教導弟子們如何在求見佛性上作功夫。弟子在禪三前，就每日以正覺講堂同修會的發願文發願，更願生生世世追隨 導師、老師行菩薩道，絕不退轉、永不退轉。

禪三見道報告

——柯吉村——

一、**學佛因緣**：學生在十多年前，因工作繁重，又爭勝心強，每晚皆加班熬夜至凌晨一、二時方休；幾年下來，如此長期失眠熬夜，時時精神綳得很緊，導致就寢後，腦中意識仍不曾暫歇。長此以往，積久成疾，得致慢性暈眩症。雖就醫後有所舒緩，但病根猶在。

那時年尚未過三十，思之難道此生就此渾渾噩噩而過？生命之無常，究竟什麼才是我們能掌握的？生之何來？死往何去？……等問題，即欲尋覓解答。以一因緣，在道路邊看到有關印順法師的佛學研討會廣告，乃前往一聞；會中巧遇以前即認識的陳師姊，其乃介紹認識在佛光山出家的比丘□□法師，從此在□□□寺，開始十多年的學佛歷程。

在這逾十年的學法歲月中，不曾離開過此道場，並學習從基本的佛教儀軌、到梵唄唱誦、法器練習、拜懺法會、聽經聞法、數息靜坐……等課程。並參加護法委員會，在會中擔任多年幹部，也協助師父在□□購地建寺，亦可謂篳路藍縷、披荊斬棘，建立一座佔地六、七公頃宏偉莊嚴的本山道場。對師父的護持，弟子們皆盡心盡力。雖在後期，因在實修功夫上，在明心見性了義法的開演上，一直踟躕不進，而去參訪農禪寺幾次，並在那邊求受菩薩戒，但該處同樣不能解弟子疑惑；故一直仍留在師父門下，未曾離開過。此或與弟子心性本即不喜攀緣、不心生分別是非有關；而同門師兄弟，也大多如此心性，是為法而與道場結緣、留住下來。

二、**學習正法因緣**：在□□□寺的末後幾年，師父開始教禪坐、明心見性悟道的法門。但前幾年在腿功上作功夫，雖然最後能熬出頭，繼續留下來的這二十多位師兄弟，在後期腿功已不錯，單盤或雙盤一個多小時，一天六、七柱香連續禪二、禪三，已不是問題；但即便已坐至欲界定、未到地定，心已不起一念⋯等情況，至於如何參究，仍是不得其門而入。師父的教導是：要在當下返聞自性，找一句相應之經句、深自思惟，自有悟處。當然，我們現在方知：一念不生，如何起念再思惟？已入定境中，自是了無生機。另，學生其時亦常請師父開示：**所修皆為靜中定，動中定力又如何培養？**因為每次禪二、三，下山後，山上原有之定境法喜，不消幾個時辰，或者半天、一天即消失殆盡，如沒有動中用功的方法時時保住，妄念時時現起，功夫一直在進進退退。師父教我們方法是隨時看住當下那一念，認爲即可保住。習無相念佛之相應處即在此：有一如實可用的方法，方能攝受於一憶念，止其他妄念。師父座下弟子，因無人可悟道，思之乃己之定力、慧力不成就所致；但其時信心也因此無法具足，方生疑心，道心漸不堅固。

由於同門師兄弟中十多位師兄弟求法心、出離心特別懇切者，即便師父山上不開班時，也繼續自行在家一起共修。彼此也常在法義上砥礪增益，但在山上的問題，仍是不得其解，也只得在事相上繼續用功。三年多前，有一機緣，同門李師兄讀及 蕭老師《禪—悟前與悟後》這本書，乃陸續引介我們，開始轉而修學無相念佛法門。

由於無相念佛法門，正是學生多年尋覓之訓練動中定的絕佳法門。且又是一禪淨圓融法門，故初始即與出離心較強的我，頗爲相應契合。雖初期對原師父仍有一份情執難捨，亦對自己禪坐功夫有幾許慢心，故課程之前面二、三週早晚時間一到即盤腿打坐習性改不過來。但幾週後，憶佛漸有心得，知其妙用，且作功夫時間也不夠用，方全捨以前所學，全心專注修學無相念佛法門。本來心中仍有一罣礙：我們這些核心幹部一一離去，將影響師父道場的運作；但爲求正法故，亦當捨聲聞二乘法，趣入大乘正法；因過去學法時所知不足，所知障俱在故；而今已知，當即「依法不依人」，專心向道，全然放下。

三、**無相念佛法門學習過程**：在修學的前二個月，學生即將《禪—悟前與悟後、眞實如來藏、護法集》等看了一、二遍。有時愈讀愈法喜，常有欲罷不能的感覺。而書中所示知見、理路，是如此條理分明，次第鋪陳。過去雖曾修學諸多經論，如《楞嚴經、圓覺經、大方廣如來藏經、六祖壇經、心經》，乃至《大乘起信論、中國佛教史、印度佛教史……》等。但以前是愈讀愈迷糊，總覺隔靴搔癢、未切中綱要。而今讀完 老師著作，如醒醍醐，豁然得解心中多年疑問。方知 老師智慧之深廣、不可測度，是古德祖師再來之大善知識，是吾等所當依止之處。

另外，剛初學時，週二，老師宣講《大乘起信論》；前幾次，聽來頗覺吃力，但用功讀過幾本 老師的書後，聽來就頗有心得，愈聽愈法喜。猶記以前師父也講《起信論》，我也耐著性子聽講一年多，但總是在名相上打轉，聽得迷迷糊糊。而今兩相對照，老師說法明白有序，依眞心自性說，平鋪直敘、事理分明。雖其時尚未破參，但聽來已入木三分，頗有收穫；聽經二個小時課程，轉眼即過，不似以前苦撐那般辛苦狀。

學生習法未逾半年，因已廣閱 老師著作，又在事相上勤作無相念佛功夫。當後來再去聽其他法師、居士說法，或讀其著作，即知其謬誤所在。方解爲何 世尊說：「**末法時代，邪師說法如恆河沙。**」佛法難聞、正法難得，眞善知識難遇。而今如此殊勝正法因緣，弟子今已見聞得遇，當自戮力修學，方不負師恩。

於修學無相念佛功夫之過程中，也有多次障礙瓶頸，經多次輾轉增進，方一一突破難關。學生平時早晚固定拜佛一至二小時，此在開始之半年，因在二六時中仍無法將憶佛之念輕鬆安住，故時時在「提念、失念」中進退，久之，原來頭痛的老毛病會因抓念抓得太緊而再犯。一次回去再讀 老師的《無相念佛》，書中即寫道：「**靈山自在我心中，佛在靈山莫遠求。**」怎需提念？佛不即常在心中、常在「身」中？本自常在嘛！自此以後，方慢慢體會那種憶佛淨念常在心中，不憶而憶的恬靜心境。有時竟日如無事人，雖了一切外境，心中卻難得起一妄念，了知卻不欲攀緣外五塵境，猶似隔一層薄鏡。有了如此體驗後，功夫上手，信心由此倍增。

去年十二月家父示疾往生，講堂爲先嚴安排會中同修們助念。猶記當時於家中助念時，全室靜謐，宛如置身西方極樂淨室。因眾同修以憶佛定力攝心而持名念佛；當音聲與氣息、憶佛之念融入為一時，每句佛號是如此綿密不斷；聲聲入耳、扣入心弦。其時方深信、體會念佛人之一心不亂、之「都攝六根、淨念相繼」，當下成就。念佛人一生所求，生西方淨土，當下肯定必能成就。諸同修會員及講堂中出家師父，助念時有一坐四、五小時不起座、入深定中者，聞引磬聲時皆言：「不知時間過逝久矣！」而學生也在其間領眾念佛，也深體憶佛、念佛合一之妙用。父親也因講堂諸明心、見性之法師、同修等至誠念佛相送，於沐浴淨身時手足柔軟、面色紅潤。另有同修於助念時聞得滿室異香，得此諸多好相。足證憶佛、念佛功德之殊勝不可思議。學生之後參加他人往生助念時，亦以此法攝心憶佛、念佛。常一坐三至四小時，愈念心愈歡喜；是以如能勤習無相憶佛，功夫上手，妙用無窮，是持名念佛人所應懇切修習之妙法。

四、參禪悟道因緣：此次報名參加禪三，因我同修與學生在同一班級上課，故二人同時報名。故原期望若只能有一人名額可上山參禪，即願佛菩薩護佑弟子之同修可上山破參，此也了弟子多年心願。其故乃自學生習法以來，心中一大願是度我同修、修學正法。……也許我同修與其他表相佛法不相契合，故只是虛應故事，並未專心向佛。但當三年前學生轉修了義正法，不料此次其自請，也要一起上課，此證我同修與了義正法結緣較深，方乃相應故。

禪三前幾個月的衝刺階段，讓學生更了知，何以稱謂「同修」——共同修學之道侶。因是從過年那段放假時間開始，二人在家中，即自訂共修日課表。從早上到就寢，作息相同，足不出戶，互相砥礪、攝受，對彼此精進增益、不懈怠，頗有助益。禪三前近一個月，我同修先請假在家用功，我之後也請假，一起在家按表操課。全天長時間拜佛、參究，於功夫之增益，頗有幫助；雖上山前仍未眞正得個入處，但疑情頗濃，無門之門似乎就在眼前。

禪三前一週，接到錄取通知的那天中午，學生感激莫名。感謝 老師及佛菩薩成就□□□□□□□。當即至佛前虔誠頂禮 世尊，不覺熱淚盈眶，發願如能破參回來，定當護持正法、弘法度更多有緣者來修習正法。是以下午的那支香，身心凜然收攝，拜得異常融入；只一拜，覺知時，時間已過將近五十分鐘。過程中，多年憶誦之〈楞嚴咒〉，自然湧出不斷，當時即改參究「**誦咒是誰？**」心中自以爲有了入處。上山後，方知仍執妄爲眞，當捨之。

上山前，亦不知是業障現前？或太長久時間禮佛！雙膝舊疾復發。雖經醫師調治，但多少仍有些障礙；就這樣帶著一些護具上山，決意放下一切，非衝過此生死關不可。

上山第一天，此次因法器組缺人手，乃卿命任木魚職事。此也是佛菩薩之安排護佑，讓弟子有機緣多培植福德。法會間領眾拜願、懺悔，上半時爲讓眾學員得以一意虔誠發露懺悔，是故弟子至心懇切，向佛菩薩祈求，得以音聲攝受眾學員，而大眾亦紛然涕淚悲泣、至誠眞心發露、懺除了無始來諸惡業障。此次拜願、懺悔，因維那陳師兄及莊師姊及眾護三菩薩之全力攝受，故大眾皆得大利益，懺得身心清淨，也使 老師身體平和無恙，禪三過程順利圓滿。到下半時，弟子亦深自反省、懺悔，至涕淚悲泣無法自已，幸得陸老師慈悲，於弟子音聲不繼時，能接續領眾懺悔，感恩陸老師之慈悲加護，讓法會終得圓滿順利。由於發露懺悔故，其時……。

晚上開示公案時，老師在講臺上□□□□□，又是喝茶、擦手、抹臉，看得很眞切，卻也仍道不出所以然來。講了二則公案，用意識心在思惟，想知個入處，反而使剛剛頭痛的老毛病加重，有點坐立難安。講完公案，繼續拜佛用功；因全身的病痛障礙，不論雙膝、或頭部，過去皆有經歷對治過，如專注憶佛融入，不再用意識去思惟分別，即可對治。其實多年來的頭痛舊疾，病因全在自己執取意識心爲我，去強烈分別執取；此堅固的妄想執著正是我病根之所在，也正是我悟道因緣之所在。我見之徹斷，病根即除矣；而色身雙膝之病痛，其病根亦在己之強烈執取假我、五蘊身爲我所有；如能徹斷身見，何來病痛之有？是誰在領受病痛呢？

知己病根之所在，乃在拜佛時，先以意識心去說服妄想執取、處處作主的末那：要全然捨此妄心假我，離此見聞覺知分別的心，也不再去領受分別色身的病痛。漸漸的當身心全然放下後，頭痛問題已不復存在，而原罣礙雙膝色身病痛之念亦復不存，感覺身上所有有形無形的負荷漸漸卸除，原色身沈重感漸除，身形異常柔軟、輕盈，沒了重量；到後段只覺得身如一張紙般輕盈、柔軟，身體的運動，如紙從空中緩緩慢慢飄下般平順而自然。其時內心不自主的啜泣起來，是悲泣自己所造業重難消，致今業病隨身；是欣喜自己終能將身心放下，不再執妄爲眞，有了入處。當晚拜佛至凌晨近一時，因此強烈法喜故，身心皆不覺疲累，了無睡意、覺明現前。但起一念：未來仍有幾天，要有充沛體力繼續參究。乃回寮房休息，也未眞正入睡過；精神仍好，故清晨不到四時，又再起床，回大殿繼續用功去。

第二天至大殿禮佛後繼續用功，因昨晚強烈法喜覺受仍在，故開始拜佛後，很快即融入，身子依舊輕盈，此次之體證更爲深刻而分明。清楚了知覺受身痛，起分別見聞覺知是會斷滅的意識心、假我爲妄。而離此分別、意識見聞覺知，有一眞實我如實運作，是祂常住身中，如實□□□。分別的意識心，恆審思量、處處作主的末那，皆是假非眞，僅止於□□□□，卻不能□□、□□，拜佛□□□，如來藏眞我□□□。其時內心激動，眼淚不住流下，欣喜於自己終可放下此虛妄五蘊身，不再認假爲眞，不再以意識分別的自己爲眞實我、認賊爲子。轉依如來藏眞實離見聞覺知、不分別的眞我，何來病痛可受呢？早參已過，準備早齋過堂。才剛起身，走沒幾步，行經伽藍菩薩像前時，只覺色身仍異常輕盈，而有兩個身在走；再融入去體會，轉依如來藏眞我之不分別、不痛不受；一邊走，心愈法喜，眼淚乃如泉湧般，難以抑止。

下午次序輪到學生向 老師小參，即向 老師報告用功過程，及昨晚、今日拜佛時身心觸動之體驗。因當時知見等整理並不夠分明清楚，師囑以**「下去後仍應先再徹斷我見、三縛結，在拜佛時用功，將眞妄心之分際整理分明。」**乃遵師囑咐，回去繼續拜佛用功思惟整理。

第三天早齋過後，老師要我去洗碗，體驗整理清楚。整個上午即在此過程中，去思惟整理，眞妄方能更分明，見地更正確。過程中，愈整理，即愈分明了知……（中略）而意識同時分別洗碗、如何洗，………（中略）但身識、意識、末那識皆是識心，………（中略）且其體性是斷滅性，悶絕、眠熟等五位中即斷滅，而處處作主的末那識的我，於入無餘涅槃後亦因十八界滅盡而斷滅之，故皆非眞實不生滅的眞我。其時整理後，如實清楚了知是眞實如來藏眞我，……（中略），祂才是眞正不生滅的眞我啊！如來藏眞我常駐身中，而與……（中略）的意識妄心同時同處，原來如來藏不生滅的無我性的眞我，是如此與虛妄的五蘊我和合似一，就在近前，就在我們身中，所以才說我們日用而不知啊！

下午張老師關心學生狀況，乃趨前近問：看我似已有悟處，但爲何尚未去喝茶整理？乃將之前觸證體驗，及之後整理之過程向張老師報告。張老師乃言，可以安排輪序與主三　蕭老師小參。晚餐過堂前，有機會得以再向　老師小參報告。老師聽完學生之整理報告，另也問了幾則公案，因故尚未通透，且因過去所學枝節葛藤太多，所述太繁複，未簡單明說眞妄；乃要弟子再回去用功整理。走出小參室，步履異常沈重，重新在　佛前求懺悔；自己過往想得過多之習性，仍舊是弟子障道之根源所在。本來有動念：「**回去如何對治，下回再上山求悟。**」思之：如此道心不堅固，又自己十多年求法、求見道，怎可動此念？當下再向佛菩薩虔誠祈求，求 佛加被：「**如能見道，定發大心，續深入經藏，弘法度眾，弘揚護持正法。**」心乃安住下來，繼續禮佛用功。

晚上陸老師慈悲給予小參指導，弟子方知過去知見不具足處；也恍然體悟過去自己葛藤太多，在文字上求解，死在教下之大毛病；禪，原是這麼簡單，離語言、文字，只消幾許□□□□，一切盡是不言而喻了。

當晚心中愈形篤定，乃繼續禮佛用功。因上山後，第二天晚間開始，腳踝處似因壓迫而錯位，已有些許痛楚；到了現在第三天晚上，該處已腫得如同饅頭大，已難以走路、站立，遑論禮佛？又思：此乃佛菩薩給弟子最佳試煉，如何全然徹斷己之身見、執我。過去三天已如實體驗過轉依眞如無分別體性去禮佛；故也色身雖有更大障礙，仍可如實無負擔的拜佛，身心仍舊愈拜愈輕盈；再次去體驗無分別之眞心，此再次的考驗，也讓原本一向過於執愛色身的假我，可徹底斷除。轉依此清淨、不會痛、無分別、本不生滅的眞我，當下方能全然承擔，也徹底斷除弟子的疑見餘習。正所謂：「**非經一番『痛』徹骨，焉得禪味酥酡香。**」也就是如此椎心刺骨極痛的體驗，否則如何可徹斷疑見餘習？如何悟後可不退轉，全然承擔。此等曲折，思之於下山後，方知乃佛菩薩慈悲攝受安排；也是 老師之慈悲慧力故，了弟子心行弱處而對症下藥，方得救治弟子多劫宿習。

至此，原來尚有不解之公案，豁然開朗。如何是祖師西來意？原就在□□□□□□表法無遺。而 世尊當年拈花示眾，大迦葉會心之一笑，而今學生也會笑了。老師在□□、□□處處在□□□□中演說如來藏眞我之運行，老師□□□□□□，不就在示現嗎？以前茫然不知，悟後一一檢視，方知原來就這麼簡單□□□□，太近而看不清啊！

第四天早上，陸老師安排學生參見 老師小參印證，此次小參報告，即不似先前之恐懼、猶豫；是很篤定、有條理的將所整理，清楚分明的宣說；也一一回答 老師之提問。老師囑以**已可以，先要回去大殿禮謝佛菩薩，並向陸老師報告：開始喝茶整理三道題目**。跟 老師頂禮後，步出小參室，心中雀躍不已，十多年苦苦追尋，遍覓不著之眞我，不生不滅的眞心，終於如實了知；不覺間腳步輕盈起來，忘卻了原腳踝痛腫的覺受；回寮房取茶杯，掀起褲腳，訝異何以腳踝已消腫大半。何以才剛破參，腳疾即立刻幾近痊癒？思之深覺 佛力實在不可思議；示現此色身疾痛之悟道因緣，讓弟子方捨此身、能全然承擔；由此開始轉依眞如無分別、無痛、無見聞覺知之體性，不再執色身爲我，不再執意識、覺知心、作主心爲我。

下山後，再讀《心經》，讀來是如此眞切！爲何 世尊言「行深」般若波羅蜜多，爲何「照見」五蘊皆空，「度一切苦厄」。諸此，皆在禪三中如實體驗過，讀來倍覺親切。再讀《維摩詰經》時，已更能體會經中義旨，維摩詰居士對諸聲聞羅漢等人，演說自心眞如體性深妙法，彼等罔然不知，難能心領神會，如今吾人卻已能明了所說義旨。吾師即同似 維摩詰居士，雖示現在家居士身相，卻乃菩薩祖師再來，隨處開演妙法，智慧如泉湧，慧力難思量。弟子祈願 吾師長久住世，繼續攝受已悟、未悟眾弟子，讓宗門了義正法綿延不斷，續 佛慧命，紹隆佛種。弟子至誠懇切發心護持正法，常隨 吾師左右；戮力修學，深入經藏，伏斷性障，以具足慧力、德行弘法度眾；以使宗門了義正法得廣授於僧俗四眾弟子，使 世尊正法廣弘人間，長久住世。

學生 柯吉村 合十

公元二〇〇三年四月

禪三見道報告

—林普仁—

至心頂禮歸命

本師 釋迦牟尼佛

大悲 觀世音菩薩

主三和尚 平實導師

弟子普仁以至誠之心，如實報告禪三見道過程如下：

同修會所辦的精進禪三，雖然只有短短四天，這中間的心情起伏和體悟，對我個人來說，卻是彷如隔世。

一、學佛的過程

我大學時讀臺灣大學電機系，研究所讀的是企業管理，畢業以後在一家全世界最大的電腦公司之臺灣分公司工作十多年，目前則是在新竹科學園區的一家自動化控制公司任職。這些看來和佛法完全無關的現代高科技的知識和應用，經過這次禪三的親證和體悟，卻讓我完全認知到現今物質世界的高科技，只是博大精深佛法中的一小部分而已，「**佛法在世間，不離世間覺**」，一點兒都不錯。

因爲家父早逝，讓我從小就有「生死無常」的體悟；懂事以來，一直都在探尋「**什麼是生命的眞正意義？**」接觸佛法之後，感覺這似乎是一個正確的方向，但是看了佛經或是古時禪宗的公案，實在無法瞭解是在說什麼；再看現今佛教界討論佛法的書籍，不是過於膚淺世俗化，就是一些邪說邪見，誤把「**清清楚楚、明明白白、處處作主**」，或是「**一念不生**」每天睡著後都會斷滅的意識妄心當作是眞心；但佛經中早說過了，眞心是「**不生不滅**」（《心經》），「**縱滅一切見聞覺知，內守幽閑，猶爲法塵分別影事。**」（《楞嚴經》），當代佛教界那些說法完全不符合佛經中所說眞心的體性。如此尋尋覓覓了三十幾載，感覺年事漸長，而了無消息，心中實在有著無比地淒迷。

兩年半以前，在因緣巧合下，於士林新光醫院附近的素食館，看到一些結緣書；起先根據以前經驗的判斷，認爲大概也不會有什麼收穫；但是想想還是不要放棄任何的機會，因此就隨便挑了一本不太厚，容易看完，由「正覺同修會」蕭平實居士所寫的《無相念佛》帶回家。回去一翻書之下，心中震撼無比，想不到在佛法的末法時代，大家都說開悟是不可能的事，竟然還有人敢公開談論明心見性的方法，而且還講得次第井然，頭頭是道。心想，這人如果不是大騙子，一定就是大菩薩。因此馬上仔細把《無相念佛》看完，然後又跑去原來的素食館，把有關 蕭平實居士所有的著作請回家，大約花了一個月時間，一個字、一個字仔細地看，終於完全相信：就在臺灣、就是現在，有一位眞正的大菩薩在弘揚正法。而且還不像以前禪宗祖師，只跟你講一、二句，甚至都不講話，就要弟子去參；很多人甚至參到老死，也沒有結果。想一想，覺得自己能有這樣的機會，實在是幸運。能夠令我完全信服的原因，是因爲書中全部如實地在解釋佛經；且各部經典全部貫通，前後說法一致，理路清晰，完全沒有矛盾；而不是譁眾取寵、發表自己的看法，然後硬是斷章取義，或是曲解佛經去說服別人。在此也向 導師懺悔一開始所起的一絲懷疑念頭。最後決定報名正覺同修會兩年半的禪淨班，時間是公元二千年十月十八日。

二、**禪淨班**

兩年半這當中，親教師游老師實在是無比地慈悲及老婆心切，反覆地教導我們如何在佛菩提道修行上能夠進步，主要的內容分成四大部分：

一、佛法知見的熏習，以長養慧力。

二、拜佛憶佛動中功夫的訓練，以增強定力。
三、我見、我執的時時反省，以消除貪、瞋、癡、慢、疑等性障。
四、對於正法的護持，以去除業障、培植福德。

也因此，我才發覺過去我在慢心、我見、我執上，是多麼地深重。親教師也常對我說：**「直心就是道場，學理工的人，因為思路太複雜，枝節葛藤太多，在佛法的修行上障礙會比較多，不容易見道。」**聽了實在心中涼了一半，這給我相當大的警惕；後來又說：**「但是如果見道，悟後的理路整理會比較快。」**這也算是對我的一點鼓勵。兩年半的時間很快地就過去了，檢討起來，最大的問題是定力還不夠好。由於工作繁忙，公司地點又遠在新竹，而家在臺北，每天早出晚歸，拜佛的時間實在是不多，現在回想起來，非常後悔。

三、**禪三的過程**

早在禪淨班畢業之前，親教師游老師就教我們如何參禪，並要我們開始實際參究；但是由於自己定力不夠，一直無法作得很好。眼看禪三日期一天天接近，現在要臨時抱佛腳也來不及，就這樣抱著忐忑的心情上山了。

第一天（四月十一日）

禪三報到第一天的下午是拜懺法會，主要目的是對往昔所造的惡業，在佛前懺悔。在懺悔偈的唱頌下，不知不覺眼淚就掉了下來。事先就有聽到其他師兄說要準備衛生紙，因此早已準備好一疊放在口袋裡等著，沒想到眼淚、鼻涕一直不停地流著，所準備的衛生紙兩下子就用完了，看著地上的蒲團馬上就要遭殃，真不知如何是好。這情形，其實護三的義工菩薩早就司空見慣了，就在最需要的時候，及時地遞上衛生紙，解決了我的窘境。

晚上 主三和尚開示，舉了兩個公案，講解古文的意思，想著有 老師親自開示，一定不會像以前自己看書那樣不懂，因此非常專心地聽講；老師把古文的意思，一句一句仔細地講解，最後每句文字的意義是完全懂了，但是整個公案到底在講什麼，還是全部不懂，怎麼還是跟以前一樣？

一天下來完全參不出什麼來，晚上打板後繼續留在大殿，真心誠意地在佛前懺悔，並在佛前發願，直到晚上一點多，才回寢室稍微睡了一下。

第二天（四月十二日）

第二天一早，還沒打板就起床了，繼續在佛前懺悔、發願、禮佛、參究；到上午十點多，似乎有一點兒感覺，趕快去找監香陸老師小參，陸老師說那根本就不是，方向完全錯了，並提示我一些方向，叫我繼續努力。下午輪到我單獨向 主三和尚報告狀況，我除了講上午那一點點的感覺以外，什麼心得都講不出來，腦袋裡面空空的，實在一點兒東西都沒有。主三和尚看我腦袋裡面什麼料都沒有，也不責怪，一邊開示我只要去除三縛結（我見、疑見、戒禁取見），便可以成就須陀洹的初果位，並且半開玩笑說：「**沒破參也沒關係，帶個水果回家也不錯。**」聽了立刻腳底發麻，後面 主三和尚說什麼也沒再仔細聽，想著這次大概完蛋了。出了小參室，勉強打起精神，繼續作功課；直到晚齋打板，吃飯時一點兒胃口都沒有。晚上自己重新再把今晚 主三和尚的開示檢討一遍，發現自己在我見、我執和慢心習氣上還是非常重，以前常以爲自己已經將這些習氣消除了，卻發現還是被自己騙了。檢討之後重新在佛前懺悔，另外也在佛前再發了兩個無盡願，連同禪三報名時發的一個無盡願，共有三個。如此整個晚上就懺悔、發願，也是直到凌晨一點多才就寢。

第三天（四月十三日）

第三天早上還沒打板就起來了，看看只剩下兩天就要結束，而雖然大略知道參究方向，但是毫無消息，心情實在是沈到了谷底。趕快盥洗之後，就跑到佛前懺悔及發願，反覆向佛菩薩保證我破參之後決不打折，也不混水摸魚，一定精進、如實來執行我所發下的三個大願，然後再就座，開始拜佛參究。

早齋完畢後的課程是經行，一邊聽著監香老師的指示，但心中還是在參究，之後開始有了一些感覺，直到經行結束。結束後找監香張老師小參，張老師說還是太模糊，而且也不是我感覺到的那個，叫我回去再參；並告訴我一定要向 釋迦牟尼佛和觀世音菩薩發願求，求祂們加持幫助。

一整個早上就這樣專心地發願、懇求、禮佛、參究，不知不覺就到了午齋的時候。在排隊準備過堂午齋時，突然「一念慧相應」：哈！原來如此。釋迦世尊拈花微笑，達摩祖師東來傳法，六祖慧能大師「**不識本心、學法無益**」，《心經》「**不生不滅、不垢不淨、不增不減**」，《金剛經》「**應無所住而生其心**」，說的是這同一個本心第八識如來藏，「生命的實相」竟然是如此地直接了當。午齋時總算第一次吃得這麼輕鬆，主三和尚叫我時，覺得特別親切，也知道他在喊的是誰。

下午稍微體驗整理之後，再找監香陸老師小參，我很明確地把悟到的東西向陸老師報告；老師認同我的說明，並稍微引導我作了一些整理，便安排我接受 主三和尚勘驗。

抱著有點緊張的心情，總算輪到我進入 主三和尚的小參室；坐好之後，主三和尚開始考問問題；很奇怪這時候完全不緊張了，主三和尚怎麼問，我就毫不思索地怎麼答；可以說是應答如流，了無障礙。最後 主三和尚勘驗完畢，認可我的破參。但 主三和尚也告訴我要「依法不依人」，必須用 佛所說的三藏十二部經典，和古時祖師的公案再作自我勘驗；如有矛盾的地方，要「以經典爲準」，出小參室之前，並給我第一個題目去整理體驗。

勘驗完畢後，我首先把 主三和尚第一天晚上開示的公案想了一下，竟然清清楚楚，不但懂它的意義，連當年祖師爲何要這樣作的智慧和苦心，也都體會得出來。接著開始依照指示體驗第一個題目。

破參以後這段時間，看著 主三和尚一直在趕場，每天晚上勘驗到十二點多，第二天早上四點半打板之前，又已起床，抱著能多度一個就算一個的拼命三郎心態，和時間賽跑，心中實在無比地敬佩與感傷，因此我又鄭重地在佛前再發了第四個無盡願。

第四天（四月十四日）

禪三中最後一天黃昏的「解三法會」，主要是課誦《心經》與解三法語；過去讀了三十幾年的《心經》，也不知道誦過多少遍，只有到現在課誦時才眞正瞭解它的意義，心中實在升起了無比地感激。感謝佛菩薩、護法龍天、主三和尚、親教師游老師、監香老師、護三義工，以及提供素食館結緣書，讓我接觸正法的不知名菩薩。特別是本師 釋迦牟尼佛和觀世音菩薩的加持，這也是我這次禪三能夠經過這麼多曲折後，終於破參的最主要原因。

最後要非常非常感謝我家同修，由於她的支持我修學佛法，讓我在世間法上能夠了無牽掛；我在此也發願，在因緣成熟之下，我要引領她能夠見道，了脫生死。

四、往後該走的路

破參的喜悅，早在下山之前很快地就結束了，因爲想起自己所發的四個無盡願，是那麼地沈重，而「末法時代邪師說法如恆河沙」，這世界上有那麼多學佛人被誤導，有那麼多邪說、邪見需要去破斥；但自己現在只是剛入了門，在佛菩提道修行的五十二位階中，也只是第十七位階的七住位而已；自己修學佛法的進度，以及破斥邪法的速度，遠遠比不上這世界中邪說邪法欺人惑眾的速度。在此只好再向本師 釋迦牟尼佛和觀世音菩薩懇求，讓我進度能再快一點，尤其是在同修會最近發生一些事（編案：詳見《眞假開悟、辨唯識性相、假如來藏、識蘊眞義、燈影—燈下黑》等書的辨正），這麼需要護持的時候，我一定要趕快出來弘揚正法，摧邪顯正。最後僅將我在禪三所發的第一個無盡願披露出來，以作爲對自己的時時提醒和警示：

　　願從今以後，及盡未來無量劫，生生世世護持正覺同修會，弘揚正法，摧邪顯正，普度一切冤親債主及諸有情眾生，修學佛法，同證菩提，共成佛道。

南無本師釋迦牟尼佛

南無大悲觀世音菩薩

弟子　普仁　叩上

公元二〇〇三年四月十七日

見道報告

—溫鴻儒—

南無本師釋迦牟尼佛。
南無本師釋迦牟尼佛。
南無本師釋迦牟尼佛。
南無平實菩薩摩訶薩。
南無正覺海會諸菩薩。

記得小時候，曾經有兩次在無意間遇見了不可思議的事情，一次在睡覺中，與自己的親弟弟，被不知名的東西吵醒，就是冥界的眾生；當時房間昏暗，而弟子與親弟床位是各睡此房間一邊牆，這房間的門就在親弟的那一張床腳旁。那時晚上三更左右，突然房間門自動打開；因爲不尋常，當時也不知爲何就醒來，但是看不清楚門是怎麼被打開的，第一個想法是小偷，弟子隨即脫口喊出：「誰？」這時門就關起來了，不過，才幾秒，門又打開，弟子又喊：「誰？」門又關起來了。

然後又來一次，第四次時弟子想要仔細瞧明白到底是什麼人惡作劇，當時門一打開，不急著喊，等門再開大些；可是發現不對勁，奇怪！沒有身體（不是一般人的色身相貌明顯），也不知道是不是自己妄想，好似有一隻手，當時竟然不敢再看下去；也是前三次之鑑，又趕緊喊了：「誰？」門就關起來了。這下可不得了，遇見以往都不知道的東西，趕快喚醒親弟（其實當時親弟也沒睡著，因爲他躲在棉被裡面害怕），並告訴親弟要離開這房間，到父母親房間，這時親弟可是馬上跳起來跟著弟子跑出去。

又有一次，小時候有一次回鄉，那時好玩，與鄉下朋友去溪邊玩耍；因爲弟子是個旱鴨子，只能在岸邊；可是看見大家都在玩，一時興起，自己也有下水的衝動，因此腳步漸漸往溪水中間玩去。當時一群朋友玩累了，往岸邊活動，只剩弟子我一個人往溪中間遊走；這一去，不得了，突然間腳底踩空，撲通掉進較深的地方滅頂，而且腳踝還被東西卡住；不會游泳，又吃水，緊張得不得了，知道快完蛋了！但是因爲曾經隨母親跑過幾次寺院，心裡突然生起一念：「阿彌陀佛！」奇怪的事發生了，眼前有一道金黃色的光芒從遠處到弟子身邊；說也奇怪，這時候腳竟然掙脫卡住的東西，四肢跌跌撞撞的爬到岸上，並與身旁朋友說：「好危險。」

只見其他朋友各個瞠目結舌，看著弟子；當時的想法，或許是他們誤會弟子可以在水中憋那麼久（那時有比賽水中憋氣），可是大夥兒說要趕緊離開。結果一離開後，他們竟然告訴弟子說：「阿儒！（弟子小時後的小名），你知不知道？在你掉進水裡不見的時候，有一隻白色的鬼在對岸看你；可是你爬上來後，那隻鬼往對岸叢林走開；又有另一隻從你剛掉進水裡的地方浮上來，跟著那一隻飄去。」唉喲！聽到這一句話，嚇死了！眞是鬼門關上走一遭，自己都不知道。當時也不知道是佛祖冥佑，如今回想，弟子當時眞是無知，不懂感恩；還想是理所當然，簡直是可悲可憐之俗人。

以上兩則是有憑有據，並且找得到相關人來質問，絕不虛假。這也是弟子相信三界皆有有情眾生，也逐漸生起念頭想要知道三世與因果，這一世欲尋佛法的動力就發出來了。

後來上了高中，文字也漸漸熟悉，就用現有的一點點零用錢，買書來看；不過當時偏重小說類的方向，像《呂祖純陽傳、釋迦牟尼傳》等等。到了專科院校，自己喜歡讀《金剛經、心經》，深覺這經典眞是不可思議，講的義理深邃，但是都似懂非懂；反正就是喜歡，但卻自以爲是的以爲懂了！現在想想，眞是無明眾生。

有了這些自以為是的想法，當完兵後當然要找道場了；一連找了許多道教道場，總是不相應，後來找上了中臺禪寺。認為禪坐就是佛法，也因為當時想要修定，因為誤以為往佛道的方法就是禪定；而且吸引弟子的還有一個地方，當時精舍經常拿出一些讓人以為是顯現聖跡的照片，如中臺禪寺天空上有很多光點，或是地板上有法輪等等，當時弟子也是因為聖蹟而求佛法的（現在回想禪三時的聖蹟，與中臺的可是大不相同），因此就暫時先待在那兒。

來到中和普雨精舍，聽臺上法師說佛法；雖然臺上法師在說佛法，可是弟子還是專心在定力上面，一方面依著深重習氣緣於定境，一方面或許菩薩冥助，不使弟子吸收過多邪知邪見；在中臺的精舍，自己修的定力比吸收知見還要多。

有一次惟覺和尚要來精舍，住持法師要弟子擔任接引；可是弟子實在是興致缺缺，便予婉拒；甚至當天明明有空，還不願意到場。又在那兒共修三年多了，已經到那邊所謂的高級班；可是從來沒有歸依過任何一位法師，這在中台山算是異類，不過真的就是與惟覺法師不相應。

再有一次，因為都待在中臺四年多了，弟子因為被人鼓勵去惟覺法師那邊歸依；想想別人都歸依了，自己待在中台山四年，又是高級班，卻還沒歸依過，受到他人鼓譟，那就歸依好了。碰巧在新莊的某一精舍，惟覺法師要來；弟子住中和，中和與新莊市不過才一線之隔，弟子也就開車前往；不料卻在中途拋錨，而且還是不明原因；等到歸依法會結束才找到原因，也只好作罷，原車回去，想想眞是佛菩薩冥佑、遮止了惡緣。

後來將電腦安裝上網以後，因爲興趣的關係，就在網路找佛法；有一次上中國佛教網路論壇，偶爾發表一些言不及義的文章；好在那時弟子從沒說自己開悟，否則就種下大妄語業了；不過，沒有正知見還自以爲懂佛法。

在那論壇中有一位叫作禪狂的人，發表〈丙丁童子來求火〉的公案，還解釋公案，表示他自己已經悟入；當時我自己沒有正知見，以爲這位仁兄好厲害，這個公案看得懂。這時候有一位自稱德光的仁兄（當時因爲還不熟，所以稱仁兄，其實他是接引弟子入同修會的老師）爲了救他，提出反駁；因爲要保護正法的關係，不能露門，所以那時認爲德光好像只是反駁而已。

後來那位禪狂更是不得了，竟然解釋黃龍三關的公案起來，顯示他已經過了禪宗所設立的三關；而德光也予以反駁，弟子我就在這中間看著他們兩位往返辯駁；不過當時弟子以爲禪狂很厲害，而德光很可憐，因爲大家都攻擊他，他只有一個人孤軍奮戰。弟子想：德光這麼可憐，受到排擠，可以勸勸他不要太激動（其實他才不會因此生氣，反而是悲心現起，難過眾生無知），一方面也很想知道德光到底有什麼本事說人家法義的不是。但這位德光很厲害，好像蠻篤定弟子有機會學習宗門正法，因此很慈悲的把 E-mail 信箱給弟子，讓弟子在未入同修會之前於佛法上面有個依靠；眞是有趣，竟然是這樣進入了同修會。

經過幾次請益德光老師（這時已對德光心悅誠服，已稱老師），而德光老師也介紹正覺同修會，並要弟子報名，弟子則興致沖沖趕去報名加入。報名時遇到何老師，也不知為何覺得很親切，從此在正覺講堂安住下來。並且看過 導師的書籍後已經確認這是正法，很感激德光老師的接引，也發願未破參前不再到其他道場；即使破參後到其他道場也不是去學習，而是去摧邪顯正。不過現在弟子還不適合，羽翼未豐。

報名後剛上課，一見親教師孫老師，眞是平易近人，總覺得很親切；剛上課的前半年，有時來、有時不來，還是與平日的凡夫眾生習氣沒兩樣。可是經過無相念佛的功夫，漸漸的發現這法門眞棒，當下可以對治習氣，後來連一堂課都不願意缺席；而且也發現孫老師越來越厲害，聽老師上課越久，越認為孫老師智慧超強，只是平常不願意露出來。

弟子一旦在佛法上面有任何問題，就會尋求孫老師小參，解決自身疑惑；而且每一次小參都能解決弟子心中的疑惑；甚至還沒開口，孫老師就知道弟子的意思(現在有點小懂，這與八識心王和合運作有關係，這要破參才稍稍知道)。

有一次夢見百年前，當時 導師是師公，孫老師為男出家眾，而弟子我是孫老師座下的弟子；一次 師公派出任務，弟子與另外一位師兄隨孫老師前往執行任務；因是夢境的關係，已忘了是何任務，只知道蠻危險的。因為危險，另一位師兄中途跑掉，留下弟子與孫老師繼續前往執行任務；醒來才知道原來多生多世早就追隨孫老師了，早是其座下弟子也，早是 蕭導師徒孫也。

又有一次夢見 達摩祖師穿戴白色有罩頭的僧服，旁邊有四位白色袈裟的出家弟子跟隨，弟子一見立即拜見。祖師交代：要好好修這個法門，這是正法。這已經很清楚明白表示，值遇正法因緣早已註定。

孫老師上課講解精闢，悉心教誨，不捨任何一位座下弟子，很慈悲又有果決力，理路通透又不藏私(唯對密意覆護)，每一次的小參都令弟子感到法喜充滿；能遇到這麼好的善知識，不知是哪一世開始修集而得的。兩年半的功夫與知見全由孫老師幫忙建立，眞的是太感激孫老師了。

禪淨班快結束，弟子開始報名禪三；當然沒有任何期望被錄取，總認爲條件還不足，繼續在疑情上作功課；當時弟子的話頭是：「**了眾生心行的是誰？**」因爲在知見上知道如來藏了，弟子眞心幫忙作了許多事，爲了感激祂而選擇此話頭參究安住。想不到寄來通知單，當時很緊張的打開來，上面寫著「錄取」。喔！眞是太高興了，這怎麼可能？

另外，禪三前某一天到講堂幫忙整理，有幸遇見游老師，感覺親切無比；而貴爲講堂親教師的他，竟然主動來幫忙一起整理，讓在旁弟子的我深感親教師們的平易可親。可是說也奇怪？弟子第一個反應竟然是與德光老師有相關聯，因此問及游老師：「**認不認識德光老師？**」可是游老師始終不肯說。

還有一次整理五樓第三講堂，親教師孫老師也跑來看（不知是哪一位師兄姊說的），不但關心五樓講堂的狀況，也關心弟子；這實在是令卑下的弟子感動不已：「**一點架子也沒有，兩位老師言教、身教都是這麼的平易近人。**」若非宿世多劫所成就的善緣，哪有機會遇到這麼棒的老師。

因爲先前都沒準備，這下要好好準備一番，把心盡量內攝；殊不知此舉動已落入妄知妄覺中，因爲疑情最好是自然生起來的，而不是刻意要加強它；這錯誤很嚴重，到了禪三前一晚，根本無法入睡，這已經不是平常心了。

禪三的第一天，導師首先開示我見及斷我見的見地。奇怪的是，平常書籍也看過，但是禪三裡 導師所開示的，弟子在下面聽的覺受，與平常不一樣，禪三威德力眞是大。這一次禪三，兩位監香老師是張老師與游老師，到了晚上 導師開示公案，嚇！眞是精采萬分！沒有親臨的人根本不可能瞭解：禪——竟然可以這樣開示！（編案：這是禪門晚參的普說）不過卻是苦煞我也，因爲根本聽不懂！

導師眞的是非常慈悲，在弟子身上作了不知多少泥水，撒土撒沙的；譬如叫喚弟子起身，並道：「尊者□□了。」拜佛時道：「尊者□□了。」坐下時道：「尊者□□了。」還扮鬼臉、命弟子捲蓋布等等，作這麼多的手腳在弟子身上；無奈一連三天竟然都不會，疑情又重，又很攝心，簡直生不如死，只有兩個字（（苦參！））眞的很苦。

直到第三天晚上開示公案時，導師開示公案就很慈悲的問弟子：「想不想知道？」弟子當然猛點頭說：「請問老師！是什麼？」導師說：「你再問一次。」弟子又道：「請問老師，是什麼？」說完！導師手中的□□馬上□□□，弟子一看見，

□□□□□，竟然當下馬上知道如來藏在哪裡了！當弟子的意識一看見□□□□，撫尺及周遭空間的色差是眼識了別，但是意識了別 導師身上的形狀舉動及周遭，□□一旦□□□，末那依著意識心的分別，亦同時了知□□□□□，這時末那識因爲□□□□□□，而且意識心也確認這物品沒有危險性，□□□□□，末那就隨即□□□□操作□□□□□，如來藏眞的很快，□□□(□)。這一相應，果然，祂了眾生心行，特別是末那的心行。

當時雖然□□□，可是不太敢承擔，因爲祖師們費盡多少恆河沙數劫的米糧，才得以證悟此法；如此卑下、慧力差的弟子我，怎堪如此輕易得到呢？導師開示公案一結束，晚上就報名小參，一夜輾轉難眠。

隔天醒來已是最後一天了，早上小參，面見監香游老師，叫弟子報告心得；當時吞吞吐吐的表明試試看(其實是心裡不確定，才會說試試看)，當時即說：「□□□□□□□**阿賴耶識**。」監香老師一再問：「**爲什麼？**」弟子就報告當時情形，監香老師爲了要確認弟子是不是眞的體悟，一再的提出質疑，並出題目要弟子整理；只可惜當時弟子的整理方向弄錯了，由於這個方向弄錯，導致心有怯懦，不敢承擔起來；浪費時間，已經是過了中午，監香老師叫弟子再呈報，弟子回答：「□□

是□，□□是□□，□□□□隨順滿足……」，說到隨順滿足時，監香老師一臉懷疑；弟子一見老師懷疑相，就無法說下去；因為後面就是應該回答末那作意□□□□，整句的意思就是隨順滿足末那□□□□□□(後來想想滿足這兩個字眼不適合，又因為話頭是「了眾生心行的是誰？」再加上為了對如來藏感恩的心理，才會跑出這種答案)；當然監香老師要弟子再好好整理，下午三點多已經整理出來了，可是已經來不及了，禪三結束。

這一次下山，弟子一開始認為很失望，但是卻是失而復得。為何如此？因為弟子終於明白：即使找到如來藏，不肯承擔，還是有機會退失。而且即使悟後，意識心還是會欺騙自己；若能多參加一次禪三，再加上有如來藏作依靠，可以好好整理一番，這種體驗非常好，反而是值得，因為體驗到更多東西。

第一次禪三真的辜負 導師、親教師孫老師；回去後面對孫老師，頂禮三拜謝罪。經孫老師慈悲開示，這種悲傷就比較釋懷，小參後繼續勇猛往前。然後在佛前誓願，希望下一次禪三前能把往昔障礙禪三的冤親債主的帳，在下次錄取禪三前能清除一些，不能再被遮障了！也不能再讓 蕭導師承受，寧可自己受罪也不能將業障帶給 導師。

果然應驗了！接下來事業特別忙碌，禪三前的五個月，只有休息五天，其中沒有一天是有休息的；從來沒這樣累過，甚至使得色身不適，眞的很辛苦。但是弟子心想：**下次要報名禪三的人，怎麼可以就此被打敗？**這些苦，理當應受，而且要趕快受。

弟子又再報名第二次禪三，接到錄取通知；但第二次禪三前更是不得了，竟然腎結石發作，要命的是在禪三前四天發作，血尿很濃，一連疼痛三天；不過弟子卻很高興，因爲眞的應驗了！明天就要禪三了，弟子才稍稍好些，我同修一直很擔心弟子會不會出事；弟子的心意已決，寧可痛死也要把遮障的業請佛幫忙還清一些。

終於上山了，對於第二次禪三的威德受用，絲毫沒有減少，反倒是平常心許多；而且神奇的是，病痛沒有了！心中篤定有希望，佛菩薩眞的暗中幫助弟子。晚上 蕭老師講的公案沒有因爲第二次的關係而覺得老套，反倒是更加精采，導師的智慧太深妙了。

隔天第一次小參，面見 導師，導師一臉慈尊威德，不過禪三時的 導師比平常時不太一樣（平常不講經說法時）；因爲有互相對話的關係，弟子知道 導師一經與人對話，可以馬上知道此人的根器，這時候 導師的智慧才會因為自家人而針對此人的情況適時流露出來，但是我們的現有智慧只能知道一點點而已(因為後面的勘驗與集體集合時可以稍稍比較出來)。

第二次禪三雖然有點自信，但是一面對 導師的威德，卑敬心立起，在 導師面前根本無法隱瞞什麼，但是卻也要勇敢的說出自己的體驗；面對往世親遇的大菩薩，這中間的體驗旁人無法了知，只有體驗過的人才會知道。

第一次勘驗，弟子犯了很大的錯誤，勘驗的目的是在總相中作勘驗；而弟子為了要將祂說得更詳細，卻反而說得更不通順，有些部分還把自己還沒印證的東西拿出來講；但是 導師一聽就知道，還非常慈悲的引導弟子如何說明如來藏與五陰相關的關係；但是 導師好似已經預知弟子此次禪三有望，命弟子再整理一道沒想過的題目：為何如來藏是□□□□□？整理完才可以喝水。

一出小參室，回到座上，竟然找錯方向，竟然往世間大眾各個自身如來藏的方向去找，而不是在十八界思惟，又被遮障了！還好，監香張老師聽出弟子的意思，慈悲提點，弟子的遮障就消失，終於道出。但是細心的張老師，又再出兩道題目命弟子整理，即如來藏□□□□□，及為何□□□□？但是弟子一出小參室就馬上知道答案了，但是沒關係！此次禪三比較平常心些，心也不急。

整理後終於面對 導師了，經 導師的印可，道出恭喜，那心中的百感交集，絕非外人所知；想想古來到底有多少人能於大菩薩座下登堂入室，不知自身如何修集福德所能換來的。但是 導師又施設一個題目：□□□□□□□的過失。弟子一接題目，先把心中感動放置一邊，導師所交付的事情爲第一優先。

終於喝水了！哪知道這杯水竟然如此難以喝下，原來喝水是這樣喝的；以前從來不知道如來藏有因爲意識心而□□的作用，也有因爲末那與種子而有□□的作用，眞心與妄心竟然是這樣如此深細的和合運作。

喝水還不夠，還要體驗走路，這時眞心與妄心更是容易分辨出來，眞是太厲害了！跟對了善知識，那種對於佛法體認進步的速度，非獨自可以想像。

不過，最後一次集合小參時，導師要我們說妄心的作用，其他師兄姊都說得非常好，只有弟子不假思索的爆出：「**色身。**」其實要表達的是：「**妄心會觀察□□□□□走路的方式與前面走路的方式於(色身)上有什麼變化差異。**」眞是詞不達意，因此弟子將來也要好好將文字造詣提升，不然容易使他人產生誤會，而且對於救度他人也是一種遮障。整個勘驗完畢，才知道原來 導師的用意就是要提升我們的見地，得以不退轉，還要藉此防止被邪見所籠罩退失，加強承擔力，把我見斷得更徹底。這些施設眞是太棒了！果然第二次禪三眞是値得。

終於知道自己有多渺小，弟子仔細思惟，原來自己所證的智慧還是太過淺顯，還有太多的義理要去實證，原來未見道前所證的也不過是五陰十八界的虛妄性而已，見道後所證的也只是般若的總相智及極少分的別相智，佛法當中還有更多不瞭解的內涵，譬如如來藏究竟是如何依於完整的色身去觸器世間外相分而轉變爲內相分？又譬如根塵相接觸的地方是如何產生識的？譬如意識心是如何透過末那來□□□□□□的？譬如前五識的見分如何運作？無色界如來藏與末那運作？如來藏如何執持器世間？種子現起及未現起及促使現起未現起的情況等等？這些都還是知見範圍，還沒親證哩！

解三回家後隔天，正好有朋友過生日，我同修要求弟子去他家裡慶生唱歌；弟子於是將眞妄和合運作的觀行提起來，果然！妄心分別非常迅速，螢幕上的字幕一旦出現就馬上分別完成，不需要一個字一個字的分別；甚至距離、面前的色塵、他人唱歌的韻味、喜樂……等！如果是熟悉的歌曲，分別完成就非常的快；如果是沒聽過的歌曲，分別完成的速度就明顯變慢；而眞心呢，與妄心配合無間，如何唱歌，這整體的法已經很熟悉，所以末那與眞心就很順暢，因此□□□□□□開口一字一字唱出，還會□□□□□□喉嚨，也會因爲學習過後更能夠順利的控制聲帶。譬如喉嚨、脖子、腹部丹田等等的□□□，喉間的□□；再觀察很少唱歌的人，祂的配合度就很差；再觀察從以前不太會唱歌，一直到很會唱歌的人，就會慢慢了知如來藏的回熏性。沒見道前哪會觀察到這些啊！還自以爲是(自己)作的很好哩！

這段時間，距離解三下山時約三個禮拜的體驗，雖然工作上也是不輕鬆，但是終於能體驗到經中的每一句話都是說如來藏；原來悟後要進步，還得在六度萬行中作觀行；因爲如來藏才是最善良的，祂不曾對弟子起過任何瞋心，而且無怨的付出；祂從來不犯戒，因爲沒有任何貪瞋癡慢等心行；祂是最努力的人，無始劫來都不曾休息過；祂才是禪定的根本，祂具足一切的智慧，是最會學習而且最伶俐的人，因爲祂所□□的□□與妄心在不斷的熏習當中，配合得恰到好處；祂是最謙卑的人，從不居功；祂的功能最廣大，一切都是祂的功能！

禪門眞的是開門就要見山，一點也拖泥不得；末法時代更要嚴謹，因爲野狐太多了！盜法者也多，甚至悟淺而退轉的也有。遇到如此類人，怎能不嚴謹呢？

佛法的興盛，世尊的法脈，怎可如此葬送於這些人手上！

一路走來，弟子發現：見道眞的不是一個人可以獨自成就的，除非像 蕭導師那樣的再來人，自參自悟；即使如此，還需要 世尊冥佑過去五陰身的種子爲因，何況是弟子這種慧淺卑賤之身耶？

培植福德，恭敬善知識，吸收正知見，摒棄外道法（含四大山頭），心存感激，護持正法，謙卑委婉，斷我見，勤作功課，信受善知識不疑，時時懺悔，發大願心，這些都是得以見道的重要因緣。

願這些大善因緣，弟子來世皆能值遇，並且不遇惡知識遮障，不值聲聞外道，永遠護持 世尊正法久住。

南無本師 釋迦牟尼佛。

禮敬 平實菩薩摩訶薩。

弟子 溫正儒 恭敬 百拜 合十

見道報告

——蘇富吉——

頂禮

南無本師 釋迦牟尼佛　南無 阿彌陀佛　南無 彌勒尊佛

南無 觀世音菩薩　南無 文殊師利菩薩　南無 平實菩薩

弟子學佛因緣有幾個分界點，在一九八九年初以前，對佛教的認識仍停留在國小階段老師及主政者所教導的：**所有宗教都是迷信，僅能得到心理上的慰藉，只有西洋的天主教、基督教不迷信。**當時的報紙對佛、道的報導，都說是騙財騙色的；歌仔戲及小說所演所寫的也都因家庭失和、生意失敗或感情不合分手才去出家，或以出家作爲要脅家人就範的手段；親族中就有女朋友離去而眞的去出家的例子，因此對佛教並不想刻意去接觸。家裏拜的是道教的神明，國小至當兵前，因母親身體時常生病而求神問卜，就有神明指示：要母親早晚向神明上香敬茶（供開水），收供水時再祈求供神的茶來喝，這種上香敬茶的工作常常落在弟子的身上。弟子與佛第一次結緣是在當兵前參加旅遊，在彰化八卦山大佛旁紀念品店看到一尊約十公分高的佛像，心生歡喜就把 阿彌陀佛的聖像請回家供在神桌上。

一九八九年秋天因職務調動，在豐原上班，住在眷屬宿舍改的單身宿舍二樓，當時主管住在一樓；這位主管約一年前因直腸腫瘤（良性）開過刀，有一晚約一點半左右，這位主管呻吟哀叫，我起身下樓看他；原來他開刀的傷口處非常抽痛，好像被人在傷口處扭轉，我說我去叫司機開車載你去看醫生，主管說：**「不必啦！只要熱敷擦藥就會好，最近時常這樣痛，也都這樣處理就好了。」**這時煮飯的歐巴桑也進來了，這位主管要歐巴桑去燒熱水，叫我上床去幫他擦藥；當那歐巴桑出門去了，我轉身要上床幫忙擦藥時，忽然右邊小腿被人打了一下，我啊了一聲；回頭一看，室內並無其他人，並發覺我全身起雞皮疙瘩，心想：**「這世間眞的有鬼？」**一直幫他處理到將近凌晨三點了，他仍然在痛，最後只好送上醫院；醫生問診後，就先打了一針，不到幾分鐘這位主管就睡著了。醫生說：**「讓病人先睡，白天才能進一步檢查。」**於是我們就回宿舍睡覺。早上上班前穿襪子時，發現昨晚被打的地方竟然「烏青」，至此不得不相信眞的有眼睛看不到的眾生。這到底怎麼一回事？以前學校老師不是說鬼神是迷信嗎？因此就生起要一探究竟的心。

此後在路邊電話機上發現不少結緣書，大部分是一貫道的書，內容是某「古佛」來降筆的紀錄、地獄遊記等，看看覺得不以爲然。假日返家時看第四臺節目，無意中看到一個節目爲佛法講座，是慧律法師在臺大佛學社的開示，其中有一段內容大意是說：釋尊在二千五百多年前以一杯水，告訴佛弟子說：內有八萬四千蟲。當時尚無顯微鏡，以佛眼就能看清楚杯內有多少細菌。心想這個就是我要的，眞的有眼睛看不見的東西。

一九九〇年工作調回臺北後，這種佛法講座的節目時常看；又節目中間會介紹某某法師在中山堂或板橋體育館有什麼法會，若是星期日就攜家帶眷去參加。有一次全家跟妻子的同事去承天禪寺郊遊，那一次跟妻子的同事學會以五體投地的方式禮佛。此後常隨著這位師姊到中和圓通寺山下的道場作晚課，又有師姊介紹到板橋彌勒講堂上常照法師所講的「成佛之道」，是印順「導」師的著作。聽了一、二年後，家中同修另外去上《菩提道次第廣論》，後來聽家中同修說：印順的《成佛之道》是從《菩提道次第廣論》節錄的。至一九九五年四月改學《廣論》，直到二〇〇一年九月，公司一位同事拿一本書到我面前說：「**老蘇！有人說宗喀巴大師是斷滅見。**」我嚇一大跳，問：「**是誰說的？**」他說：「**就是這一位蕭平實居士寫的書上說的。**」於是他把《平實書箋》翻開至二四七頁讓我看：「**……故彼藏密**

中觀應成派諸師所說定中之中觀，實非中觀，其見地本質同於斷滅見……而妄封爲至尊，豈不可笑？……」這驚嚇，非同小可！要是此言屬實，那我這近八年所學算什麼？好在我是學工程的，有疑問一定要弄清楚，於是跟同事說：「您看完，借我看。」

他一下子拿了三本 導師的書交給我，包括《護法集、平實書箋、無相念佛》。看完《平實書箋》這本書後的觀感是：對宗喀巴「至尊」的說法很不以爲然。《平實書箋》一四二頁，宗喀巴認爲：「佛爲廣大勝解者說八識等，令通達者，亦僅顯示經有是說；非自宗許離六識外別有異體阿賴耶識。」宗喀巴既然不信佛語，所造之《菩提道次第廣論》怎能算是純正的佛法？是否意味著說宗喀巴的證量比 佛還高？是不是表示「宗喀巴才是成佛者」而「釋尊尚未成佛」？否則，「佛佛道同」這句話就不能成立，而經典又說「佛佛道同」。

另，《廣論》內容從不談明心見性或眼見佛性，只談性空緣起即是佛法的全部，又說要有顯教的基礎才能進入密教修練氣功、明點、即身成佛之法。因此對《菩提道次第廣論》已經失去信心，這期間在福智法人(註)南京東路的道場上課及作義工仍照常進行，是想利用機會向研討《廣論》時間較長的班長請教：有人寫書批判宗大師爲斷滅見之看法、上面之學長或法師知道這件事嗎？請教結果得到的答案千篇一律：1、相信日常師父及達賴喇嘛，2、日常師父有大略看了一下就交給一位解學長，並說：「**這位居士說的法有問題，你也看一下。**」求法心切的我，就找機會去請教這位解學長及另一位李學長，結論是：他也相信師父，至於問題在哪裏？師父也沒有說，他也只是大略翻一下而已。（註：福智法人是由新竹鳳山寺日常法師創立，以《廣論》學員爲免費職員經營商店，所賺錢財用以供養廣弘雙身法的達賴喇嘛。）

他們的至尊被人揍了一頓，作弟子的都能無動於衷，我還眞佩服他們的「定力」。我家同修還被告知：「**師父既然說這位居士說的法有問題，以業果的立場，你不能去碰他的書。**」其實是怕人離開福智法人團體。回想當時在研討這本《廣論》時，心中就有幾點疑問：1、在道前基礎破邪執部分說：支那堪布（中國住持和尚）說一切法不分別是最大邪執。心想哪有可能？隨文成公主到西藏去的高僧都是開悟者，所說的法哪有可能是邪執？如今證實「一切法不分別」是明心後轉依如來藏的悟後起修內容，是微妙甚深的無上大法；且被謗爲邪執，其追隨者若想到這個事實時，「腳底會冷否？」2、《廣論》及宗喀巴的著作中一再強調：應成中觀才是最究竟的法，唯識不究竟。但唯識學是當來下生 彌勒尊佛所傳，既然是 釋迦牟尼佛所授記的下一尊佛，其所傳的法應該是最究竟的才對啊！很顯然宗喀巴所傳的「佛法」不是 釋尊所傳眞正的佛法；其追隨者若想到這個事實時，「腳底會冷否？」3、密宗皆依人不依法，與 釋尊的教誡「依法不依人，依經不依論，依義不依語，依了義經不依不了義經」不符。另：他們在拜佛時口唸四歸依，而且把歸依上師高推在佛、法、僧之前。看了 導師的書，才知道密宗是喇嘛教，絕對不是佛教。

二〇〇一年十一月十二日，本人因職務調動到高雄楠梓工作，於是就離開《廣論》研討班了；但也沒有立即進入正覺同修會，一方面是職務調動，新的工作尚待進入情況，再來是對正覺同修會也想進一步的瞭解；因此凡是正覺同修會的書，結緣書或局版書都請、都看；甚至成佛之道網站之十方論壇上的法義辨正文章、正覺電子報等，無一放過；雖然讀不懂的多，但最少熏習了正知見，就這樣一晃二年過去了！直到二〇〇三年十一月，得知同修會又開了週六下午班，且自己年齡已過六十歲了，警覺到「**還有多少歲月可以虛耗下去？**」於是才下定決心，每週從高雄返臺北上課，二〇〇五年元月調豐原，離臺北更近了，更沒有不繼續上課的理由。

自從讀了 導師的書之後，知道有明心見性的方法，於是想起六祖惠能大師聽人誦《金剛經》至「應無所住而生其心」時就開悟了，那「應無所住而生其心」是什麼意思？過去在板橋彌勒講堂聽常照法師開示：「**應無所住而生其心，就是要放下，不要執著。**」（現在他在電視節目中則稱：「**我現在都放下，不執著了。**」是否在暗示自己已開悟了？）於是就開始打坐（在法鼓山學了初級班），因妄念紛飛，就把放下、不執著用用看；但發現放下這個妄念，另一個妄念又起，不是辦法。就把「應無所住而生其心」這句話帶在心上，很快就少有其他雜念現起，只有這句話在心頭，這句「應無所住而生其心」的意思又不懂，心裏也在想：這句話到底是什麼意思？

就這樣，除了需思考的工作外，吃飯、躺在床上，早上醒來，都在想這句話是什麼意思；以致於如何把車開到公司，回家後如何把車倒入車庫，事後都想不起來。過了好一段時間，有一天晚上在打坐時忽然一念相應：原來這個心無所住，也無所不住的□□□□。首先□□□□□，再□□□□□□，□□□□□□□□□，這個就是嗎？不敢承擔！因爲才讀了 導師寫的《平實書箋》與《護法集》二本書，當時正在讀第二遍；《無相念佛》這本書尚未讀，正知見根本沒有；

沒得問，也不敢問，心想先把祂擺著，先建立知見再說。後來 導師的書讀多了，在書中一再強調要有動中的功夫比較容易悟入，這時才把《無相念佛》請出來讀，並依照書中所教的方法作無相憶念拜佛；這時人也已經在高雄楠梓上班了，拜佛時間首先定爲早、晚各三十分鐘；又發現三十分鐘後心才剛要定下來而已，就延長爲各一小時；週六、日再延長三十分鐘或一小時，參加禪三前一年再延長爲早上5:40～7:00，晚上10:00～11:30。至於拜佛的動作是利用高雄回臺北時，週五下午坐車在庫倫街下車，到同修會請書時觀摩師兄們拜佛的方法。

知見慢慢建立了，五蘊是哪五蘊，十八界是哪十八界，爲什麼它們是虛妄的；清清楚楚、明明白白的心是第六意識心，處處作主的心是第七末那識，第八識離見聞覺知又了眾生心行，五遍行心所——觸、作意、受、想、思，五別境心所——欲、勝解、念、定、慧，見分、相分，內相分、外相分，四加行、大種性自性等名相逐漸瞭解（這些名相可在成佛之道網站搜尋得到）。動中定力也延長了！有一日拜佛□□時又□□□了，妄心作意□□□□，□□□□□□□，作意□□□□□□□□，祂眞的離見聞覺知又很□□，有如□□般爲我們□□□□又無怨言，□□□、□□□□，叫祂□□□□、祂不會□□□□；因爲□□□相應，就很篤定的承擔下來，法喜充滿，不在話下。回家看到千手千眼 觀世音菩薩法相，原來是在講祂，大勢至菩薩也在說祂，發現佛菩薩的名號都在說祂。

可是問題來了！正覺同修會的規定是禪三時才由 導師印證，參加禪三的資格又必須參加禪淨班二年半後，報名禪三被錄取後才有資格參加；於是下定決心每週高雄、臺北跑，跑了一年二個月後；工作調豐原，又跑了一年四個月；這其中只有因母親往生時請了一、二次假。我家住中和，人在外地工作，週六班才適合我，這次（二○○三年十一月開的班）錯過就得再等二年半，生命不能這樣浪費；或許有人會想：「你本來每週就要回家。」可是二○○四年九月六日，岳父大人生病住院治療，急救的結果成為半個植物人，至今我家同修都住在臺南照顧她老爸，我還是照樣往臺北跑；因為正法難遇，眞正的善知識難求，甚至二年半結束後要併入週三進階班，我也預為申請轉入週五進階班。遇到當今唯一的正法，為什麼要退出？眞是佛菩薩加持及眞正善知識的攝受，第一次報名禪三即被錄取並被印證，讓我可以進入週六增上班繼續進修，下個目標：眼見佛性。

結語：參加二年半的共修，絕對收穫良多，因為課程是有次第的，內容是理、事圓融，皆有經論的依據；理的部分是以前聞所未聞，也知道現在親教師的智慧深遠，上課時皆能隱覆密意而說；更深信 導師是 釋尊的化現（編案：這應是感恩推崇之語，並非事實），親自來摧邪顯正，施設無相念佛方法及精進禪三接引有緣眾生明心見性，並指導如何觀行及體驗眞心、妄心、眞妄和合等。由衷的佩服：導師的智慧如海、深不可測。也才知道外面道場的法師、居士會以一念不生、無念靈知、有念靈知，清清楚楚、明明白白、處處作主的心作爲悟的標的了！因爲他們都被邪師誤導，我見意識心未斷，且以爲修禪定就是禪那；以我當年打坐一念相應後之覺明狀況，若去要求那些阿師印證，他一定告訴你：清清楚楚、明明白白、處處作主的這個心就是。結果一定被錯悟阿師誤導而自以爲悟，其實是落入第六意識、第七末那識及行陰當中，邪師眞是誤人慧命無量。

最後感恩 主三和尚、監香老師、親教師及義工菩薩們的慈悲與智慧、辛勞與付出，弟子不忘本誓：自性彌陀誓願見、眾生無邊誓願度、煩惱無盡誓願斷、法門無量誓願學、佛道無上誓願成、盡未來際世世常行菩薩道，追隨 釋迦世尊、平實菩薩、正覺海會菩薩眾，學習眞實如來藏，弘揚眞實如來藏，摧邪顯正，也幫助有緣的佛弟子學習眞實如來藏，讓宗門正法永住於世、利益眾生。

佛弟子　正吉 頂禮　2006 年 4 月 28 日

見道報告

—朱秀玲—

一心頂禮 本師釋迦牟尼佛
一心頂禮 諸佛 菩薩 龍天護法
一心頂禮法身慧命父母 平實導師 親教師張正圜老師
一心頂禮監香 孫老師
一心頂禮監香 陳老師
一心頂禮 護法義工菩薩

弟子生長於小康家庭，上有三個哥哥、三個姊姊。因爲從小體質欠佳，進出醫院次數頻繁，所以家人對弟子都疼愛有加，直到小學三年級，都還是父親揹著弟子上下學，也因此養成依賴習氣深重。小時候父母常帶著弟子參加進香活動，祈求弟子身體健康、平安長大。弟子不曾去思索其中的涵義，但在成長的過程似乎有一股默默引導的力量。

進社會工作沒幾年，因爲感覺在私人公司工作的不穩定，因此臨時決定參加國家高等考試。在剩下一個月的準備期間，經常一個人躲在臺北市城中市場城隍廟二樓佛菩薩旁邊哭泣，因爲覺得那裡有 地藏王菩薩及城隍爺，感覺好有安全感。高考及格後分發到市政府工作，同事熱心帶領弟子到永吉路鍾老師處接觸佛法；弟子並不排斥，也不特別歡喜。鍾老師對弟子非常好，在他熱心牽線下，促成了弟子與我同修間的婚姻。而在鍾老師的帶引下，也開始接觸高雄縣六龜鄉妙通寺。

結婚後沒多久，妙通寺男眾出家人包括鍾老師（出家後法號傳放法師）等，在臺北石碇建立道場。求法心切的同修爲親近法師並護法，便舉家搬遷到石碇居住。但是當時婆媳問題一直存在同修與弟子之間，與同修間的溝通經常出現隔閡，生活過得十分痛苦與絕望；後來因爲無法紓解情緒，導致內分泌嚴重失調，甲狀腺機能亢進、胸部纖維囊腫、子宮肌瘤等接連發生，不斷的求醫過程，也帶給家庭許多的困擾。

當時經常南北奔波參加妙通寺法會，身心疲累，心中一點喜悅也沒有。甚至自稱「毘盧遮那佛」的住持師父（傳聞法師）神通觀見弟子只剩下六年生命，因此每個月在消災、超度、拔薦上的花費，竟達數十萬元。當時學佛眞的是只有悲慘、淒涼跟無助的感覺，而且心中存著好多的疑問。

在一九九七年左右，同修的朋友結緣了一本《無相念佛》；同修在看完《無相念佛》後便成就了無相念佛的功夫，而且迫不及待的與弟子分享；只是弟子在上課好幾年後，才能慢慢體會無相念佛的功夫。在一九九九年同修報名講堂共修上課時，因為當時家住石碇，上下班均靠同修開車接送；而且同修在弟子心中一直都是很有智慧的人，因此就理所當然成為伴學者。

在弟子人生最黯淡之際，剛好進入正覺講堂，安住在張老師座下，不知不覺至今已將近十年。在此修學期間每次當有煩惱升起時，張老師似乎都能夠感受到，當日上課的佛法知見均能讓弟子平息不少負面的情緒；而且張老師調柔的身口意行及廣大無私的心量，總是讓弟子心生慚愧與感動。所以在張老師不遺餘力、努力傳授正知見的潛移默化教導下，對弟子慢心與無明的移除，確實起了莫大的幫助和作用，生活也因此逐漸看到希望與光明：記得同修破參後，弟子心中一直將自己視為是同修在正法上的絆腳石，因此曾萌生放棄婚姻的念頭；如果不是張老師細心呵護、萬般叮嚀，弟子又怎能安住而有破參的因緣？還有一次，弟子想……（編案：此一段文字屬於家中事相上的事，省略不載），真的令弟子無法接受。告知同修，同修卻是笑得很開心，他認爲是破弟子我執的很好因緣。眞是如此嗎？那爲何弟子每次想到還是難釋懷，很不舒服。

小參時向張老師提起這件事情，張老師教導弟子要由自己最在意的事情作觀行，因它是最難讓自己跳脫的，並且勸導弟子不要在不愉快的事上用心，正所謂：**「一觸即止，煩惱不生。」**自然就不會起煩惱。聽了張老師的一番話後，反覆整理思索；結婚已十六年，□□□弟子□□□□□，不知已持續多久，不知道就不會起煩惱；知道後，過敏、紅疹、不舒服的感覺……過去的不愉快如幻燈片不停的播放。慢慢地，弟子亦明白原來我們所生活的世間一切，都是意識在虛妄分別。弟子更深切的感受到，一個人在修行的過程中，善知識是非常的重要，因往世熏習的習氣種子隨時都會現起，如果不依止善知識的教導，很可能一念之差，就誤入歧途而萬劫不復。眞的感謝張老師多年來的教導（婆婆現在如果需要外出，她最希望、最相信的陪伴人，已經是弟子了）。

在第一次禪淨班結業後，因爲沒有破參明心的雄心，覺得知見也不夠，因此繼續報名參加張老師的禪淨班。很快的第二次禪淨班也結業了，當時覺得想上禪三瞭解一下究竟是怎麼一回事，因此在張老師的鼓勵下，遞出了禪三報名表。感

恩 導師慈悲成全弟子，給予弟子第一次上禪三的機會。

在第一次禪三普說時，弟子小心翼翼的觀察 主三和尚的□□□□；當時 主三和尚扮演許多的神頭鬼臉，弟子只知道那是在指如來藏；但是祂在哪裡，卻是一點都無頭緒。有次普說快結束時，主三和尚問道：「**你們有沒有人想知道如來藏在哪裡？**」弟子猛點頭，沒想到 主三和尚一路繞到弟子面前，並且當場拜下來；弟子心中一驚，趕快起立頂禮回禮；就在那時與 主三和尚腦袋相撞，眞是對不起 主三和尚。只是弟子知見、定力等都不具足，雖然 主三和尚如此老婆心切，仍然是無法相應。

第一次禪三回來，又繼續在張老師的第三期禪淨班上課。第三期禪淨班結業後，張老師開始開課進階班，當時覺得安住在進階班，繼續接受張老師的熏習也不錯。只是張老師似乎一直想要把弟子推到增上班，因此又在張老師半哄半騙下，再次遞出了禪三報名表；一心只想要當聽話的弟子，想不到又錄取了。

第二次禪三時，主三和尚憐憫弟子，將弟子□□□□□□□□□，當時弟子只能傻傻的聽；雖然聽得懂，卻不敢承擔下來，一時之間也無法深入整理。監香老師對弟子也十分呵護，不斷的提示跟引導。監香老師從各個方向來測試弟子的領悟，只是最後在監香老師要求□□□□□□□□□□時，弟子腦袋就打結說不出來。只是禪三回來後，《眞實如來藏》就看得懂。週二聽《金剛經宗通》也知道 導師的意思，眞的是很神奇！

很快第三次禪三又要報名，心裡仍然有猶豫，不敢報名；家裏同修見弟子不積極準備報名，就一直嘆氣，弟子實在無法視若無睹。所以又找張老師小參，張老師說：「妳一直說知見不夠，那在我這裡熏習快十年的時間，妳不是把老師都給否定掉了？」哇！眞是好沈重的棒喝。張老師接著說：「妳已經親近老師快十年了，知見應該具足，接下來只要將所有外緣放下，好好的用功，不要讓妄心遮障妳的眞心，並且要有般若智慧才能廣度眾生。雖然妳有菩薩種性，但是對佛法無法承擔，便無法以法義來眞正救護眾生。必須深切認知唯有破參，了知眞心與妄心的運作，才會明白自己從未察覺的問題與習氣，才能逐漸消除自己的習氣性障，進而利樂有情、攝受眾生。」眞是讓弟子既慚愧又感動。弟子眞的清楚明白沒有任何一件事情，比親證法身慧命更重要；更瞭解唯有親證法身慧命才能眞正報佛恩、報師恩，才能眞正成爲 導師的入門弟子，且被正法所用。眞的感謝張老師總能適時的給予弟子提醒與鼓勵。

這次上禪三第一天晚上過堂時，主三和尚仍是無有厭煩的爲我們說法，弟子用餐時仍目不轉睛的聽受、領納 主三和尚所示現的點點滴滴。忽然聽到「卡」一聲，接著牙根隱隱作痛，禪三後回家看牙醫，才知道牙齒斷裂。禪三第二天生理期又提前到來，身體非常不舒服；弟子心裡知道自己業障深重，因此趕快到佛菩薩前懺悔，並祈求龍天護法幫助弟子色身一定要支撐到最後一分鐘（感恩佛菩薩與龍天護法的慈悲，禪三期間一直呵護弟子色身）。

第二天與 主三和尚小參時，強烈感受到 主三和尚的慈悲。主三和尚知道弟子智慧不足，因此用譬喻來引導弟子；在 主三和尚引導下，弟子對眞心似乎有了更進一步的體驗與瞭解。但是跟監香老師小參時，卻是又搞得迷迷糊糊，心裡眞的打算放棄。這時 主三和尚似乎知道弟子的心聲，開示說：「**要發慈、悲、喜、捨四大願，求佛菩薩加持，才能有所相應。**」弟子聽完就起身到佛菩薩像前發願，發完「慈、悲、喜、捨」四大願後，回到座位上坐下，重新依照 導師的引導方向思考，竟發現剛剛監香老師的問題似乎已迎刃而解，因此又趕快去登記小參。小參時孫老師慈悲叮嚀：「**一定要是自己整理出來的，將來就算有人來否定妳、影響妳，妳也不會退轉；因爲是自己的東西，任誰都拿不走。**」眞的感恩 導師與親教師們的叮嚀與付出，並施設這許多善巧方便，讓弟子能更加深切瞭解到唯有實際體會正法的妙用，方能凝聚成一股強大的力量，才能讓正法的推展更順利。

第二次與 主三和尚小參時，因心中充滿好多感動與感恩，所以當 主三和尚說明第一道題目時，只覺淚水在眼眶打轉；心裡好緊張，出了小參室題目就忘光光。還好 主三和尚替弟子辯護，並將題目跟弟子再次說明，讓弟子有機會再次好好的整理。但是第二道題目，弟子眞的就沒辦法回答，因爲平常弟子只看《眞實如來藏》、《禪—悟前與悟後》、《阿含正義》及結緣的小冊子，第二道題目已經超出弟子平日閱讀的範圍，一時之間眞不知從何著手。

下山前親耳聽到 主三和尚說弟子已經通過印證，當時還不敢相信的捏捏自己，確認是否在作夢，心裡想：「弟子眞的有這麼好的福報，可以破參嗎？」曾幾何時，弟子自覺此生與明心無緣而想放棄婚姻，弟子心裡更是清楚明白若沒有 導師所施設的一切，弟子這輩子大概永遠也不會思考如何「明心、見性」，此時心中眞是百感交集。解三儀式後，弟子趕快到 佛前頂禮，心中感恩再感恩：感恩 世尊的正法，感恩 導師的再生之恩。如果不是 導師的慈悲引導，去除弟子的遮障，弟子又怎能上禪三受印證。說不盡的感恩之心，弟子明白自己慧力不足，日後一定要更加努力整理、體驗，迅速提昇自己的能力，努力成爲 導師弘揚正法的助力。學習 導師慈悲救護眾生的精神，生生世世追隨 導師護持正法、摧邪顯正、攝受一切有緣的眾生、荷擔如來家業，成爲一位眞佛子。弟子確信唯有跟隨 導師才能成就「慈、悲、喜、捨」四大誓願。導師是弟子今生修行的法身慧命父母，感恩 導師的再生之恩，弟子絕不毀 佛前誓言。

弟子 朱秀玲 頂禮

南無 本師釋迦牟尼佛

南無 觀世音菩薩

給導師的禪三見道報告

報告人：林榮翔

學佛因緣及過程：

公元一九五九年出生於臺中，自小生長的過程好像是爲了讓我體會娑婆世界的苦，以免忘記向上之菩提之道似的。雖然家中經濟屬於小康，不愁吃穿，但因爲父親愛賭博且經常數日不歸，所以父母常常吵架，小孩們的內心經常擔驚受怕。母親對五個小孩的管教又非常嚴厲，稍微不順她的心，藤條、橡皮水管就如雨點般打在我們身上。到了我唸高中一年級時，父親即因爲欠下巨額賭債而臥軌自殺。我是長子，所以內心感到非常惶恐，不知如何可以幫母親分攤經濟的重擔；與母親商量後轉入夜間部唸書，白天打工，先是在米店送米，後來到輪胎行當修補胎助手。成長時期的家庭讓我覺得人生實在很苦，對人生的意義何在？生命的眞理是什麼？生起了追尋答案的心。我的心腸軟，所以小時候半夜醒來，看見弟妹們熱得流汗就會拿扇子幫他們搧涼；也會趁母親午睡時幫忙作家事，把廚房收拾得乾乾淨淨，希望她會開心。而個性很直不太會拐彎，所以大人常說我太老實，頭腦硬硬的。有一次母親要我拿一只凳子，我拿了比較遠的一只過來，母親就說：「**近的不拿，卻拿遠的。**」我趕緊把凳子拿回去，換近的那一只。母親又說：「**拿來了就好了，你又多事拿回去換。**」我趕緊又把凳子拿回去換剛剛拿來的那一只，母親終於說：「**好了！不要再換了！**」她知道只要再說我就會繼續換。在懵懂中慢慢長大，開始有思想了，對生命中的苦覺得很難受，卻又沒有勇氣尋死。就找各種領域的課外書籍來閱讀，希望能找到眞理；可是世間的各種知識領域，都無法給我滿意的答案，無法告訴我生命的眞相與意義。後來我意識到，我的問題只能在宗教領域中得到解答。

高中時因看到白話版佛教經典《六祖壇經》，看完後心裡面就想：「**我也要明心見性，了生脫死。**」退伍後因爲同學的引導，到一貫道參加點傳，聽到可以「天堂掛號，地獄除名」內心很高興，怎麼會有這麼好的事？點一點就「天堂掛號，地獄除名」了。母親看到我拿回去的書，就說：「**一貫道不好，佛教比較好。**」在母親的引介下，開始聽慧律法師演講的錄音帶，聽了之後歡呼說：「**我找到了！**」認爲自己終於找到眞理的門路。有一次到花蓮靜思精舍（當時阿姨在慈濟當委員）

看到大眾在朝山，三步一跪拜，嘴裡唱唸：「南無本師釋迦牟尼佛。」看了一會兒，不自覺的一直流淚，無法停止；我想宇宙中的生死流浪實在很苦，我這個遊子又回到 佛的慈悲懷抱了，所以如歸家見慈母般淚如雨下。此後自己看佛學書籍、聽法師演講、到農禪寺助印書籍及請佛書與大眾結緣……。

慢慢的對一般的佛學演講已不能滿足，就聽出家弟弟的勸說，於一九九〇年九月到佛光山叢林大學就讀。到了叢林裡面，才知道出家人的煩惱並不少於在家人；資深的比丘尼，常常一上臺就對著寺內的四眾們又哭又罵的，我很疑惑：「這裡是可以解決煩惱的地方嗎？」佛光山的常住眾，尤其是男眾，常吵著要學開悟法；星雲法師卻不給打佛七，也不給打禪七，說：「求開悟是談玄說妙，不切實際；我們是人間佛教，要多作事，多服務大眾，這就是修行。」學院中曾有較資深的同學看到我在讀《楞嚴經》，就警告我：「看《楞嚴經》不可以讓學院知道，否則會進『黑名單』。」（編案：此經廣破密宗邪淫法門。但佛光山與密宗喇嘛往來密切，號稱「禪、淨、密三修」。）我根本不相信，心想：「哪有不能讀佛教經典的佛寺。」所以還是公開的讀；當我向常住申請剃度出家時，因為無法通過審核，才知道果然進了「黑名單」。佛寺竟然有眼線系統（大部分為佛光山孤兒院出身的出家眾）會打小報告，還有黑名單，眞是讓我開了眼界。後來佛光山因爲需要佛學院的在家眾短期出家，支援「行腳托鉢」活動（註），我才趁機剃度；活動結束後拒不捨戒，而當起沙彌了。

（編註：這其實是對外造假，令人造成佛光山出家眾非常眾多的假象；因爲這一類短期出家的僧眾是在活動後就須還俗的，本質上並不是眞的出家眾，卻一起托鉢，藉此幫助佛光山獲得更多錢財供養。）

在佛學院的學習過程中總覺得不能滿足於只學表相法，尤其是讀印順法師的《成佛之道》與《印度之佛教》，簡直是不知所云；印順法師所寫的書，我實在不相應，倒是喜歡看《太虛大師全集》。唯識的課程我很喜歡，可是授課老師以生活中的例子隨意比喻，美其名曰「佛法生活化」，然而卻引喻失義；我就找慈航法師的《相宗十講》來讀，確認上課時的比喻內容簡直是胡說八道，眞令人失望。有一次閱讀佛光山所編禪門公案白話本，內容有一篇是鳥窠禪師與會通侍者之公案，說到：「鳥窠禪師拈起布毛一吹，會通從此就過著幸福快樂的日子。」簡直不敢相信連禪宗公案都被改成世俗法，我終於不再奢望在佛光山可以學到了義法了。有一位佛學院的同學曾說：「外面的人看到佛光山寺廟這麼大，信眾這麼多，師父表面這麼莊嚴，怎麼可能知道裡面其實是沒有佛法的。」所言確實發人深省。

佛學院剛畢業，就因求法理念不同而求去。

一九九二年到□□法師的□□山，當年就到霧峰萬佛寺受三壇大戒。□□法師在我受戒前要求我至少要跟隨他五年，才能學到他的法。我為了可以去受戒，一口就答應。在□□山期間為報答□□法師的收留，南奔北走在各分會帶活動攝受信眾們，在法上卻沒有什麼進步，只覺得怎麼跟在佛光山一樣，出家人比在家人還忙、還累。但號稱是禪宗道場，倒是經常舉行禪三或禪七，卻都是靜坐修定之法。有一次我因為不想熬腿，就使用動中禪的方式，連續用功了三天；結果第三天晚上放香下座後，走路卻越走越慢，全身輕安；到寮房之前，大眾都已走到我前面去了，我卻沒有注意到；隔天到禪堂的路上，□□法師走在我後面突然說：「這個就是了。」我聽了之後心裡一驚，可是又想一想，卻完全無法在所看過的大乘經典上得到證明，所以我無法相信這是開悟。現在回想原來□□法師是以定為禪——以離念靈知為禪。□□法師可能承襲在佛光山所學，對僧團的基層以眼線系統的小報告來掌握；對高層核心的女眾則以雙身法來控制，所以核心分子等於都是他的老婆（這一點我是離開□□山才知道的，我家中同修逃離了□□山以後認識了我，才告訴我這些事情）。難怪核心的女眾幹部若不聽話時，他可以又打又踢，可是會被他使用暴力方法管教的人，卻都不會離開□□山，原來早都已是「一家人」了。□□法師也常請藏密所謂的活佛與仁波切到□□山傳法或授課，所以實行藏密的雙身法，也是必然的事。我後來因爲對□□法師的管理方式極端反對，終於離開了。離開□□山後觀察佛教界，好像沒有可以依止學法的明師；也不願意自身無佛法可施人而平白受人供養，所以就下定決心還俗了，時約一九九七年。

進正覺同修會的因緣：

原以爲這輩子不可能遇到「明心見性」的法了，然而二〇〇三年間同修在銀行取得一本結緣書，書名《無相念佛》。同修被書名吸引而將書翻開來看，非常驚異於有人將了義佛法說得那麼明白有序。所以我也在同修引介下，週二到正覺同修會聽　導師講經，進而參加禪淨班的課程。因爲遇到修學了義正法的機緣，所以只要有護持的機會就投入當義工。尤其於書籍校對方面，因爲我與同修對文字的敏感度都不錯，所以就從《如來藏系經律彙編》的校對，一直到《正覺電子報》及新書錯別字校對，都能貢獻己力，不致於有重大錯誤發生。在梵唄方面因爲過去有訓練的經驗，所以在福田組長給我機會下，能有爲同修會作事的福德因緣。

雖然所作的事情不多，但是 導師與親教師給我的恩德卻是如再造父母，恩重如須彌山，否則我是無法獲得明心破參之機會的。

見道過程與內容：

二〇〇七年十月參加第一次禪三。用餐時與 導師同桌，每次在餐桌上都很緊張，怕 導師又問：「**是什麼？**」在餐桌用餐時、晚上公案普說時，導師一直使機鋒，可是都不能領會。第二天晚上的普說，我只領會到只要□□□□地方，就是公案的重要關節。所以普說結束時 導師問我說：「**知道了嗎？**」我不很肯定的點了點頭。到了第四天 導師問我有無消息，我說：「**沒有。**」導師說：「**普說時你不是說已經知道了嗎，你的問題在哪裡？**」我說：「**身識□□□□身，我分不清。**」導師知道我的關卡了。就開示說：「**第一天斷我見，講五蘊十八界，就已經說□□□□在□□□處作用，你怎麼還認爲□□是□□□？……**」導師這麼開示後，我總算把 導師的「斷我見」開示、齋堂用餐及經行時所使的機鋒、禪宗公案普說的關節都貫串起來了。

整理之後就去登記小參。監香老師是孫老師，他告訴我從來沒有看見 導師對人使用那麼多機鋒；我聽了內心感到很慚愧，又感恩 導師對我的大恩大德。口說手呈的部分，我□□□□，然後說：「□□□□就是如來藏。」這部分通過了，孫老師接著叫我整理：「如來藏都作了些什麼事？」這部分尚未再輪到小參，解三時間到了，只好下次再來了。下得山來，就讀週一進階班。親教師仍爲張正圜老師，向張老師報告了禪三的情形，感謝 導師與張老師對我的大恩德。有感於自己福德不足，性障仍重，所以隔了一次的禪三未報名。恰巧福田組有些工作我可以效勞。同修又接了許多書籍校對工作，我也可以幫忙，所以增加了些福德因緣；在工作上、生活上的歷練，也有機會使自己多少除一些性障。

二〇〇八年十月十日參加第二次禪三。起三時，眞誠的懺悔、發願。發願盡此生及盡未來際護持正覺正法命脈及護持 釋迦牟尼佛正法，生生世世回到娑婆五濁惡世，廣度眾生圓滿佛菩提道；也在 克勤菩薩摩訶薩前發誓，光大東山禪的祖庭宗風。進 主三和尚小參室，導師說：「這次不一樣了。」□□□□□□□的就是如來藏，導師認可後出了兩個題目要我整理：一、□□□□的□□，二、如來藏爲什麼可以□□□□？這一次禪三蒙佛菩薩的加持，導師的開示都聽得清楚仔細，像是錄音起來似的，也順利的通過監香老師的勘驗。接著完成了：一、如何證明□□□□□？二、如果□□□□□□□□，在□□□□、□□□□、□□時會有什麼過失？兩道題目的書面整理，也都通過了。

終於到了喝水體驗，導師以如意爲我點出要注意的要點；因爲體驗不夠深細，所以報告時 導師說我連他爲我提醒的地方都沒講全，眞是慚愧。最後 導師爲我們說明眞心與妄心的和合運作，舉嬰兒的例子來□□□、□□的□□需要經過非常多的練習，才能成就；一切都不是理所當然的，認爲理所當然就找不到佛法了。接著是走路的體驗，總結時 導師以□□□□□的□□，來爲我們說明妄心也是非常敏捷有用的，要我們「勿滅己之威風」，要我們瞭解一直到圓滿成佛之前都需要妄心的配合，才能修學佛菩提道。我覺得佛法在 導師的解說下變得活生生的，自然的在行住坐臥間展現，不再只是經本上的知見。而且講解的方式使我覺得原來修學佛法是非常有趣的事，這是成爲「家裡人」才能享受到的法樂。感謝 導師的大恩大德，我會依 導師及正覺同修會的指派，無二心的努力去作各種義工工作以護持正覺同修會。盡未來際依 釋迦牟尼佛之指派而護持世尊正法，使無盡的娑婆眾生都能離苦得樂，修學菩薩道，進而圓成佛菩提道。以報答 導師的大恩大德。

祝禱

導師身體康泰法席興盛
世尊正法命脈綿延不絕

弟子　林榮翔　頂禮敬呈
公元二〇〇八年十一月十日

見道報告

—謝德清—

一心頂禮本師 釋迦牟尼佛
一心頂禮極樂世界 阿彌陀佛 觀世音菩薩摩訶薩 大勢至菩薩摩訶薩
一心頂禮護法 韋陀尊天菩薩摩訶薩
一心頂禮導師 平實菩薩摩訶薩、親教師 正光菩薩摩訶薩
一心頂禮監香老師菩薩摩訶薩

江湖

曾經聽一位老師說起「走江湖」的典故：唐朝的馬祖道一禪師住在**江西**般若寺，石頭希遷禪師住在**湖南**的南嶽山。當時一些青年學子仰慕兩位大師，爲參學訪道，經常要在江西、湖南往返奔走。因此把參學訪道稱爲「走江湖」。（編案：古時「走」字是奔跑之意。）

沒有去細究這個典故的眞實性，卻在我心裡烙下深刻的印象。「江湖」不再是

落拓文人縱酒放歌的地方，也不是青衫俠客恩怨情仇的舞臺，更不是碼頭藝人賣藝維生的所在！而是一群學子爲了尋找「父母未生前的本來面目」，孜孜矻矻地參訪，窮盡一生、前路茫茫，竟不知何處才是歸鄉的道路！

前塵

家裡並沒有任何宗教背景，大學時，爲著「陪」同學，報名參加了佛學社團；一待四年，雖然學了一些佛學名相，也只在表相上打轉，單純的當成「學問」來研究；什麼「明心見性」、「禪宗公案」，都只當成是歷史故事罷了。不過，從經典裡知道極樂世界的殊勝美好，非常嚮往，也持名念佛了一段時間。大三時，佛學社團裡有讀書小組，我參加了「唯識組」；那時只是覺得這個法圓融無礙，世間法和出世間法都函蓋了，更是如此的顚撲不破，邏輯性很強，怎麼解釋都不會矛盾，學得很歡喜。可是唯識的名相很多，我們讀的又是文言文；所以參加的同學很少，多半都是參加般若組。

佛學社同學進入社會後，多半投入四大山頭、現代禪和密宗，有些還成了核心人物，我「陪」的那位同學也在畢業二年後出家了。我則是在工作和家庭間奔忙，和佛學漸行漸遠；多少年下來，一點基礎也已消融殆盡。後來雖曾附麗於一些修行法門或心靈成長的團體，也因為身體差，工作太忙，沒有眞正的深入。

看到同學們的「成就」，曾深感慚愧，也期許自己：「**前半輩子在世間法上忙碌，工作賺錢，照顧家庭。後半輩子可要在出世間法上好好用功。**」一直到多年後，退休了，遇上進入正覺學法的因緣。屬於我的「江湖」這才眞正鋪陳開來！

參學

二〇〇三年四月進入正覺，得值游親教師座下，每週親炙教誨，心情是憂喜參半的。幾經周折，回到年輕時曾親近的領域；又忐忑於知見不具足，可能會很辛苦。親教師說：「**把原有的知見完全打包。**」讓我釋懷。甚至想到，流浪了這麼多年，沒有個歸處，莫非就是在等這個「緣」？年輕時（應該說是無量世）種下的種子，在善知識的引領下，起了現行，讓我能有這個福報學習大乘宗門正法！八月初 平實導師於每週二開講《菩薩優婆塞戒經》，我們又有這個福報，從頭聽講；裡面陸續提到菩薩六度，正好和我們的課程契合；「布施、持戒、忍辱、精進、禪定、般若」，重複熏習，深入瞭解。又何其幸運，才上課沒多久，就能依止 平實導師座下，得受三歸，成三寶弟子；再受菩薩戒，成爲眞正的佛子。講堂定期舉辦大悲懺法會和布薩誦戒，領受佛菩薩的加持；讓莊嚴的儀軌洗滌身心，也時時檢點自己的身口意行，這是何等殊勝的因緣！

進入講堂時，正值第三次法難剛過，我們這些新生，被呵護得好好的，完全不知道外面的驚濤駭浪；是後來看《正覺電子報》及《燈影》等書，以及親教師上課中提及，才略知梗概。

那時正好有機緣參與《生命實相之辨正》、《眞實如來藏》以及《禪—悟前與悟後》三本書大陸版的編校作業，還有《正覺電子報》的校對；大家都兢兢業業的學習，以誠摯的心情來工作，務期能有圓滿的成果，利益學人，也給自己多聞熏習的機會；眞正體會到親教師所說，菩薩行是「自利利他」的涵義。

也因爲如此，對於書本的體會和思惟整理，也就特別深刻。不免想到這次法難離開的那些人，覺得很奇怪：既然是「定、慧、福德資糧」三者缺一不可，還有除性障，才能如實的證悟。那些人已經明心了，爲什麼還會退轉？或許因爲如來藏是「無所得、無境界」的法，而禪門「金屎法」，不會如金，會時如屎，才會讓那些人覺得沒有什麼功德受用吧？又爲什麼悟了還需要善知識攝受，否則容易退轉呢？

又看「見道報告」，主三和尚勘驗過後，會問：「你現在是不是菩薩了？」我又想著：「是不是菩薩這麼重要嗎？那麼我是不是菩薩？如果找到了，能不能承擔？」週二上課，平實導師也提到他喜歡的不是男眾也不是女眾，是「菩薩眾」。每次上課聽到　導師或親教師提到菩薩，我就覺得很歡喜，反問自己：「我是不是菩薩？」每次的答案都是肯定的。

又想到重要的是過程，如果是一步一步踏實的走過，發起菩薩的悲願和心量，即使找到的如來藏是非常普通、無所得、無境界的法，可是這些努力的過程，已經足以讓一個人脫胎換骨；有了這麼紮實的基礎，爲什麼不能承擔？書上說那些退失的人是因爲沒經過參究過程，功德勝性未能發起；參究過程這麼重要嗎？

雖然有這麼多個「爲什麼？」可是課程還沒有教到，親教師也曾說學習不要躐等，就沒有請教親教師；只是很自然的把這些心念掛著，倒是得出一個結論：「不要探求密意，務必如實的用功，俟因緣具足方能取證。」所以，在修學過程中，並未起意探求密意或刻意尋找拼湊答案，只是依照老師指導的次第用功，思惟整理。後來才知道，凡是聽來的，沒有實際體驗，往往都會退轉。

那時最愛看書本裡面的見道報告，還有《禪—悟前與悟後》裡提到的明心見性公案故事，可是看到【馬祖大師座下有八十四位善知識，都是開悟的人。但是黃檗禪師卻說他們：「問著個個屙漉漉的。」大多答不出來。他們有自受用功德——解脫的功德受用。可是你考問他的時候，他因爲沒有讀過經典，只能直截了當的告訴你什麼是禪。一句話，或者一個動作，只是這樣而已。】又是一頭霧水：「悟了，怎麼會說不出來呢？」又因爲喜歡文言文、古典詩詞，對那些明心見性公案裡的詩詞，還不自覺的多次吟詠，覺得歡喜又親切。

沒想到在二○○四年七月，有一天晚上拜佛時，一個念頭升起來：「咦？就是祂！」當時快速的想到：「無眼耳鼻舌身意」、「無智亦無得」，可是那時候上課才教到「精進」，還沒教到「看話頭」、「起疑情」、「參究」，老師也教我們要按教學次第修學，有關眞心的部分，不必去問。那時甚至沒想到「一念相應」這件事，只是覺得有點奇怪。一方面覺得自己的程度還很差，加上生性不喜攀緣，也怕「未證謂證、未得謂得」的大妄語罪，並沒有告知任何人，就自動打包起來，仍依老師指導的進度修學。

漸漸的，卻發覺「見道報告」裡的那些圈圈，好像可以看得懂，並且有一致性，公案好像也知道在指什麼。後來看《正覺電子報》第十一期〈般若信箱〉有問到「一念相應」，與我碰到的狀況好像都一樣，難道我那就是「一念相應」？可是我還沒有起疑情啊？

同年十一月開始作「五陰十八界觀行」，體會更深切。後來也照著老師授課的次第，開始看話頭，參究、起疑情；可是不論怎麼參，答案自然就落在「祂」身上；對照老師所說眞心的體性，也都能符合，好像一切都很自然，好像已經知道了答案。可是「祂」不是自己辛苦參究出來的，究竟是不是？實在沒把握，只好等到禪三再說，心裡想著：**「如果能夠勘驗通過，我當然就會承擔的。」**

孤子

「大乘末法孤子　蕭平實　西元一九九九年初夏　序於喧囂居」（《禪淨圓融》再版序），認識　平實導師之前，其實先認識的是這幾個字。在這個表相佛法看似昌盛的時代，爲著力挽狂瀾，獨排眾議，卻不能見容於佛教界，反倒被譏爲邪魔外道，自稱「孤子」的人，是怎麼樣的一個心境呢？

爲著佛法、爲著眾生，一燈熒然，振筆疾書至深更半夜；現在更是直接用電腦打字，出書的速度比我們看書的速度還要快。急切啊！這樣的悲心！大隱於市，入廛垂手，但不知怎麼樣的有緣人才能穩穩的接個正著？

週二開始聽 平實導師的講經以後，就試著去體會這樣的慈悲；其實不難，因爲有緣。除了法義，還要能聽懂弦外之音；睿智的言語，看似詼諧，絕不只是博君一笑而已；而是要從深心裡去思惟，並且和自己的生活去對照、檢點。如果不是悲心深重，法樂無窮，怎麼可能「安於寂寞、忍於寂寞」，甚至「樂於寂寞、享受寂寞」呢！

平實導師於《禪淨圓融》書本序文中提到：【倡禪淨圓融之說，鼓吹禪子求生極樂。仰惟 釋迦世尊及 彌陀世尊大慈大悲大願深恩，使我禪子因往生極樂淨土故，或速除性障早得解脫、或速明心證無生忍、或速證無生法忍得意生身，而得乘願不離極樂迴入娑婆，以大悲心暨大威德而住持 世尊正法。】是 導師提倡禪淨圓融、弘揚禪淨法門的緣起。回想起自己大學時代嚮往極樂世界，並沒有想到要「迴入娑婆」，於此有所啓發，遂寫了一篇〈法句閱讀心得〉，獲《正覺電子報》採用刊登。也因爲這個因緣，參加了電子報的「佛經故事小組」，試著把佛典裡的故事翻譯成白話文。這給我很大的鼓勵，也是後來陸續撰寫心得投稿的契機。

禪淨班的課程講到「持戒」時，聽得悚然心驚；當親教師鼓勵大家受菩薩戒時，不免猶疑：快快樂樂的來學佛，怎麼這樣也要下地獄，那樣也要下地獄！這個也不能作，那個也不能作，彷彿動輒得咎！這日子怎麼過啊？正好 平實導師在週二宣講《菩薩優婆塞戒經》，一再提醒「戒的眞實義」；又在第三期《正覺電子報》〈眞假開悟——眞如、如來藏與阿賴耶識間之關係〉一文中讀到：【我們未來要作的事，眞的是任重道遠；我自己在這一世想要達到的證量，今世可能沒有時間爲自己去作了，只能爲佛教正法的永續而付出，只能爲佛教的未來、爲未來世的我們大衆的利益而不斷努力去作！】竟然大哭起來，這是何等的悲願！何等的心量！而我還在這裡小鼻子小眼睛的煩惱持戒的問題！整個心至此安住下來，於是寫了〈眞正的慈悲〉一文，供養大衆，並爲自己曾有不如理作意的心行公開發露懺悔。

後來週二宣講《維摩詰所說不可思議解脫經》，講到〈文殊師利問疾品〉，裡面有「憶所修福，念於淨命」，聽到 平實導師精闢的解釋，心裡的震撼實在難以形容！立刻想到：「我與家裡老菩薩的相處模式竟是整個錯了！」幾經思量，完成〈憶所修福〉文稿。又有一次，導師說：「每一世的當場，你都會覺得沒什麼，會覺得往世的什麼才有什麼。」這好像繞口令的言辭，引得聽講的大眾都笑了起來。再仔細思惟，輕鬆的話語裡，其實隱含著深意啊！導師接著說：「千萬不要看輕你每一世學法的因緣！」原來我們來此聽經，也是 導師講經的動力，好的因緣。這樣的感動，讓我寫了一篇〈每一世的當場〉。

時光荏苒，週二開始宣講《勝鬘師子吼一乘大方便方廣經》了。有一次，義工菩薩發給聽講的每個人「一隻小雨傘」，原來是 平實導師慈悲，把這部經文提到的：四種住地、起煩惱、上煩惱、無明住地……等，用一隻「撐開雨傘」的圖像來表示，並且加上說明。圖文並茂，加上生動的解說，與平時看書的感覺完全不同，真慶幸自己來聽了這堂課！這也是 導師所說「現場聽講者的權利」吧。無暇細想，只是把一隻禿筆拚了命的揮動，千載難逢啊！能記多少算多少，回到家再細細整理體會。這樣的體會，〈一隻小雨傘〉的文稿也出爐了。

就是這樣，熏習、思惟、整理、體會，發覺自己的心和 平實導師的心愈來愈相應，願也敢發了。導師說：「像你們這樣能接受所未聞法的人，是難得、是稀有，叫不可思議。一定要菩薩根性，才能接受。……唯有這麼作，大乘佛法才有未來，否則永遠在聲聞法的建構下苟延殘喘！」「如果沒有菩薩，沒有經典的攝受，不退轉就阿彌陀佛了！……否則會誤會，把退轉當作增上，把破法當作護法！」爲什麼有人會退失，爲什麼 導師要自況「孤子」，輪廓愈來愈清楚了！

禪三

不再是歷史故事，三年半下來，祖師公案可以看得懂了，禪師的機鋒與作略可以領會了。以前從來沒有想過，自己會參加大乘祖師禪的「禪三」。並且，一次猶有不足，竟連著參加了三次！

第一次禪三前，雖然仍是很用功；可是世間法上也有障礙升起，婆婆身體不適住院；後來我常常要在婆婆家照顧，功夫有點不著力。不過 導師一直在給大家心理建設：「**沒有過關是正常的，第一次就過關才是不正常。**」我是個聽話的學生，想著如果沒過關，也就是自己程度不夠，能學到許多經驗，也是彌足珍貴了，所以並沒有很大的壓力。

第一輪的小參，向 主三和尚稟報自己一念相應的經過，再輔以課業上整理出來的說明，主三和尚說：「**那些都是書本上的東西，回答太抽象，要能明確的說出**『□』□□□。」這，無形無色，要怎麼明確的說出來呢？之前才對 主三和尚說，得要「口說手呈」，這時卻沒想到□□□□□直接表達出來，反而一味的用名詞，形容詞來「說明」，好像是……。主三和尚臉一板：「**這都是妳想出來的！妳回座位去，繼續求佛，並思惟整理；想不出來，就再去求。不過已經建立起唯識的正知見。**」那時沒有想到是在考驗我，得要拿出具體的理由說服主三和尚，說明我這個是對的。只是想到：「**既然是我想出來的，只好再去重找了！**」之後與監香老師的小參，前面的部分勉強可以通過，可是到後來，監香張老師說：「**妳這個是解悟，可能會有後遺症，無法生起功德受用，最好再加強體驗的過程。**」並指示回去後可從洗碗中參究。

到了禪三的第四天，繼續拜佛、懺悔，求 佛加持。後來想到，以前禪一時，陸老師有提到，求佛菩薩要「可許則許」，佛菩薩會看因緣，不要強求。原本焦慮的心安頓下來，感受到佛、菩薩及師長們的大悲心，拜佛很融入、平靜。

第一次禪三回來後，可是吃了秤砣、鐵了心，摒棄一切外緣，參究、起疑情，這也才是煎熬的開始。既然第一次沒過，那就只好重來，再找一個「祂」！可是找來找去都找不到，勉強找了一個，再找各種理由去印證祂，這才體會到什麼叫作「頭上安頭」！

第二次的禪三，本來以爲很篤定的，卻還是在眞心、妄心的微細分別上說不清，仍然是體驗不夠。這一次卯足了力，怎麼愈行愈遠？到後來幾乎亂了方寸，又在祈求「一念相應」了！到了第三天，想到 主三和尚、監香老師、義工菩薩們的慈悲和辛苦，想到親教師的殷切期望，該怎麼說呢？竟難過得哭了！不知道 主三和尚正好在前面，過來關心的問：「**妳放棄了？**」又對我說：「**妳這樣心都散了，要怎麼參呢？**」趕緊收攝心神，繼續用功拜佛。

第四天，就一直求佛、拜佛，中午小參時，竟可以滔滔不絕的敘述出來，監香陸老師笑著說：「**怎麼和之前都不一樣了？**」我說是佛、菩薩加持。還有一題答不出來，只好等下午。等通過監香老師這一關，才知道我是最後一個小參的，眞的是堅持到最後！可是已經來不及經 主三和尚勘驗，要等下次禪三了。

第三次禪三前，壓力大到難以形容，連色身都出了狀況，常常往醫院跑。直到上了山，第一天晚上，主三和尚解說公案：「**得要用眼聽，不是用耳聽的**」，「**你是客人，祂才是主人**」。第二天經行時，監香孫老師說：「**拜佛和經行，這裡面有相同的，有不同的，要好好去體會。**」終於能夠穩穩接住！在第一輪小參時，也能夠清楚的回答問題，再來的思惟整理，就篤定多了。喝水體驗後，主三和尚要

大家向 佛稟告，這才算是勘驗通過，成爲眞實佛子。百感交集，竟恍如隔世！

第三天早齋後的過堂，主三和尚老婆心切，在各桌之間踱來踱去，開示許多話語，「過堂」竟變成「普說」，眞是我們的福氣。當時 和尚提到石霜初在潙山作米頭的公案，主三和尚拿起桌上的一粒花生，說：「莫抛撒。」接著說明：「莫輕這一粒，百千粒盡從這一粒生。」我們悟了，剛開始覺得沒有什麼，可是千千萬萬的法就從這裡出來。「行萬里路，讀萬卷書，莫看輕腳下這一步，萬里路就從這裡開始；你讀萬卷書也是從第一本書的第一個字開始的。」又說到：「有些人因爲隔陰之迷，願力沒有發起，所以不作引導，讓他自己參究，後來也悟了。」好像是在說我啊！以自己當初進入正覺同修會的心行，又不敢發起大願，要怎麼和大乘菩提相應呢？再想到，在一席難求的情況下，連續得到三次參加的機會，讓我宛如考前衝刺一般，絲毫不敢懈怠；更進一步的檢點、修正自己，這是多麼深入的「引導」啊！能不知足感恩嗎？

喝水

破參喝水前，其實已經和祂「玩」了很久！知道祂就在那裡，尤其是拜佛時、慢步經行時，□□的□□，□□、□□□輕輕□□□，體會更是清楚。就像 平實導師課堂上說的：「**無形無色，可是明明就在那裡，分明顯示給你看，很乖又會作怪！**」這句話我是聽得懂的，已經這麼清楚，只隔了一層紗，輕輕一戳就過去了，怎麼就是不敢指認祂呢？反是葛藤愈來愈多，直把個薄紗變得比牛皮還厚，無明遮障啊！

主三和尚要我們把杯子□□□□□□□□□□□□，必須□□□□□□□□□□。此時，主三和尚用竹如意在我□□□□□□□、□、□、□□□等處迅速的點了一下，發覺□□□□□□□的感覺是如此的鮮明。就和之前五陰十八界的觀行、洗碗、經行等等的體驗一樣；只是經過大善知識的攝受，方才承擔下來。

試著改成用左手拿杯子，又試著閉上眼睛拿杯子，細細體會其中妙處。眼識、意識先作了別，判斷距離，作意要伸出手，意根決定，接下來□□□□□□，就由意根□□□□□完成了。意根無始以來的熏習，……（中略）。練習了幾次，閉上眼睛，□也可以□□□□□；想到曾在坊間書上看到的「細胞記憶」，說細胞有記憶的功能，所以有些□□的□□可以不必經過大腦。應該是意根在如來藏中記下了每一個細節，□□、□□的□□和□□，此時不必經過眼識來了別，當手伸出去，……（中略）。雖然體會還很粗略，卻覺得很高興，這是多麼精密，這才叫絲絲入扣啊！

接下來到外面閉上眼睛走路，再次體會眞心、妄心配合的重要，也了知習氣以及色陰的狀態對吾人起心動念的影響。有些人習慣性的偏左、有些人偏右，如果沒有眼識、意識的了別、修正，意根作意決定，加上如來藏□□□、□□，想直直的走一小段路都不可能！

「眞妄和合似一」，說了多少回，終於可以「確切」的體驗了，心理學、生理學、解剖學……，無怪乎「平實茶」不容易喝，悟後要學的可多了！在小參室，主三和尚詳細的解說，以道種智的證量，把世間法和出世間法的知識融會說明，眞是得未曾有！我們何其幸運，有大善知識的護持、引領，這「悟後起修」的道路才能篤定的走下去。

回首

「眾裡尋他千百度，驀然回首，伊人卻在燈火闌珊處！」現在才知道，當我參與編校書籍時，因為全心投入，非常專注，而一連串問號出來時，應該是已經起了疑情；只是那時完全不懂，錯失了重要的線索！以為自己沒有經過參究的過程，所以尋尋覓覓，想要在「祂」之外，再找一個「祂」，自然是辛苦備嚐。反而是那一連串的問號，可結結實實讓我體驗了一年，破參前的煩惱和煎熬，一樣也沒省下來！

想起自己當初因為離開佛教界很久了，也不知道有正覺同修會，更不知道同修會是佛教界中的「異類」！只是想著這是「講堂」，不是什麼「寺院」，上課的是在家居士，那應該就只是學問的研究，沒有什麼宗教意味；又是教的「唯識」，這是我大學時有興趣的功課，又可以重新拾起書本學習了，就很快樂的報名了。哪裡有想到什麼「求明心見性」，更別說發大願了！當然，以這樣的發心，是很難和大乘菩提相應的，所以我在禪淨班上課的初期，遇到很多障礙。

《眞實如來藏》裡提到：【難信難受故，不可對新學菩薩明說如來藏，亦不可為其引導。要須其人自參自悟，自己整理之後，自行承擔，方不致謗法及輕洩密意，而使 世尊正法速滅。】之前其實已經看過這一段，卻沒有感覺，眞是無明遮障！我在觸證之後，沒有自己整理，自行承擔，還等著師長們來確認，以為「如果能夠勘驗通過，我當然就會承擔的」；自己沒有十足的把握，當然是一問就倒，嘴掛壁上！

另外就是「定」，「定」不只是拜佛時的定力，不只是「心一境性」，重要的還是「心得決定」。對於「剋期取證」，總覺得自己程度不夠，沒有過關也是正常的。不但我見沒斷，還落入自意妄想，想的只是自己的程度低，哪裡有想到自己曾發的願？哪裡有想到佛法和眾生？信誓旦旦，要發大願，沒想到還是落入 平實導師所說的「嘴皮願」中；要盡形壽護持大乘宗門了義正法，不趕快求悟，拿什麼去護持？慚愧啊！

親教師曾說：「**如果對自己的方向、企圖心不強，表示要走這條路的資糧尚未收集，六住位還沒有圓滿。**」不啻當頭棒喝！沒有從深心裡發起悲願，就缺乏勇猛精進的動力，這也是我最大的問題。在今年（二〇〇六）三月禪一時，也對於自己把學習當作「學術研究」，種種不如理作意的心行，上臺作了懺悔。

沒有什麼法比這個法更能讓人自我檢點了，只給你一條準繩、一個規範，不勉強你，卻也沒有人能幫你來作；你要作嘛，還得一步一腳印，如實的作，也沒有什麼速成的方法。同修會的每一本書後面，都附有〈修學佛道次第表〉，「開悟明心」是在第二階段。從第一階段的「以憶佛及拜佛方法修習動中定力」開始，到第二階段的「開悟明心，一片悟境」，勾勒出明確的七個次第。千辛萬苦得到，又是無所得、無境界的法，沒有什麼眩惑的境界可以驕人。闖得過來，還要能夠安忍，才是一條好漢；否則難免退轉。

第一次沒過，在後來打拼的過程中，許許多多的念頭都跑出來了，懊惱、沮喪、失望、徬徨。幸好自己的心性還算調柔，總是想到：「一定是自己有所不足。」不會怪怨別人，也能隨時檢點，發露懺悔。也因爲一再的檢點、加強，功德受用漸漸顯發出來。在除性障方面，更是一層一層的剝下去；到後來，赫然發現，最大的障礙，竟是我的思考習慣！思惟上、寫作上的訓練，教我們要「同理心、將心比心、設身處地」，企劃單位工作多年，更把個妄心鍛練得層層密密；不但想得多，還牽扯上一堆葛藤。明知道「禪」是「言語道斷、心行處滅」，仍不自覺的試圖用言語文字去說明，不免落在閑機境裡，把自己綁成死路一條！

又因爲對文字、對情境的反應很快，常常會有一些念頭出來；甚至在第一次禪三的時候，還是妄念紛飛。實際上，那已經是深沉的慢心；「慢與末那相應」，因爲是習氣，所以渾然不覺那是慢，遮障自己而不知。

曾經得到張老師一幅墨寶，寫著「一觸即止，煩惱不生」。仔細思惟，這個「觸」原來就是五遍行的「觸」；只要到「觸」就應該停止了，後面的「作意、受、想、思」都不應該出來。這也教給我一個具體可行的方法。深深的感恩佛菩薩不捨，也感恩平實導師、親教師們的法布施和諄諄教誨，如果不是他們加持攝受，給予我這麼多學習和歷練的機會，愚癡如我，早就退失了！

「爲什麼悟了會說不出來？爲什麼不能承擔？參究過程這麼重要嗎？爲什麼會退轉？爲什麼需要善知識攝受？」這些問號，可都深切的體驗過了。還好事前不知道劇本，否則那感受不會如此椎心刺骨；如果不是這樣，又怎能說服那頑強的末那，讓我的法身慧命活過來！

歸鄉

第一次到增上班上課，雖然是熟悉的講堂，竟有「近鄉情怯」的感覺。俟得平實導師開講《瑜伽師地論》，一樣熟悉的聲調，一樣精彩的內容，而我一樣是振筆疾書；可是「家裡人相見」，畢竟是不一樣了，回到家鄉了！

曾經於佛前發願：「**破參後，第一件事就是好好整理見道報告，以供養平實**

導師和親教師。」所以，嘗試用不同的角度來撰寫。仍是用我熟悉的文字表達，務期以自己所長，表現到最好！也誠如 導師所說「能用它而不為它所用」，把往昔的遮障化為文字般若，多少年的文筆訓練，此刻可是它最有意義的時刻哩！

週二上課，平實導師說：「**找到祂，就可以現觀，可以順路還家了，就愈學愈快樂！**」此刻的我，在鍵盤前，構思著，也同時平靜的看著「祂」：「祂」不會嫌棄我的文筆生澀，不會覺得我的速度太慢，只是一逕默默的配合著；而我也正緩緩的，一字一字的，敲下我的至誠感恩！

佛弟子 謝德清 頂禮

公元二〇〇六年十一月

見道報告

—唐紅興—

一心頂禮本師　釋迦牟尼佛
一心頂禮禪三期間　諸佛菩薩　龍天護法
一心頂禮法身慧命父母　上平下實和尚
一心頂禮親教師　孫正德老師
一心頂禮監香老師及諸護三菩薩

壹：學佛因緣及過程

弟子出生成長於船員的家庭，父親長期在海上討生活，換取微薄的薪資照護七口人的家庭；母親是傳統的女姓，未曾受過教育，沒有地球的概念，只要臺灣遭遇颱風的侵襲時，以爲臺灣遭襲時，其他的地方也會同一時間遭受侵襲；母親就會擔憂父親的安危，一定會祈求上天或菩薩保佑在海上工作的父親平安，她老人家並不知道父親所服務的輪船正航行於安全地區。

記得小時候，每年固定某些日子，就會與姊姊和弟弟跟隨母親到寺廟裏燒香拜拜祈福；此時正是一些婆婆媽媽們聚會聊談，談一談媽媽經，也是一堆小毛頭一起玩耍的時候，時間就在嬉笑聲中流逝。那一段時期，對佛或菩薩的認知實在不足，在母親及那些婆婆媽媽教導之下，凡是遇到的聖像皆稱菩薩，不知道在大雄寶殿受供奉的「菩薩」聖號爲何？有時候會唱頌佛殿大柱上的對偈，但不知所云；只好搔搔頭，再與同伴玩耍去，當時對於 如來佛的認知也僅限於《西遊記》故事中的那位 如來佛；心想 如來佛眞是厲害，任憑有天大本事的孫悟空也難逃其掌；另外就是受當時的武俠片影響，同儕個個都爭著當如來，個個都要學成如來神掌，練就萬佛朝宗的神技，技壓群雄。如今回想，眞箇年幼無知。

及長，因家業中落，奉父母之命，踏上父親之路，開始遊行五湖四海之途；曾經有二年四個月時間，未能回到生長的地方；除了以電話與家人聯絡之外，惟有在夢中思及故鄉孩提種種事，思家之苦，不敢令人知。當船遇到狂風巨浪時，感覺就像是大海中一片樹葉般，隨時會遭遇不測，恐懼之情油然而生；此時惟有默禱 菩薩或上天保佑平安度過危厄，故時時自問：「**作人到底是爲什麼？**」

第一次接觸所謂「佛法」是在三十一歲時，有一天經過船上同仁的房間，聽到其正在播放慧律法師的錄音帶，一時好奇走入該房間聽「法」，內容議題是談「生死的問題」；當時覺得法師在說法過程偶爾穿插一二句日語或英語，講得非常有趣；不然就背上一段大悲咒或是往生咒，嘰哩呱啦一番，眞令人佩服不已；因此陸續請了三部有關的錄音帶後，直覺同意慧律法師所提倡的主張，臨終應協助往生者往生淨土，避免其墮入三塗之中；也生起勸請母親要勤加唸佛、拜佛，發願往生西方淨土的念頭，第一次懷著戒恐的心情，試著播放有關錄音帶給母親聽，所幸母親願意接受弟子的勸請而持唸聖號。

第一次接觸佛教經典是在三十二歲左右，某一天在一家中醫院的善書交流架上看到一本《地藏菩薩本願經》，翻開首頁看到「地獄未空誓不成佛，眾生度盡方證菩提」；心想這一位菩薩未免太傻了，地獄怎麼可能會空呢？這樣何時才能成佛呢？當下決定請回《地藏菩薩本願經》至船上讀誦。初期讀誦《地藏菩薩本願經》時，障礙總是很多；讀不完一品，就有很多事情等著我去處理；十三品《地藏菩薩本願經》總要花上四、五天才能讀誦完畢，經過一段時間才慢慢進入佳境。

第一次歸依是在三十三歲，當時是爲了參加河海人員特考；因爲此次特考是採取新的制度，加上父親對我的期盼及要求，弟子花了七個月幾乎不眠不休、日以繼夜的準備，終於「皇天不負苦心人」；不過在我金榜題名時，病魔卻悄然找上我，使我臥床數日不起。當時家弟給我一份佛學雜誌，裡面有一則氣功教學的招生，便決定參加氣功教學班；當三個月的課程完畢，就順理成章的歸依靈山講堂的淨行法師，並守五戒。往後只接觸南懷瑾的白骨觀及其所註解的《金剛經》，可惜無法契合。

弟子從事海上工作，將近十九年，於公元一九九六年六月間因公司需要，借調岸上辦公；當時想利用時間和家人相處，一方面深覺自己所學無法應付日漸新進的科技，想利用時間充實自己；一方面想完成多年的心願，重新回到學校讀書。雖然花了三年時間，獲得學位，總覺少了一些什麼東西。事業、學業、家庭帶給弟子相當的困擾，曾萌起再回到環境比較單純的船上工作的想法，此意遭同修反對無法如願；現在回想起來眞得要感謝同修，否則弟子今天只會在地球的某一個角落上祈求佛菩薩保佑平安；如此勝妙的大法要如何才能值遇？明心之事要待何年？俗諺所說「聽某喙、大富貴」，果然眞是至理名言。

貳：來本會共修之因緣

在二〇〇一年十二月時，家姊與弟子商議安排家母住入榮民總醫院檢查身體，以便追蹤肝部分切除後的情形；原希望家母能過一個安適的農曆年，但事與願違，家母入院之後，身體狀況轉差；遭遇此事，頓覺無力，惟發心誦唸《地藏菩薩本願經》迴向母親早日康復。除夕二十九日下午因家母病情轉劇，由普通病房轉至大德病房；到晚間時，弟子與眾親屬們，只能哀傷的看著家母生命一點一點的流逝；最後在諾那精舍所派出來的義工帶領下為家母助念，在助念過程中弟子心中默禱 阿彌陀佛接迎家母往生西方淨土，弟子願終生茹素。

俟處理完畢家母大事後，憶起曾在榮民總醫院中正樓大廳內與 蕭老師所著的《無相念佛》及《念佛三昧修學次第》二本書結緣，待重新恭讀之後，立即生起要共修之念，而報名參加二〇〇二年四月的禪淨班；初期之意只想早日學好《觀無量壽佛經》上所述之觀法，希望能以比較高的品位往生西方世界，俾協助家母早日脫離蓮苞，幫助家母修學佛法。

該班先由楊先生教導，比較喜歡講授名相，曾經說過要教導同修們如何背誦十二因緣；上過幾堂課之後，開始談及三性、三境、三量等名相；引起弟子想多瞭解佛法之欲，開始上網或翻閱佛學字/詞典查詢名相，同時也開始大量請閱 導師的著作、囫圇吞棗，無相念佛的功夫不上手也不太用心；直到孫老師第二次出現在課堂上，爲同修們說明法難事由（編案）；心中存有疑惑，但旋轉心意，心想弟子所要修學是 蕭老師所傳的法，與楊先生沒有什麼干係，暫且安住吧！孫老師爲了攝受同修們不退轉，用心良苦，極盡老婆，爲同修們仔細重複講解五陰十八界、十二因緣內涵，舉例說明觀行細節，並時常囑付同修們要隨時觀行對治自己的煩惱，體會五陰十八界的虛妄。（編案：詳見《燈影、識蘊眞義、眞假開悟、假如來藏、辨唯識性相》等書內容。）

弟子尚未入正覺之前脾氣相當不好，很容易生氣動怒，爲了孩子學業、管教等問題，和家中同修起爭執，經常會氣上一個星期甚至一個月的冷戰，往往要由同修先開口才能冰釋前嫌；孩子在弟子動輒大聲責罵或施以體罰管教之下，也對弟子很畏懼，親子關係實在不佳。在某日上完同修會課程，回到家，一打開家門進入眼簾是孩子正在看電視、違背弟子之規定，頓時怒火中燒；神奇的是當下弟子發現瞋心現行，使得原本要踢圓型塑膠凳子的腳，停在空中；原本要張口怒喝，也倏然停止；只聽自己的心跳聲砰砰砰的跳個不停，孩子們原期待的一場風暴就這麼消失。當時他們以相當困惑的神情注視他們的老爹，爲何與往日不一樣？經過此次的體驗，使得弟子體驗到觀行之重要性，令弟子加緊對治自己的煩惱。有一日同修對弟子說：「你女兒說很喜歡你，因為你不再打她，也不再罵她了。」兒子也說：「幸好老爸有在學佛，現在都有笑容。老爸不笑時，眞是怕人，連我的同學都說你很兇。」有一天家姊突然問弟子：「會不會出家？」原先她還擔心家弟會出家。現在弟子與孩子關係大為改善，每當同修抱怨時，弟子笨拙的默然以對，他們總會替弟子解圍，說：「你誤會爸爸的意思，爸爸的意思不是這樣……。」有時同修還會吃味兒說弟子有二位小幫手。這一切的改變，眞要感謝孫老師的教誨。

二年半的禪淨班，轉眼結束，追隨孫老師至週四進階班，蒙孫老師慈悲講授《大乘阿毘達磨集論》，深慶這部論與百法明門有關，正是弟子夢寐所求，故起心想安住在進階班；反正時間還長得很，也發覺到孫老師的智慧增長非常快速，講解舉例愈來愈精闢。二○○五年間開始參加每週二由 導師講經的課程，在 導師慈悲講授下，對三乘佛法的差異及次第瞭解更深，也建立了正確知見；深感自己有如此福報値遇善知識，深感 導師破邪顯正，為救護眾生捨離誹謗佛法僧三寶之業，其悲憫之心眞令人讚歎不已。

參：見道過程及內容

在進入同修會第三年，第一次報名禪三，當時是抱著報看看的心態，心想孫老師講授的法這麼好，不學實在太可惜了，報名的結果是未被錄取。之後聽見幾位師兄、師姊的破參心得報告，看見他們比手劃腳，充滿喜悅的樣子，起念應當上山嚐一嚐禪味；一方面自覺恭讀了大量 導師的著作，已經整理出一套理路，理當上山去也！也開始認眞禮佛、拜懺、發願，祈求諸佛、菩薩慈悲加被，讓弟子能夠上山參加禪三。三年半後，第二次報名果然如願被錄取，得能參加第二梯次的禪三，心中非常感念佛、菩薩的護佑。

那天早上帶著滿滿的信心上山，下午開始拜懺時，才知道在山下所作功夫不夠充足；心中惡念、妄念生起不止，諸多煩惱一一現起，此時惟有誠心求懺悔。晚間 主三和尚普說時，弟子膽大，應命禮佛去，師曰：**「眾生自身皆有佛殿而不自知。」**可惜不相應。凌晨時分夢中見到 導師以手指自己的額頭，且對弟子咪咪笑，弟子以爲是 導師所給的機鋒，所以將「機鋒」記在腦海中；小參時 導師還對弟子說：**「你看起來很厲害，眞心在哪裏？」**聞言，弟子不假思索就將「機鋒」呈現。**「一句話，眞心在哪裏？」**在 導師逼問之下啞口無語，比手劃腳一翻，導師結語：**「眞妄不分，等整理清楚之後再安排與監香老師小參。」**帶著疑團回到禪房，開始拚命拜佛，請求佛、菩薩加持，期間三次與監香老師小參，但皆不得消息。

回到山下失望情緒維持二個多月，覺得有負 導師辛苦主持禪三，以及監香老師及護三菩薩們的辛勞付出；也覺得自己太笨了，太自以爲是了。過了三個月後，覺得應該重新出發，便登記與孫老師小參；孰知在小參前幾天，禮佛時，引發腰椎盤突出，頓時無法動彈，深感色身的無常、不堅固；經過醫師的診治，柱著枴杖與孫老師小參，蒙老師慈悲指示「不妨參究病痛的是誰」？從此發奮努力，便從吃飯、走路、穿衣、洗澡等開始下手；說來奇妙得很，當疑心現起，就會發現很多從前未曾發現的心行；例如某日走向停車場，正在思惟佛法時，突然之間轉頭向右看，發現角落有一名小女孩，被突然的景像，嚇得手舞足蹈的。事後想起，此種情景類似「香嚴上樹」七手八腳的，令人啞然失笑。某日在座位上恭讀 導師著作，正入神之時，突然□□□□；嗯！果然意識心不能作主，□□□□意根的思心所，配合得如此天衣無縫。即便邊吃飯邊看報紙，□□與□□也合作如此的好，不會□□□□□□□，眞是妙哉！並將心得呈報孫老師，老師鼓勵並囑咐要多體驗並加以整理。

第三次報名，心情起落相當的大，忐忑不安，既期待又怕失望；當收到錄取通知單時不禁落淚，感謝佛、菩薩、導師，當天帶著同修的祝福上山。此次拜懺順當多了，晚上 主三和尚普說，看懂和尚所說，感謝 主三和尚爲眾生如此慈悲作爲。入夜時，夢見 主三和尚笑咪咪的神情。隔日在禪堂外 主三和尚對弟子說：「你來過吧？來二次就有消息，不錯！」當時不知 主三和尚的意旨，心有所迷惘，趕緊禮 佛發願求加持；當發願「願使眾生常見諸佛，於彼佛所得不壞信，捨離誹謗諸佛正法」時，不禁潸然淚下；「芸芸眾生，辛苦爲求正法，卻被邪師誤導，共造惡業，誠屬可憐；如何救度，佛菩薩教我，令我能得善巧方便。」

等待小參，覺得時間變得非常的慢；此次上山色身情況不佳，坐著參究或拜佛皆不能耐久，故忽坐忽拜，每感痲意由腰際慢慢延伸至頸部時，便趕緊上前頂禮 釋迦世尊求懺悔；第三天早上終於輪到與 主三和尚小參，主三和尚慈悲爲弟子開示：「眞心如來藏有排他性，永遠不可能互相合併；當中陰身入胎後，如來藏執取受精卵住胎時，經由臍帶與母親聯結，但因雙方如來藏互相排拒，故會導致母親身體不適而嘔吐。」弟子悲從心起，感念母親辛勞，天下爲人子女者當應感恩母親，並及時行孝、莫負母恩。

主三和尚指示喝趙州茶，體驗□□、□□、□□□□□□□各二小時；事前

雖已蒙 主三和尚指點，但自己的體驗仍然相當粗糙；俟 主三和尚召集明心的幾位師兄姊入小參室，為弟子們講解開示時，方知如來藏的奇妙，主三和尚的智慧深妙難測。

解三時，主三和尚再三囑咐謹守道業。主三和尚為眾生忙碌，捨色身救護眾生法身慧命，看見 導師倦容，眞是慚愧不已；何德何能值遇此菩薩如此攝受，願 導師色身康泰，駐世長久，廣度眾生。

南無 釋迦牟尼佛
南無 阿彌陀佛
南無 觀世音菩薩
南無 大勢至菩薩
南無 地藏王菩薩
南無 平實菩薩

弟子 唐正紅 頂禮

禪三期間：2006/11/3～11/6

我的正覺因緣

——東山閑——

一心頂禮　本師釋迦牟尼佛

一心頂禮　大慈大悲救苦救難廣大靈感　觀世音菩薩摩訶薩

一心頂禮　護法尊天　韋陀菩薩摩訶薩

一心頂禮　具恩根本上師聖　平實菩薩摩訶薩

一心頂禮　正覺講堂親教師　菩薩摩訶薩

一心頂禮　正覺同修會　清淨大海眾菩薩摩訶薩

楔子：

恩師菩薩如晤：

弟子這一世如果沒有遇到您，那是一定去地獄的，因爲六道中的其他五道根本容不下弟子這幾十年的罪業！記得日本一位禪師（大概是白隱禪師）曾經說過：我本來就是地獄的種子，如果能夠蒙　彌陀不棄，接引西方，那是求之不得的事情。

（大意如此）弟子每每看到這句話，都會淚流滿面——說到弟子的心裡去了（打字到這裡，不免眼中含淚）。

這一世，因爲遇到了您—弟子的具恩根本上師—因緣開始改變了……

懵懂的童年　莫名地疑問

漆黑的夜晚慢慢降臨，一個幼小的心靈又開始恐懼——莫名地恐懼；這種恐懼令他久久不能釋懷，因爲，沒有人可以回答他的問題——人爲什麼一定要死呢？他，不願意死；更確切地說，是不願意離開自己的媽媽和爸爸、自己的哥哥姊姊，更不願離開他認爲還算美好的這個世界……

記得很小的時候，大概有六、七歲左右吧（可能是沒上小學或是剛剛上小學），每當晚上躺到床上要睡覺的時候，就會因爲莫名地恐懼死亡，常常右側臥，面對著牆壁默默哭泣：總認爲從老輩人嘴裡聽來的「陰間」是很黑很矮的一個世界，「陰間」的有情（當時並不知道「有情」這個詞）都是蹲著走路，根本站不起來；人一旦死掉就一定會到「陰間」去而再也見不到自己的親人了。

因爲恐懼再也見不到自己的媽媽、爸爸、姊姊、哥哥，因爲恐懼離開這個曾經認爲還算美好的世間，因爲恐懼一旦去到「陰間」再也不能回來作人了，因爲恐懼「陰間」的苦痛，所以在那個懵懂無知的年歲，會因爲這些也許永遠沒有答案可以釋懷的問題困擾而在夜裡哭泣。直到有一天晚上，二姊去屋裡，大概是看弟子是否睡著了，卻看到她的弟弟躺在那裡面壁哭泣，厲聲問：「爲什麼哭？哭是很不吉利的事情！」弟子低聲回答：「因爲怕死，怕死了再也見不到咱媽、咱爸了。」說完竟大聲痛哭起來。二姊說：「越哭，你就死得越早！睡覺吧！別胡思亂想的，小小腦瓜子淨想這些奇奇怪怪的問題。」說完，爲弟子蓋好被子，走出了房間。

從那次以後，似乎很少因爲此事哭泣了，因爲漸漸明白：「死亡」這件事情是誰也沒有辦法改變的事情，也沒有人可以給自己提供答案（寫到此，眼含淚水，又想起了那個無知無奈的年代），別人怎麼活著，自己就怎麼活著吧！便不再去想，也不願再去想，也不敢再去想。

爲了轉移對死亡的恐懼，開始喜歡讀書，使勁地讀書；不過，不是上學的課本，而是課外書。幾乎是，除了上學不喜歡，什麼都喜歡；除了課本不喜歡，什麼書都喜歡。以至於現在和過去的藏書逾萬卷（包括曾經送出的很多書、歸依三寶以後賣掉的許多外道書等）。平時在學校，腦子裡琢磨的，不是怎麼好好唸書，而是琢麼怎麼在考試的時候打小抄更方便，而不被老師發現。爲了有更多的錢買課外書，在其他同學上體育課在教室外活動的時候，自己則「奮筆疾書」地在教室裡用紅藍鉛筆僞造乘坐大巴的月票，紀錄是連續僞造過六個月，就是爲了省下每個月兩塊錢的月票錢來買課外書。

叛逆的年代　懶散地尋找

冥冥之中，一扇門在慢慢地打開，一道耀眼的光芒從門縫中緩緩地照射了進來，照到了這個叛逆青年的身上，讓他感覺到溫暖、踏實；爲了這久違的溫暖，在此之前的懵懂年代，他不知爲自己無知的恐懼而哭泣過多少次；在此之後的年代，他也不知因感激這一份溫暖而哭泣過多少回……

在朋友和工友眼裡，他是一個另類，總是喜歡作別人認爲很傻而不屑的事情，總是喜歡說別人不喜歡甚至聽不懂的怪話。他的心思根本沒在工作上，雖然工作很出色，但是，他自己心裡很清楚：他是在應付，認眞地應付。

一九八九年母親去世，爲此曾在一九九二年《禪》雜誌上寫了一篇紀念性的短文。母親的去世，對弟子的打擊很大很大，一時間沒有了精神支柱，精神幾近崩潰！只好如過去一樣拼命看書，仍希望能在書中找到答案；遺憾的是，當時所能看到的書中根本就沒有答案！也不可能有答案！

記得母親在臨去世前幾天告訴三姊說：「**等我走了，讓鐵蛋**（弟子的乳名。也有來歷：弟子的上面已經有了四個姊姊和一個哥哥，媽媽懷上弟子的時候本不欲生出來，所以就想了許多辦法準備讓弟子自動離開這個世間；豈不知，弟子一直沒有「自動」，所以出生後就起了一個「鐵蛋」的乳名）**把菩薩請到他那屋裡去，繼續燒香**（母親的一生，只是一般民間式的信仰觀世音菩薩，保佑一家老少平安而已）。」

母親去世以後，手捧著石膏鍍金粉的 觀世音菩薩聖像，說：「**菩薩！都說您大慈大悲，有求必應，為什麼不保佑我的母親健康長壽呢？**」（母親去世時剛剛五十四歲）遂一念瞋心起，將 觀世音菩薩的鼻子摳掉很小的一小塊下來；沒敢摔掉，因為心中總有一種莫名其妙、隱隱約約的忌憚。（學佛後，為自己當時的無知懺悔了很長時間）從那以後，還是恭恭敬敬把 觀世音菩薩聖像供到自己的房間，想起來就燒燒香。

大概是一九八八九年夏秋裡的某一天，忽然一個念頭想要去□□的「□□□寺」看看（過去從來沒有去過），便騎著腳踏車，一個多小時的路程，到了□□□寺，見到了這一世見到的第一位出家人；請教了這位出家人一切莫名其妙的問題，對方也含糊其辭，便讓弟子去流通處看看佛經和一些入門的佛教書籍什麼的。請了一大摞子法寶回家，一頭鑽了進去；從此，走上了這一世的信仰之路。也因此，才會常常對周圍的朋友講：是母親的一條命換來了我的信仰。

在沒有正式歸依佛門之前，因爲練氣功的原因（弟子十歲開始拜師練內家拳，包括形意拳、八卦掌、意拳、大成拳等，少林拳的大小洪拳、查拳、氣功長拳、少林譚腿、戳腳、八極拳、翻子拳、劈掛拳等，練得最好底是形意五行拳的「崩拳」、「劈拳」和八卦掌的「葫蘆串豌」；曾以形意拳的一個崩拳，數次擊倒對手，與當時另一位□姓師兄並稱「師門二□」；一九八六年開始練養氣功、練硬氣功，練道家功的大小周天、卯酉周天、內外丹等，所練拳法和功法極其雜亂。記得在您的《優婆塞戒經講記》中您所羅列當年您學習過的外道書籍中，弟子只有兩本書連名字都沒聽說過），看到氣功書上有關於佛教的某些內容，常常會想：這世上到底有沒有佛呢？到底有沒有大慈大悲的菩薩呢？如果說有，怎麼自己感覺不到呢？如果說沒有，爲什麼千百年來，會有那麼多人信仰佛菩薩呢？難道這些人都比自己傻嗎？（弟子生性傲慢，恩師您是知道的。弟子自認是世間聰明人，看書作不到過目成誦是因爲懶得記，但可以一目十行，看書速度較常人快很多。很多朋友到家裡總是懷疑地問：「這麼多書，你都看過？」回答說：「不看，難道還是擺設？我有病呀！花這麼多錢擺著！」不過工具書不一定，除非用得著的時候。）眞是百思不得其解，後來索性作罷，不再深入思惟，偶爾還會忍不住又去想。

魂牽夢縈　追索正覺

工作之餘的看書思惟，卻沒有能夠讓自己的心情安定；因爲，年輕的自己，由於習氣，更多的時間是與世間人在世間法上用心思，而不能自拔，這就是業力的強大！

開始考慮，離開現在的工作環境，重新建立一個圈子，遠離世間的紛擾，專心致志地學佛。可是，誰又能幫忙指點江山呢？此去前途若何？

內心的苦悶，在即將崩潰的時候，最終作出了辭職的決定。

一九九二年的□月□□號，從□□□□集團公司辭職到了□□，是□□□集團公司第一位辭職的員工。當時的□□□□集團公司號稱亞洲最大的製藥集團公司，員工大概一萬兩千多位，薪水和福利待遇在當時的社會水準中算是高的。

來□□□的因緣是當時□□□只有□名工作人員，□□法師看弟子的字寫得還可以，又能言善辯，所以在沒來□□□之前就常常過來，幫忙回覆居士們提出的各種疑問的信函。

一九九四年的冬天，因為越來越感到□□□□法師的「修行」並不能指導自己，且徒增諸多煩惱，其領導下的一干人（包括弟子在內）也是各懷心機之事；法上則是言不及義，工作理念不同，分歧極大；為自己曾經認為佛教協會工作人員都是聖人的認識感到可笑，光環沒有了、神話破滅了，所謂「道不同不與為謀」，便決然準備離開□□□□□□。找到當醫生的朋友開了張「肝炎患病證明」，把證明往辦公桌上一放，和其他幾位打了個招呼就走了（當時□□包括弟子在內只有□位工作人員）——休息兩個月的「病假」。這其中請病假的另一原因就是□□□□□□寺的一位當家法師（也是□□老人的弟子）希望弟子能夠過去幫忙他建立印經機構，已經和弟子談了好幾次，實在是不好再推諉，便準備請病假過去幫他一段時間；情況發展好的話，就留在那裡作下去；情況不好的話，就再回來和朋友們作生意（當時本不打算再回去□□了，與朋友合作生意的事情，也和您說過幾次；您的提醒，弟子到底沒有認眞聽進去〈懺悔！！！〉，所以到現在生意始終賠錢，好在弟子始終認爲掙錢是一件簡單的事情，所以內心也始終坦然）。

隨弟子同去的還有兩位師兄，一位是搞文字工作的□師兄（□師兄現在也在參加這裡的共修，且爲義工，同另一位義工□師兄專職負責法寶流通），一位搞美術工作的□師兄。

到了山上（□□□寺在山上，風景極美氣候很舒適，與當年「生公說法頑石點頭」的孔明山隔山相望，山上還保留有當年乾隆皇帝的行宮遺址），馬上開展工作，輕車熟路，和那位法師把各項工作一起研究、安排好以後，倒是也沒什麼太累人的活兒；只是瑣事較多，每日除了伏案工作就是看書和處理一些瑣事，跟神仙差不多。這時候，弟子這一生最大的轉折點出現了——看到了《慈雲》雜誌介紹您的《無相念佛》一書，並說可以索請。當時弟子非常興奮：**無相竟然也可以念佛？！請來看看！**便冒昧地給您寫了弟子這一世給您的第一封信函，不久，您就親自寄來了六本《無相念佛》法寶。法寶拿到手，打開後送給和弟子一同的□師兄一本，送給當地也是一起作事的另一位師兄一本（後在□□出家，曾見過幾次面，已非昔日）；餘四本弟子收藏了起來（現在弟子還珍藏有一本當時您寄給弟子的《無相念佛》法寶和您親自手寫寄書的封套）。

在□□□寺幫忙了整整兩個月，因與請我們幫忙的那位出家人理念不同，最終好合好散，客客氣氣地分手，便回到了□□□□□□。半年後，那位出家人被相關部門詢問，原因是非法使用境外資金（境外是指當時出資贊助的「臺灣□陀教育基金會」），印刷非法出版物。

回來後，□□法師「慈悲」（當時弟子在居士當中小有影響，因大家多日不見弟子，就詢問□□法師緣由，□□法師又因顧及面子不便明說），得以繼續在□□□工作，□□法師也知弟子非是有病，而是離開到別處幫忙。這時已經是一九九五年的年初了。

這期間，一直在拜讀《無相念佛》；只是很不精進，不是覺得不相應，是覺得多少不過癮。還有就是心不安，沒有能夠靜下心來讀進去：一是瑣碎的事務太多，惡緣太多，一是生性懶散。直到一九九五年看到您的《禪—悟前與悟後》，大呼：妙哉！！！始信 恩師定是再來之菩薩！因為弟子原來也曾自己摸索著參過話頭，只是在那裡唸，至於如何起疑情、如何看話頭，則全然不知。

這期間，經歷了否定□□法師、淨空法師、聖嚴法師、元音老人、李元松老師、來果禪師、惟覺法師、「清海無」、盧勝彥、證嚴法師、奧修、陳健民等外道的過程。這些情況，有些和您匯報過，有些沒有，今借此機會，再饒舌幾句：

1、□□法師：弟子于一九九一年否定□□法師，因其在□□□寺第一次禪七打坐之時鼾聲如雷，令弟子極爲失望；後又問其一些問題，及觀見其生活細節，更加令弟子失望，遂捨之！

2、淨空法師，是弟子在一九九三年第一次看其講法錄影帶，不喜其音聲，感覺其裝腔作勢，極不相應，遂作罷！

3、聖嚴法師，是看其書中講禪云：「**蘋果生在地下，生薑長在樹上。禪師都這麼說，禪就是講反話。**」云云。當時看完這些話，馬上起了一個不好的念頭：「**扯淡！**」不再看他講禪的書，他所寫的佛教史的書倒是還看。

4、元音老人，于□□□□年印證弟子開悟了。這一印證，非但沒有讓弟子高興，倒讓弟子對照佛經深入思惟自己到底是不是眞正開悟了。後明白，元音老人所謂開悟就是一念不生，與弟子當時認爲的開悟應該是一勞永逸的事情，相去甚遠，遂遠離之；若以當時元音老人之印證，弟子是「座上開悟，座下糊塗」、「時而開悟、時而耽誤」！自己都覺得自己可笑！佛經、公案照樣懵懂，眞不知「悟」在哪裡！搞不好，「誤」到地獄去了！

5、李元松老師《三分鐘本地風光》，說到底，就是一念不生。弟子當時一念不生的功夫何止三分鐘！遂否定之。他當年對弟子很好，來函鼓勵弟子云：「**沒想到大陸也有同我一樣熱愛禪學的朋友……如果你的心是眞誠的，一定會證得勝義三寶。**」云云。並將小魚先生送給他、並一直掛在他書房的一幅「□□□□□□」的書法，送給弟子作爲紀念，現在還掛在弟子書房中。他書中所透露出來的氣魄，當年以至於現在，還是値得弟子學習的。只是，當年他書中很多內容，其實本應是悟後的觀行部分，也就是菩薩行者身口意的觀行部分；惜他當年不知，亦是憾事一件！弟子今日，在 恩師您的座下，亦證得了「勝義三寶」，李元松老師卻無此福報！這就是慢心的危害呀！

6、來果禪師，是看他的開示否定的。他開示的參話頭其實就是唸話頭，就是自說自話，就是自言自語！他說在他開悟後有一次山上一塊石頭滾落在他腳下，嚇出他一身汗；弟子眞是不能理解，開悟的人怎麼膽子這麼小？還不如凡夫的我膽子大呢！他說，自己拿刀子割開肚皮切下一塊肝臟給他母親醫病，弟子覺得眞是吹牛；**你再是什麼神聖，示現在這世間，一定是尊重這個世間的因緣的；佛菩薩尚且是這樣子，你來果憑什麼？騙人的！**不過，他寫的禪門規矩什麼的，還是可以參照的。

7、惟覺法師的書中，有一張他給其弟子遞香板的照片，弟子的直覺就覺得這個人很虛僞；再加上他講的三層參禪功夫不離一念不生，弟子一看，還是兩個字：**不粘**！他的弟子還吹他「是寫歷史的人」。弟子當時就起了慢心：你什麼人，就敢說寫歷史，莫名其妙！

8、「清海無」，在其講法的書中竟然講：「**…其實，性生活是很累地…**」阿呸！弟子一看就把書扔到一邊了。

9、盧勝彥講《阿彌陀經》，整個就是講他在基督教學校上中學的時候怎麼追班上的女孩子，眞噁心！又扔了！

10、證嚴法師就不講修行，全是作好事。但學佛不僅是作好事呀！作好事的話基督教救世軍也很厲害呀！再加上，在她的書裡一再表白，她和她的弟子們很注重因果，很清貧！但是她的弟子來大陸賑災，非五星級賓館不住！這不是虛僞是什麼？！

11、奧修的書，當時在大陸很流行，多達二十幾冊，在朋友推薦下看了幾眼，不離一念靈知、不離「性」字。扔了！

12、陳健民就更不用說了。他的《佛教禪定》就是講怎麼免費搞女孩子練「功夫」，用他的話說就是：既不花錢，又沒有麻煩！眞是爛！書中的其他內容，單憑這一點就不值得再費眼勞神了。《曲肱齋全集》就更不必說了，弟子有收藏一套。不過話說回來，他惟一的功德就是 恩師您說的：把藏密（弟子稱之爲「髒密」）的內涵徹底曝光。

因爲以上原因，到後來星雲等人的書，就實在是懶得看了！

從□□□□□寺回來後，弟子在拜佛之餘（仍然不是很用心），一面繼續深入拜讀您的著作，一面根據《禪—悟前與悟後》有關看話頭的內容開始思惟看話頭；雖然仍是懈怠，但也不是完全不用心。弟子的懶散，實在是生性和在□□省佛教協會養成的；三十幾年，作什麼事情包括讀書，都是進進出出：一頭鑽進去，看清了就出來。很少用心參研，更談不上堅持了。只有信仰這件事情，從一九八九年開始，到現在沒有中斷過；雖然懶散懈怠，但總是不忘尋覓正法，一直找到了 恩師您的門下，才算是給自己一個滿意的交代，不再苦苦兜圈子了！所以，有時想起來：「**講堂的那些師兄和師姊們，他（她）們眞是好有、好有福報，直接遇到您，就在您座下修學，也沒兜圈子，也沒走彎路。**」每每想起這些，弟子就熱淚滿臉，恨自己業障深重！

十三年來，幸有 恩師您的不棄與提攜，書信、電話叨擾了您和師娘十幾年，眞是慚愧！這其中，弟子有三次體驗，和您都匯報過的；現在弟子再寫出來，作爲各位師兄、師姊的借鑑，免走弟子的彎路。

第一次是站在電話機旁邊，突然一個念頭：「這不就是（眞心）嗎！」當時竟然也痛哭流涕，雖然只是虛妄想，根本不知道眞心的體和用，竟然也有功德受用，幾個月妄想很少，後不了了之。

第二次是突然明白了在一位師兄的見道報告中，這位師兄走進小參室，向您頂禮，您說：已經兩重公案。當這位師兄再給您頂禮、走出小參室，您在後面又說：已經四重公案。知這乃是□□□□□，但是如來藏體在哪裡？依然懵懂，加之不知如何整理，又不了了之。當時您說：「電話裡不能說，你能來禪三就好。」不過，此次的功德受用較之上次更爲強烈，知□□□□，便以此觀念來觀行，妄念很少；每遇境界，便反觀「□□□□」，一切皆是意識之了別、末那之作主，當下便會很輕鬆；不再計較對方的不善言辭甚至誹謗，頓覺瞋心慢慢淡了很多。尤其是在單位，因爲身爲領導，很難有手下人拂逆，就更加注意自己的起心動念。所以，弟子曾和廖師姊說過：「在單位，是師弟習氣最重的時候。」這種□□□□的觀行方法，弟子當時覺得眞是一個不錯的方法，可以立竿見影，消除煩惱。

第三次是二〇〇六年的大年初四凌晨三點三十四分，一念慧相應，找到了久違的眞心。當時足足愣了有幾秒鐘，只有一個念頭反復問自己：「是這樣嗎？」爾後撲倒在 佛前大哭一場，頂禮謝恩！

現在想來，弟子曾經幾次懇求您明說，均被您慈悲拒絕，眞是慈悲呀！！！若爲弟子說破，很難說弟子將來不退轉；因爲沒有一念慧相應的功德受用，眞的是很難、很難相信這個三界唯一的眞理！何也？一念慧相應之後，如來藏雖仍無形無相，但是因爲一念慧相應的功德受用和加持，不會懷疑，直下承當，智慧馬上源源不斷地湧現出來。當時便對照經書、古代大德的公案和您現成的公案進行思惟，很多過去認爲是天書的內容竟然了然於心！尤其是您在《眞實如來藏》一書扉頁上所書「眞唯識量」四個大字，曾百思不得其解：「就憑這四個字，聖玄奘菩薩竟然剿滅古印度一切敢於挑戰的外道與小乘僧人，爲什麼呀？？？」後，一位陳師兄（已往生，講堂有給迴向）又拿出這本書讓弟子看這四個字，當時大呼：「絕呀！！！『眞眞如量』就是『眞唯識量』呀！如果單說『唯識量』就是『眞如量』，外道難免抓住把柄，因爲外道不知不證，也不承認有『眞如』存在；而且單單說『眞如量』、『唯識量』，未有回護之機；加上一個『眞』，則外道無可奈何哉！你外道若是講『唯識生滅』，我用『眞（如來藏）』來回護；你若不承認有『眞（如來藏）』，我則用『唯識』來說明！眞是妙絕！！！」

初八，弟子整理好所謂「見道報告」（分六部分闡述弟子觸證的內容），十一日，傳眞給您。此後，便日日拼命拜讀您的法寶至凌晨三、四點鐘，甚至更晚；您曾囑咐弟子，不要太興奮，要出去散散步。

一日晚，看到您在某個公案後結尾處說了一句：「不渴也！」不覺哈哈大笑！女兒莫名其妙地問弟子（她當時六歲）：「爸爸！你笑什麼？」弟子說：「因爲不渴。」女兒眨眨眼睛，懵懂地玩去了。當看到您在某個公案結尾說：「抬頭望月始知秋。」便知曉哪裡是正、哪裡是偏，正的「眼」（弟子自己起的「名字」）在哪裡，偏的「眼」在哪裡；也終於知道了什麼叫作正中偏、偏中正、正中來、正中去、偏中來、偏中去、向上全提、就身打劫，眞是「幸福」呀！！！當時的感覺就是感激您老人家這些年來不因弟子之苦苦哀求而始終沒有爲弟子說破，否則，不會有此功德受用。有鑒于此，弟子在這裡現身說法，懇求各位尚未明心的師兄、師姊們，切莫生偷心、切莫求明說；要不然，後果堪憂、後果堪憂呀！不久定會退轉。

上山求法　終滿夙願

善根終於成熟了，福報終於來臨了——終於可以上山了，終於可以見到十幾年來朝思暮想的師父了。此時的心裡，卻是莫名地平靜：**要見到師父了！你不高興嗎？要上山了！你不高興嗎？**不是。不知爲什麼，就是這樣子地平靜……也許，這就叫作「物極必反」吧。

終於到了最精彩的部分了，就是弟子第四次的體驗——上山！

一路順利，到達大溪禪三道場。在這裡，弟子要頂禮 恩師您和師娘，頂禮本悟法師、廖麗娟師姊、李訓仁師姊、羅師姊、正覺師兄；不是您的首肯，不是他（她）們無我、無私的幫助和付出，弟子是絕難參加禪三的！

四月十九日下午，乘著本悟法師的吉祥車，到達了大溪正覺祖師堂，見到了久違的廖師姊、李師姊、文翰老師和剛剛認識的白老師；大家都很忙，不好意思多叨擾，便由本悟法師帶領弟子上三樓禮佛謝恩，並告知要感謝佛菩薩加持一路順利來臺。在三樓禮佛完畢，由廖師姊安排好床位之後，放下行李，便和本悟法師下樓準備上車去講堂聽孫正德老師的上課；這時，看到您的車剛剛從馬路上開到道場的路口，廖師姊說：「導師來了！□□！你能看出來哪位是導師嗎？」弟子當時便渾身發抖，雙手尤其抖得厲害。本悟法師見狀，問弟子：「□□！你緊張呀？」弟子哪裡是緊張！是激動！！！您戴著白手套從車上下來了一下，又重新上車，開到祖師堂的門前，弟子幫您拉開車門後，便倒地哭泣；您趕緊還禮，並說：「終於見面了。」這時師娘也下車了，您對師娘講：「這就是□□。」師娘非常謙和地一邊問訊，一面喊了一聲：「□師兄。」弟子趕緊倒地頂禮，被師娘扶了起來。弟子的眼淚，始終在流淌。後，您和本悟法師說了幾句話（弟子聽不明白，大概是臺語或是閩南話），弟子便帶著廖師姊給我們準備的便當，和本悟法師去講堂聽孫老師的上課了。

四月二十日的下午，在拜懺的過程中，禪堂內已是哭聲一片——是懺悔的淚水！是慚愧的淚水！也是感激的淚水！

四月二十一日上午（臨近中午），在小參室，見到 恩師您和張正圜老師坐在那裡，竟然緊張起來（弟子絕少緊張，經常對周圍的同修們說：有事說事，慌什麼！）以至於沒有很好地回答您的問題；出得小參室，內心眞是懊喪！一邊擦腦門子上的緊張汗，一邊問自己：□□□！你慌什麼？你緊張什麼？平時能言善辯的本事呢？眞是羞愧難當！！！

四月二十二日早上，在張老師（頂禮感謝張老師的慈悲）的小參室，弟子回答您留的題目，本以爲說得不少；沒想到，經張老師一補充才發現：還差得遠哩！！！才知道，什麼叫作「智慧如海」！才知道「井底之蛙」這句成語，就是說自己的！

四月二十二日、二十三日，先後三次進入您的小參室，弟子更加體會到「智慧如海」這句成語的內涵——根本就不是拿來形容凡夫的！

四月二十二日上午大概九點三十分，第二次進入您的小參室，蒙您慈悲印證，給弟子加蓋 世尊授予您的金剛寶印，命弟子和兩位師姊跪在佛菩薩聖像前謝恩；出得小參室，已是淚流滿面！是感恩？！是慚愧？！是激動？！是興奮？！値了！！！

另外，恩師您的點穴神功眞是精彩又「厲害」！！！

解三後，四月二十四日晚，有幸在正覺講堂聽您講解《金剛經宗通》，精彩自不必說，眞的是讓弟子又明白了許多過去不懂的經文內涵（原來還自以爲是全明白呢，愚癡呀！）。

唉！！！十三年了，終于見到朝思暮想的——師父（在弟子心中，「師父」這個稱呼高於一切稱呼，甚至高於「父親」這個詞，何也？內涵大不同也！）。弟子常和參加這邊共修的師兄師姊們講：「要想有所成就，首先必須和佛菩薩包括我們地上菩薩建立感情。怎麼建立？我們的地上菩薩到底有多麼慈悲，大家是體會不到的；像我這樣業障深重的人，地上菩薩不曾批評過一句，總是鼓勵！可是，越鼓勵我就越有壓力！大家如果想和地上菩薩有感情，就要向孫悟空學習：一個從石頭縫裡蹦出來的猴子，叫他師父的時候都是撕心裂肺地：『師——父——！師——父——！』（打字至此，不覺淚流滿面！）如果有這種心態，不明心也難！」

也曾對大家講過：「我們的選擇只有一次，就是多生多劫之前決定踏上佛法正法信仰之路的那一剎那起，以後就再也沒有別的選擇！只有願力和佛菩薩（包括我們的地上菩薩）的安排！」還曾和大家講過：「什麼是菩薩？就是左手提著自己的腦袋，右手拿著智慧刀，爲正法、爲眾生，衝！衝！！衝！！！休息？沒有！永遠沒有了！除非你不想作菩薩。」這些，都是您耳提面命十幾年的結果；說出來，算是向您匯報功課。記得在剛剛信佛的時候也曾對周圍的朋友說過：「誰要是能讓我開悟，我就自己鋸掉一根胳膊或是一條腿供養他，打麻藥都不算爺們兒！」今天，弟子的四肢健在，卻仍然有機會在您的座下得到這無上的大法！眞的是無以回報！無以回報呀！！！也還記得一九九三年和佛教協會一位師兄，在北京□□□□□□□□□□□□法師寓所的小院子裡，這位師兄批評弟子說：「你是學儒反儒、學道反道，學什麼你到後來就反什麼，有一天你也會反佛。」弟子悠然地回答：「不會！永遠不會！退一萬步講，即使有這麼一天，我會在自己準備反佛、謗佛的時候馬上自殺，決不會讓自己反佛謗佛的惡業成就！」

也許，因爲弟子的言辭過於激烈，所以，廖師姊不止一次批評弟子「江湖氣太濃」，弟子今後定當努力改正「江湖氣太濃」這個毛病。可是，又有哪裡不是江湖呢？也許，佛教界的江湖比社會上的江湖更加血雨腥風！更何況，「江湖」這個詞兒本來就是來自於佛教，古代的大德大多聚集在江西、江蘇、湖南和湖北，所以，學人行腳參學這些地方就稱之爲「走江湖」。

四月二十三日晚上，在您精彩的解三開示後，禪三圓滿結束，弟子也心滿意足了！晚上，廖師姊關心地問弟子：「□□！如果有機會留在臺灣，你願意留下來嗎？」弟子毫不猶豫地回答：「不。」臺灣寶島的眾生有您和親教師、大心的師兄姊們教化他們已經足夠了；而大陸，弟子是沒有理由迴避的：義無反顧地擔起弘揚正法護持有緣眾生的重擔！這也是 恩師您老人家對弟子一直以來的期望呀（親眼看到您的忙碌，才知道過去對您提出的種種弟子個人的要求，是多麼的自私！）。

四月二十五日上午，在 本悟法師慈悲護送下，弟子順利離開臺灣，回到了大陸，精彩而難忘的「上山學藝」結束了。

從大陸出發而又回到大陸，整個過程眞可謂「順利」且「心想好事成」，這不是佛菩薩的慈悲加被又是什麼？！感恩！只有感恩！！！

在臺灣將近七天六夜的修學當中，無論是在正覺祖師堂還是在正覺講堂，弟子學到了太多、太多的東西；如果按百分作爲滿分計算的話，弟子從前的修行知見只能勉強、勉強打十分，一點兒都不爲過！（這七天六夜）超過弟子十三年來的摸索和思惟！眞是羨慕在您身邊親承就教的師兄、師姊們。不過，與其臨淵羨魚，莫若退而結網——弟子既然選擇了這條路，就會永遠走下去！

重回江湖　繼續前進

下山了！十三年的夙願圓滿了，接下來要走的路還很漫長、漫長……沒有盡頭。有曰：有路可到達涅槃，但涅槃不是路的盡頭。一直很喜歡這句話，這句話的作者一定很有智慧！作吧！菩薩就是這樣，生生世世地這樣作；好在，已經走到了自受用功德的第一步，就要儘快走到他受用功德的第一步，這樣才好報 佛恩、報師恩。雖然，現在仍然是黑夜，畢竟，離天明不會太遠。正如詩人雪萊說過的一句話：冬天來了，春天還會遠嗎？

無月夜行的日子已經過去了，更要永不疲厭地疾馳在月光下，把月光的清涼帶給周圍更多有緣的人——誰叫自己要作菩薩呢！

回得家來，惠□見到弟子的第一句話就是：「怎麼樣？如願見到師父、師娘了？見到師姊她們了？高興吧？」

弟子說：「見到了，高興！想見到的菩薩都見到了，沒想過能見到的菩薩也都見到了。」

惠□又問：「沒看出你有什麼變化呀？瘦了點兒。」

弟子回答說：「値了！！！你以爲會有什麼變化？長出三頭六臂呀？那是妖精，菩薩不屑這個。師父曾說過：『一個明心，三千萬美金也不換。』依我看，三千億美金我也不換，（錢）沒用！有多少錢，死了以後還是輪迴，根本不能保證自己升天還是作人。一個明心的人，只要他不退轉，永遠可以不入三惡道，永遠可以在人間修行弘法，錢跟這個沒法兒比！沒有可比性！錢就只是工具，不作人、錢就沒用了；作人、還得是這個地球上的人，美金才有用，你說虛不虛？！」

女兒子□好奇地問道：「爸爸！見到大佛佛了？見到你的師父了？」

在她幼小的心靈裡，認爲 恩師您就是「大佛佛」！她也常常會問：「爸爸！你怎麼總是看書寫作業呀？是你師父給你留的麼？你師父對你好麼？你師父對你厲害麼？你師父的師父是誰呀？也是大佛佛麼？」也會在說話當中把廖師姊他們稱爲「外國來的佛佛」。眞是滿腦子的問題。

回來後，弟子依照您在解三時的咐囑，再一次深入地拜讀《宗通與說通》、《邪見與佛法》等法寶；自然，較之過去，又明白了許多、通透了許多。

這條菩提之路，弟子是走下去了，跟著您老人家，永遠走下去……

再一次頂禮感謝 恩師您的大恩大德！頂禮感謝 師娘的慈悲，叨擾了她這麼多年。

再一次頂禮感謝 張老師（感謝張老師賜墨寶鼓勵弟子）、孫老師的慈悲加持！頂禮感謝本悟法師、廖麗娟師姊、李訓仁師姊、羅師姊、正覺師兄的慈悲提攜！

頂禮感謝 護三菩薩們的慈悲護持（只要師父您慈悲允許，弟子希望將來有機會的話，也要護三報恩。）

總感覺，還有很多很多話要說，但是，「故事」總要有個暫時的結束，就只好先寫到這裡了。

以這幅掛在講堂的對聯作爲結尾吧：

正智親證本來性淨涅槃唯我大乘

正覺菩提現觀人法無我不共凡愚

弟子　東山閑

參加禪三日期：2007年4月20～23日

公元2007年5月21日淩晨01：15分初稿

公元2007年5月22日淩晨00：03分二稿

公元2007年5月22日下午17：19分三稿

見道報告

—趙玲子—

夢裡不知身是客，一晌貪歡

佛菩薩慈悲攝受、巧妙安排及時節因緣、願力種子現行；謹以此文，供養有緣，期能共勉：**地地增上，不盡有爲，不住無爲，直到成佛！**

自小除了紮馬尾像女孩兒模樣，其餘爬樹摘玉蘭花、四郎眞平殺刀、摸田螺等樣樣行。那時候，天母一畦畦水田，只要抬眼，田邊點綴著大小高低的墳塚；上小學不用花腦子，只要想辦法如何輕巧能捏到紅蜻蜓，怎樣才能跑得比香花那家狗快。靜下來的時候想，當鳥兒最好，可以自由翺翔上下自如。日日盡興痛快，不知民間疾苦。小學六年級以後聯考重重，高中再加上三民主義，對我來說很痛苦；不喜歡唸學校的書，只好盡量應付，幸好抓題猜題挺能過關。幾年下來，總覺得學校花樣沒勁，大學四年從未參加任何社團。幸好我是個率性的乖孩子，壞事不敢作，又沒遇到惡友。就記憶所及，唯一持續很自然去作的事，就是經過大小廟宇即入內捻香拜拜，像呼吸喘氣一般自然。我清楚自己的好惡，不喜歡跟著群眾走。

一九七七～二〇〇三 於荷蘭

一九七七年選擇赴荷蘭工作，以圓幼時想看世界的夢。定居鬱金香王國，每年繁花盛開季節（三月底至六月底），放眼盡是一片片七彩繽紛的花毯，綿延至朗朗晴空（荷蘭沒山，土地平坦）；夜晚，在臥室的陽臺，總是禁不住伸長脖子深深吸入充滿甜味清凝的冷空氣；繁星滿天，唾手可得。心內盈溢對生命飽實、自在的喜悅，想與大眾分享；我想將東方傳承，供養給眼前無憂、未來無慮，甚至相信有終極保障—耶穌等在享樂的天國—物質富裕的大眾。思前想後，唯有藉著歐洲人對東方迷思的嚮往，佐以鮮活喜樂、平易的在家形象，顛覆千載以降佛教給人深奧艱澀，僧眾刻板老朽的印象。

一九九九年佛光山於阿姆斯特丹唐人街，建造歐洲第一座傳統寺廟荷華寺；媒體爭相報導，轟動一時，成爲觀光據點，我也義不容辭加入週末義工。師父們讓我在大悲殿翻譯、帶團，並且交代：離開之前要記得迴向。整整一年多，清亮的嗓音逐漸喑啞，喉嚨彷彿被蓋住。於精疲力竭之際，我疑惑的問 世尊：「**是我講**

錯了嗎？」可是我沒有亂講，都是依照臺灣第一位佛學博士（編案：釋印順）的書籍講啊！沒有嗓音，我不得不放棄佛光山的義工職。內心始終醞釀著以修道院安排西方人的短期靈修課程，並且要以摩登、親切、同化的西方表相，吸引他們好奇：佛法、打坐也可以這麼鮮活、有朝氣？我注重包裝，在講究物質的國度裡行銷，包裝是促銷的誘因，也是必備的道具。

二〇〇三年春，母親肝硬化明朗，她對我說：「我就是擔心妳，一個人在那麼冷的地方。」一個世間法充裕富足的八十歲老菩薩，即使能把地球濃縮成一顆璀燦晶亮的寶石放在她掌心，可以稍解她對女兒的懸念嗎？「那我回來陪媽咪好不好？」「好哦！」母親毫不猶豫的回答。其實遠在一九九五過年時，我曾起過一念：堂上兩老的最後時段，我要隨侍在側，此生才能無憾。當下即決定離職，然而簽呈被一拖再拖，久久不准，最後以辦完雙十酒會再走停薪留職半年妥協。離開荷蘭返臺，我預設先陪母親，再充實精進，確實的內容仍不具體。返臺與母親朝夕相處五個月，試著彌補近三十年牛郎織女式的相聚。之後，當我正在支付母親葬儀社費用時，父親從振興急診室來電話，我又匆匆趕往醫院，開始另一場醫院的奔走。

二〇〇四 入正覺講堂

佛光山打坐班的師兄給我地址、時間及書名，推薦我去買《心經密意》。父親開車送我去，看見門口排長龍等電梯上課的師兄姊，他說：「還眞有這麼多人沒事兒幹！」我請他在門口等，我上樓買書立即下來。九樓義工菩薩邱師姊極友善，請我每週二晚上來聽 導師講經。我上十樓請書，也順便問有英文版嗎？盧師姊遞書給我，談及國外密宗，我說知道。「那雙修呢？」她繼續問，我點點頭。盧師姊人往後縮，瞇著右眼，有點結巴：「妳在修……」她頓了一下：「……修雙身法？」嘴巴忘了閉上。「沒有啦！我看過唐卡簡介。」盧師姊舒出一口氣，馬上送我一本《狂密與眞密》結緣。

看了《心經密意》忍不住掩卷咋舌：果眞涅槃有內容。菩薩與阿羅漢的差異，還有「悟」的內涵等等，曾被西方人問倒；長期模糊的點點滴滴，一次釐清。再看《我與無我》、《大乘無我觀》等，原來學佛是爲了成佛，原來「悟」即是明心，原來「明心見性」與佛法有關，原來佛教不只四聖諦、五蘊、十二因緣而已——許許多多的「原來」。第一次聽 導師的《優婆塞戒經》講經，當 導師說到：「……菩薩就是這樣，不同於一般人；事業最高峰的時候，再多的錢也不賺了，退下來，……；把資財留到未來世，此世只實現一部分資財……。」字字敲入心坎裡，眼淚潸然滴落，隱隱的酸楚莫名。荷蘭的勞工保護法名列全球榜首之一，我自動提早請辭，完全放棄該有的任何權益。每次 導師提到「…菩薩不是人幹的……」，我總是悄然落淚，雖然耳邊聽見的都是笑聲。邱師姊提醒我：「來得早，可以到第一講堂聽課看見導師。」當我第一次轉頭目睹 導師走過，眼淚突然不可遏止的竄流，心中泉湧著萬般的不忍：如此瘦弱的雙肩，竟要荷擔何等的志業？我報名插班已於四月份開課的禪淨班。邱師姊鼓勵說：「上幾堂算幾堂，要出國就出國。」

佛光山打坐班師兄姊邀約同去閉關一週，於莊嚴的大悲 觀世音菩薩聖像前，我思惟著書中義理：遍十八界、一切時、一切處，夜夜抱佛眠，沒有祂就不能活，頓成死屍，□□與□□的差別；再縮小範圍，蛆、螞蟻皆具，還有孑孓也是，不停□□□；眠熟時單獨存在最明顯，離見聞覺知。離見聞覺知？我連過來又通過去，離見聞覺知、離見聞覺知……；啊！就是□□，□□□！我張開眼，手邊又沒有書籍可參對，回臺北再翻書吧。

我也登記小參，問陳老師：「每人功課自己作，一分耕耘一分收穫，為什麼要求佛菩薩？有人敢撒賴，那裡頭認真的老實人不是活該、不公平了？『一念無明、無始無明』『慧解脫、俱解脫』『分段生死、變易生死』……。」也跟陳老師報告，說我看得懂「草鞋隨人腳行，烏龜不解上壁」的意思，短的公案我也看懂；陳老師回答：「沒錯，功課要自己作。」「如果求佛菩薩，是否會給自己一些壓力，也可藉此鞭策自己啊！」「把公案拿來看，是哪一段？」手邊又沒帶書，我乖乖的退出小參室，可是我眞的懂禪宗吃粥、掃地的意思。「好好拜佛，拜佛功夫要作起來。」

父親一直趕我回荷蘭去，不要在他眼前晃。我到正覺講堂向陳老師告別，陳老師說：「看佛菩薩安排的因緣吧！」當我訂妥機票及日期，第二天父親即因血糖超高昏迷，住進加護病房；接著心肌梗塞開刀，第二天再開，清除凝結的血塊；又再清瘡開刀，又再傷口換膚開刀，病危通知單簽了五、六張，我悄悄地再回陳老師班上課。同時，友人主動替我關說找工作，認爲我不上班太可惜，於臺北安插了一職。我也成了朝九晚五的捷運族，一領到薪水，立即設定自動撥款至講堂護持，能夠再度工作受薪，完全是佛菩薩的恩賜。我已經抱著退休的心態去上課，早就心滿意足了。每逢週二、五下班，我夾著課本筆記直奔講堂，像小學生去上學般的興奮。回想當初決意返臺陪母親的另一個心願，就是充實自己；於佛光山當完義工的迴向文就是「願佛菩薩護持，讓弟子得正見，能讓不懂中文的西方人結佛緣」。（類似之字眼，眞正文句已忘）。隨著講堂課程，愈發覺得佛法知見浩瀚無邊，深不可測；尤其佛法名相，別說英文，連中文都是聞所未聞。以往能夠大量的講解、結緣；進了講堂，才發現自己的貧瘠，根本開不了口。私忖我的心願勢必今生難圓了。

禪三前大約一年的一次禪一，陸老師於午齋中開示：「……吃的當中有一個沒吃的……。」我細細咀嚼，輕輕憶念有一個沒吃的，離見聞覺知……。咦？我又□□□，又□□□，誰□□□？□□繼續□□□，整個人都籠罩在□□中；我正在疑惑，突然□□□□，彷彿若有所悟似的輕嘆一聲：「啊！」左眼流下兩滴清淚，眞是莫名奇妙。剛巧荷蘭鄉親會月刊主編，向我邀「週記專欄」稿，我便把這次體驗發表在荷蘭文的月刊上。這回禪一拜佛，輕安殊勝非比尋常；沒料到第二天卻覺得左膝蓋熱熱的；第三天起床，左膝厚重竟不能彎動。勉強行動，膝蓋左側就像針刺般疼痛。別說跪下拜佛，左腳根本舉步維艱。從此，上班、上課以外的時間，就是求醫診治，偏偏中西名醫都在牧童遙指的杏花村外村等三峽、南港偏遠地區（我住石牌），週六一整天拖著跛腳東西顛沛，維持將近一年。父親身體也時有狀況，不斷進出醫院；每次進醫院，我還能記得順手帶幾本《念佛三昧修學次第》、《我與無我》、《無相念佛》放在架上或與其他病人結緣。父親已經無法開車，我踩著他的老爺車油門，一口氣開到林口竹林山觀音寺，把一箱書運過去；再請 觀世音菩薩允許讓正法書籍流通，放好書還留連觀察，一有人過來就拿書推薦。

禪三前二週，有天晚上老爸睡不安穩，輾轉呻吟到天明，清晨臉發白。當天原本要去醫院複診，我們等著醫院開門才過去。父親閉眼躺在沙發上呻吟，我走過去，聽見他喃喃自語：「…這麼多…抓來抓去…，這麼…多…」，我很自然以哄小孩的方式配合他大聲說：「走開！走開！」還揮動雙手撥弄。沒料到，仍舊閉眼的父親驚訝地輕聲說：「他們真走開啦！」我起了一身疙瘩。突然靈光一閃，坐在沙發邊，握住老爸的手放在他胸口，開始輕聲唸〈正覺總持咒〉，一遍又一遍，重複再三，每當唸到「及佛菩提道」，老爸就答腔：「對！對！」（他從沒聽過，也不知道總持咒的內容，何況我唸的速度相當快）。唸完，以講堂的迴向文迴向。父親抓住我的手呢喃著：「我的寶貝女兒。」然後平靜祥和的躺著不再呻吟。我告訴他，是佛菩薩的力量加持。我開始梳洗，父親又開口：「他們爭吵得很兇喔。」我聽懂，馬上坐下繼續唸，再迴向持咒功德；真是可憐，他們之間不夠分呢。醫院當天就要父親住進加護病房，是心臟衰竭，還責怪家屬沒有儘早掛急診。

從醫院看完老爸返家，想到已經幾天沒開信箱；當禪三錄取單展示眼前，水龍頭又被扭開了。想到功夫根本沒作好，每天像陀螺，身不由己；也後悔二年半時間書本看太少又太慢，知見不具足，千頭萬緒，如何面對禪三？

橫了心上禪三，如初生之犢，既來之則安之。懺悔時水龍頭變成海浪襲捲，排山倒海，不可收拾；請師儀式，內心百感交集，淚水泉湧又強行抑止不敢出聲。入小參室，主三和尚問：「妳看起來很正常，爲什麼有時候很——激動？」導師眞是觀察入微。「我當初見到導師就想哭，導師肩膀這麼一丁點兒大，卻要荷擔如來家業！」「要看心——量——！」導師把頭探出來，強調「心——量——」，不是看外表。「現在不會哭了，我看到導師很開心。」我傻乎乎把原本具足的寶丟在腦門後，只跟主三和尚說，我懂公案的意思。站起身時，主三和尚雲淡風輕一句：「破參以後，講話就不是這樣子囉！」難道，我有機會過關？

清晨經行，導師衝擋在鼻前；我呆住，挪腿向左走，導師也挪步再擋。幾乎每次過堂，主三和尚就喊：「玲子！吃！」我就吃，眼光跟著 主三和尚轉。導師慈悲，不放棄任何機會，不停的開演；我認眞聽，聽啊聽！「……要聽，飯也得吃啊……」，才驚覺只有我一個人還左手抓住碗，右手握筷子兩手停在半空中。

每天東張西望，看大家的進度，晚上普說也好像聽得懂。第四天，早已有人喝水，我記得前期師兄姊的交代，要求菩薩、抱佛腳；我也在佛前至誠祈求，突然一念閃過：**知見、功夫都不具足，硬要強求，將來般若慧如何發起？對哦！我一定要有般若慧！**我求佛菩薩，讓我有悟入的體驗就夠了，下山絕對用功。確定了心行之後，整個人豁然開朗，歡歡喜喜的夾在已被印證、可喝水的師兄姊行列裡頭，感謝佛菩薩慈悲攝受。

禪三衝刺

禪三是佛子願求了義大法，成爲入門弟子，在佛菩薩面前一種祖裎的驗收。總要有值得佛菩薩信任，能夠託付而護持我們過關的理由；人家揮汗勞身作義工、流汗幾十公斤，或者日日拜佛功夫深厚。我衡量自己的體力、時間及客觀條件，既然文武不能雙全，只能擇「文」下手。把決心堆在飯桌上：計有《眞實如來藏》、《阿含正義第一輯》、《識蘊眞義》、《心經密意》、《邪見與佛法》、《禪—悟前與悟後》等書；我也把重點條列，抄在Ａ４紙上，密密麻麻劃上色筆。飯桌就是書桌，老爸吃宵夜時，我陪坐，眼睛可以瞄著重點：聲聞道與佛菩提的差異、法相唯識、如何證明□□□□□□□？《大乘阿毗達磨經》「無始時來界，一切法等依；由此有諸趣，及涅槃證得」……，反正每天吃飯就配著重點嚥下。六根、六塵、六識□□□□□，我把《識蘊眞義》的用字都背下來，因爲使用自己的詞彙難免冗長累贅，只有書本用字最達意周全。

上回禪三已深深體驗被遮障的嚴重性：監香孫老師說話一字一字都懂，但連成句子，我總是聽不懂孫老師整句的意思。解三後過堂，同桌的師姊們說 導師對我特別好，我也知道；可是心神像一把芝麻灑向天，雜念攀緣萬萬千。這一次，請了《八十八佛洪名寶懺》如實禮拜，迴向給冤親債主，祈求護法 韋陀尊天菩薩慈悲攝受，協助弟子與冤親債主協調，請不要遮障弟子明心；這是我們存在能有最殊勝的功德受用，願將明心功德全都迴向給冤親債主；並且要一起護持正法，讓正法久住。除了功課還要準時上班，準備早餐給老爸；時間不夠用，只好跟睡眠借時間。橫豎苦撐半年，時間到了，才能把自己的耕耘一一攤開，呈交佛菩薩，否則無米何以爲炊？

緊鑼密鼓中，又是禪三報名季節，剛好輪到我與游老師小參：「**我夢見導師拿**

東西給我，這次臉看得清清楚楚，還在微笑，沒說一個字。不知道拿什麼給……」「妳報名表拿了沒？」游老師打斷我的話。「還沒有。不知道拿什麼……」「別管拿什麼，報名表拿去！」游老師推一張報名表過來。可是我眞的有壓力，很擔心。只能儘量排小參，每一次讓游老師飛刀斷、快手斬，之後再整理思惟；隨著禪三日期逼近，十八界我也被削得蕩然無存。

任職的機構，因爲巴拿馬授權國將於五月中旬前來執行四十幾年以來之首度稽核，指派我擔任協調員，還得六天全程陪團。此案有關公司存亡大計，公司從硬體整頓到軟體資料準備，如臨大敵，戰戰兢兢；每天都有突發狀況，隨時開會。再次的禪三錄取通知，根本是弦上之弓，一觸即發；我忍不住跪在 佛前狠狠痛哭，如瀑布、決堤，感恩之心無可言喻；也想到 導師課堂的叮嚀，佛菩提道是在世間法中淬礪才得圓滿成就。

第二次禪三，榮任請師代表；內心澎湃，腳步堅定，踏開千聖不傳，一路向上的無生步！我又跪在 佛前祈求：護持弟子成爲眞佛子，才能荷擔如來家業，作獅子吼，盡未來際協助 平實菩薩摩訶薩破邪顯正，弘揚正法，破斥密宗；弟子能發揮語文的善巧方便，也能爲不懂中文的外國人結緣正法，救護佛子向正道，攝受佛菩提道；將來也能像 導師一般得四無礙辯，樂說無礙。因爲祈願文很長，每次都人前跪到人後；反正也沒臉皮了，只有眼淚叭咑叭咑滴落晶亮的大理石地面。

第一晚普說，跟隨 導師修學十三年、來自中國大陸的□師兄，被安排發言；他讚歎臺灣學子有福報，可以每週面見 導師；他十三年來都是跪著與 導師通電話，現在才見第一次面。我的眼眶濕潤，心內酸楚。以往，尚未跟從 導師修學，時常羨慕 佛陀時代的佛子，能親沐 佛陀受教，該有多殊勝；總也想不通，五千聲聞竟能在 佛陀宣說第一義諦前當場退席；原來，歷史一直反覆重演，人性原本如是。導師慈悲，公案解說，揚眉瞬目，搔首弄姿。如果正覺有「破參丸」應市，導師必定毫不遲疑一人一粒活活塞下喉。

第二天下午，入 主三和尚小參室，橫在眼前是半年前夢中一般模式的桌几。監香是以前的陳老師。我把握時間，將自己整理過的答案提出，主三和尚不置可否，問我爲什麼是？要我證明。我說：「在十八界之內……」「什麼？如來藏在十八界之內？」主三和尚提高嗓門，打斷我的話。「不是，我是說，在十八界之內沒有這個體性，六根六識六塵都沒有這個體性。」我緩緩回答，怕用錯字眼。接著 主三和尚修正我講錯的部分，再補足知見。突然 主三和尚說：「妳看，沙漏的時間到了。」我才發覺桌邊眞有一個小沙漏，滑下最後的沙子。主三和尚伸手，把沙漏翻過來，再繼續說我剛剛的回答太粗糙。每一句都輕描淡寫卻有雷霆萬鈞之勢，醍醐灌頂之用；我不敢眨眼，屏息盯住 主三和尚。「看！時間又到了。」啊！那沙漏已經滴空，主三和尚再翻轉沙漏。感覺才過二分鐘，主三再提醒時間又到了，後面還有很多人，我只能嘆氣：「好可惜啊！」「要妳整理二道題目，對妳很容易；可是不能只有兩三點，要多列出幾點。」我點點頭連說「我會、我會」，退出小參室時，實在忍不住，對 主三和尚說：「老師！我看到的桌子，是這個的兩倍大！」「那是過去世！」主三和尚把手一揮，他聽懂我的意思。

再到 克勤圜悟菩薩摩訶薩前祈求，弟子眞希望能得宗師爺攝受允許，成爲東山禪入門弟子；成爲眞佛子，才有能力荷擔如來家業。回位子繼續整理題目，我一遍一遍的再三整理，把手指頭撥來撥去的數，導師沒讓我當場作答，一定有原因。再輪我小參已是第三天上午十點，監香張老師親切可人，微笑點頭，很是嘉許，再爲我補充不足之處。「只要再整理一道題目，就可以回到導師那兒。」因爲用的時間不多，我壯膽對張老師說：「半年前第一次禪三，我夢見張老師是黑臉，我們一起走下樓梯，張老師拍我的肩，叫我不要緊張，還要我腰桿放鬆、放鬆！」

那次夢中，導師坐在桌几後，我站在桌邊（夢中還起念：怎麼沒跪下，還大剌剌站著），手中提個好大的冷茶壺，裡面一點點水，沒蓋子。導師交代要我傳兩句話，我非常謹慎，特意重複一遍，問說對不對，導師點點頭同意。最怪異的是，導師的臉是馬賽克組合，模糊還會抖動（從未有過類似的夢）。一醒來，就知道大事不妙，冷水如何泡無生茶？

我又到佛菩薩跟前頂禮告白：「謝謝佛、菩薩攝受護持，這是最後一道題：佛、菩薩知道，弟子完蛋啦！我根本沒準備這一題。」我到 克勤祖師爺面前，直接喊：「祖師爺！我完蛋啦！我沒準備這一題，可是我希望祖師爺攝受弟子，讓弟子能……。」再把心願重新訴求一次，再回到座位。握著書寫板，硬是擠出三點，然後我決定跟 導師實說，請給一個方向就好。導師立即帶我及另一位老菩薩師姊入小參室專為這題指點方向。之後，我把原有知見融入 導師所提綱領，埋頭苦幹盡量發揮。耳邊好像聽見 導師不知對誰輕聲說：「…下午要準備喝水了……。」我頭也沒抬；上回禪三看太多，這次小參室在旁邊，只覺竟日衣衫來去如風，眼皮絲毫不為所動。

中午過堂完，大殿只有義工菩薩們，我再到佛前頂禮訴願。心中落實，有種沉潛的坦蕩；於淚眼婆娑中，彷彿看見 世尊的笑。眼淚又爭先恐後的滑落，佛、菩薩大悲大慈，祂也看出弟子已經吞了鋼板鐵了心，抱住佛腳、硬賴著不走，義無反顧的邁進不歸路。

下午三點多，糾察老師集合我們四人到 主三和尚小參室，主三和尚先要我們依序配合講自己的心得，接著 主三和尚再開示補足。一環緊扣一環，如行雲流水直行無礙，主三和尚提起喝水體驗………；這時候，腦子裡重複流轉著：佛前的誓願要履行…、佛前的誓願要履行…、佛前的誓願要履行…。內心穩實，也無風雨也無晴，毫無過關興奮的覺受。主三和尚要我們去佛菩薩跟前謝恩；我禮拜 主三和尚，感謝 導師慈悲攝受；若是沒有親值大菩薩的護持、法施，凡夫俗子根本連邊兒都沾不到的。導師抬起頭，清晰輕緩地說：**依願而行吧**！走出小參室，旁邊師姊涕淚縱橫，我竟然無淚，也沒有喜悅，情緒異常的清朗平靜。

伸手體驗喝水，一感覺昏倦就去 佛前禮佛，繼續祈求。現行熏種子，種子生現行。我必須盡未來際謹記此世五蘊身於 佛前的承諾，如同過去世的五蘊身於 佛前的許諾一般。抬眼看見呂師兄在 克勤圜悟祖師爺前落淚，自己眼眶也立即濕潤；覺知心尚未感覺起念，眼淚就同時流出來；感慨八識心王如此伶俐合作無間，五陰誑騙眾生以致眞假難分，隨順流轉生生死死，何有出期？

在空盪的大殿裡等候解三儀式，忽然聽見 導師在後排與老菩薩師姊的對話：「妳來第幾次禪三？」我轉身坐向他們，師姊害羞的用手比「三」。「妳覺得呢？是上次讓妳過，還是這次過比較受用？」我心中大喊著：「這次受用！」師姊輕輕回答：「這一次受用。」「是嘛！上回怎麼能讓妳過？腦袋像漿糊！」導師倏然把臉轉向我，眼光準準地射來。哎呀！如果不是已經坐在地上，我鐵定當場就從椅子上摔下。

爲了成就又一批金毛獅子，能協助 導師弘揚正法，破邪顯正；禪三道場全力以赴趕工進度，禪三之前、期間及事後鉅細事宜的周全安排與善後；佛菩薩、大善知識的慈悲攝受，師母、監香、糾察及護三菩薩的犧牲護持；在在處處刻骨銘心，點滴心頭。我們謹能深摯秉此志業，生生世世以性命相許，續佛慧命，讓正法久住，嘉惠佛子，方能聊表感恩之情，否則浩天瀰地之恩德，我等將何以爲報？

一心頂禮歸命　本師釋迦牟尼佛

一心頂禮歸命　阿彌陀佛

一心頂禮歸命 大慈大悲觀世音菩薩

一心頂禮歸命 護法韋陀尊天菩薩

一心頂禮歸命 克勤圜悟菩薩摩訶薩

一心頂禮歸命 平實菩薩摩訶薩

一心頂禮歸命 正覺親教師菩薩摩訶薩

一心頂禮歸命 正覺海會菩薩摩訶薩

弟子 趙玲子 禮拜 2007年5月20日

禪三時間 2007 4/20 - 4/23

見道報告

—謝子晴—

我三十歲生女，三十一歲離婚（一九八三年），到處找生命的原因，並求 佛給我一位眞正的老師，指導我正確的修行路。

一九九四年因贍養費中斷，我攜女回美找工作；因弟弟在夏威夷，即先在那兒住了一年多，與當地玉佛寺住持很投緣；她勸我出家，我發下願：女兒進大學，我便出家。

一九九六年遷居洛杉磯，成爲洛杉磯葉曼居士（南懷瑾的弟子）的文賢書院的唯一員工，上從製作講課錄音帶、安排演講，下至洗廁所，一手包辦。薪水微薄，扣掉房租、車子分期付款，所剩無幾。因此與女兒二人的生活很緊，但是我甘之如飴，自以爲是護持佛法。

一九九九年，有一天去接葉曼上課時，在她書房看到《無相念佛》這本書；隨手翻看一下，就想借閱，葉曼說：「**妳要，就拿去吧。**」回到家讀後，內心非常震撼。沒隔幾日，文賢書院一位同學送我一本很厚的書——《禪—悟前與悟後》。並說：「這本書是別人給我的，寫得好深，看不懂。妳喜歡看佛書，送給妳吧。」讀完《禪—悟前與悟後》，我就作了此生唯一正確的決定。

二〇〇〇年七月女兒高中畢業，我向葉曼居士辭職。女兒八月二十二日獨自前往舊金山柏克萊報到。這些年來我一直沒動用的一筆八千美元存款，原本打算給女兒上大學時用的；可是媽媽這次也要去上學了，所以錢一分爲二，各奔東西。自那天與女兒分手後，她的學費、生活費我完全沒管過，因自顧尚且不暇。她靠部分獎學金半工半讀，至今全額獎學金在 UPPN 唸研究所，眞的不知道佛菩薩是怎麼樣安排女兒的一切。

女兒去學校後二日，八月二十四日我飛回臺北，回臺後花了很長時間才找到工作；這中間的時間，我先閱讀 導師的書與自學無相拜佛。直到二〇〇一年，居處與工作安定，我才開始上星期六下午孫老師的課；記得是十一月開的課，隔年六月公司搬往大陸；我不願放棄上課，所以沒跟去大陸。二〇〇二年八月還沒找到工作，因已年過半百，找工作似已成天方夜譚；只好又回洛杉磯，回後馬上就找到工作安定下來。但工作地點離洛杉磯正覺共修處很遠，去過二次就沒去了，只天天求佛給我機會回臺北正覺。

洛杉機朋友都不解我爲何那麼瘋狂想回臺，而且我當時的工作有免費的公寓，工作安定，完全是可養老的好工作。但我腦子裡只有一個念頭——回正覺。洛杉磯當時正流行看韓劇，朋友笑我：「**別人哈韓，只有妳是哈佛。**」沒錯，我就是想要進眞正的哈佛進修，將來好去西方淨土留學。（編案：「哈」爲臺灣土話，寓有崇拜與追求的意思。）

二〇〇四年八月左右，我將僅有的一千元美金匯入正覺。在東岸的老朋友小唐打電話給我，說她要回臺北渡假，有沒有事要她作的？我想了一晚，想起當時週六班的班級知客義工，一位白頭髮的師姊非常慈悲（因老師說在正覺不要攀緣，所以從來不敢去問她姓名），我突發奇想：「**她是明心菩薩，如果她求佛，一定比我有效。**」於是我就託小唐一定要幫我到正覺走一趟，將我想回正覺的心意告訴師姊，懇求她代爲求佛，小唐如約而行。

二〇〇四年十二月，臺北的老友來電告知有一工作機會，薪水三萬元，但要一個星期內報到，問我要不要考慮。我回答：「**不必考慮，我要這個工作。**」掛了電話，跪下來謝佛，並馬上通知所有朋友：「**我要搬回臺北。**」請他們放消息：我要賣車。因爲車不馬上賣掉，每個月分期付款就付不起了。第五天我就賣掉了車，第六天晚上飛臺。在飛機上我告訴自己：「**如果這回又有工作生活問題，那就死在臺北吧。**」只是離美前不敢打電話告訴母親：我又搬回臺北了。給女兒打了通電話，從小就非常獨立的女兒，突然小聲問我：「**媽！不要搬回去好不好？**」我雖然眼淚都掉下來了，可是只回答她，安定下來後會和她聯絡。

回臺三個月，又因知主管有私挪公款，只好離職，這回是找到工作才辭職。終於二〇〇五年四月可以開始上課了，第一天上課恍如隔世，心想：拼死也不再離開正覺了。

對親教師—張老師—的感覺很奇怪，第一天上課張老師希望大家將自己的簡歷與學佛因緣寫給她，我回家就將一切如實寫下，包括不願讓任何人知道的事。但有一天，在九樓樓梯邊，聽到張老師回應同學「阿彌陀佛」的聲音往我的方向過來，我回頭就往十樓衝。不對！我是往十樓逃。跑到十樓，心中懊惱：「**這是在作什麼啊？一把年紀還如此失態。**」還好沒人知道，之後只要看到張老師就趕緊繞道。

上課時張老師提到有同學夢到老師與 導師，那是大家往世早已結下善緣的關係。沒多久我夢見張老師在夢中對我說：「**請妳離開。**」過了很長一段時間，我終於忍不住在下課後攔住張老師，問我常躲避老師以及夢中的事是何原因，張老師笑笑說：「那可能是妳過去世曾毀謗我。不過沒關係，妳懺悔就好。」我當場跪下懺悔，當時我的心忍不住的抖個不停，痛哭失聲。突然另一個我出現，我先是嚇了一跳：「是誰啊？」我一直觀察祂，祂完全不理我；我的心慚愧得抖個不停，但祂完全完全不悲痛也不慚愧。不知是因爲當時對眞心的知見尚不具足，還是怎麼的，完全沒想到祂就是如來藏。

二〇〇七年初要講一重要課題，張老師提醒大家不要請假。沒過幾天我在公司，因地板打掃的水沒擦乾，滑倒而左膝骨裂，韌帶也斷裂。我的住處是沒電梯的五樓，晚上膝痛難眠，白天仍要上班；因爲小公司，職務無人可代，一天假也沒法請。張老師看到我就說：「重業輕報，要感謝佛。」

常半夜醒來，想到張老師就無法成眠。跪在佛前忍不住痛哭懺悔，雖然張老師已說過原諒我，但是我仍然沒辦法對自己往世的錯誤釋懷，我還是繼續躲著張老師。就在學期結束前的幾星期，小參排得很滿，當時我即使登記也排不上了，所以也就沒去排小參。可是我仍求　佛給我機會，能向張老師再次懺悔。最後一堂課那天，突然助教老師叫了我的名字去小參，當場我眞的是發呆：怎麼佛菩薩會是這樣的護念我。

二〇〇七年十月第一次參加禪三，第一天　導師小參時，我回答　導師：「**我只知道如來藏離見聞覺知，從來不作主。**」導師聽我講完後就說：「**好，我知道妳的問題了，妳回家後就在□□時或□□時，觀是誰在□□□或□□。**」聽完　導師的指示，我想：「**不必害怕啦！等回家再作功夫吧。**」將張老師說「要努力以赴的參到最後一分鐘」的叮囑拋之腦後；拜拜佛就休息、休息，三不五時還到大殿陽臺去吃餅乾點心、喝喝飲料。每次過堂菜都超棒，別人都攝心，我完全放開心吃；對一個平日以醬油拌麵當主食的人來說，眞是太美味啦！晚上普說雖聽不懂，但因可聽　導師說話就很高興。完全沒去想自己是否堪受明心菩薩的護持，也沒想是否對得起　導師與親教師。輕鬆度過四天三夜，了不起吧？還挺開心的。

下山後，我開始皮膚過敏，我本來皮膚就容易過敏，所以就用老方法吃吃藥；沒想到這次完全不同，整張臉一塊塊紅腫不退；醫生初診以爲是紅斑性狼瘡，到各大教學醫院作各種檢查，甚至切片，都找不到原因。檢驗結果都是輕微發炎，但又用藥無效，醫生束手無策，眞的是很痛苦。自此南京東路的公車上，常出沒一隻臉長紅斑的怪人。奇怪的是只要到講堂，紅腫就會淡下來；我努力作義工迴向，將近十個月後，紅腫在隔夜之間完全消失。

我一直不知道祂到底在哪裡，七月左右突然想通，張老師說的前七識是妄，□□前七識，□□□就是眞心了，那祂就是□□□□啊！當晚下班回家，正好看到《我的菩提路》中善藏師的心得報告，馬上想起幾年前已遇過祂了，立即至佛前頂禮謝恩。

當第一次禪三下山後的皮膚過敏，讓我明白了什麼叫作不堪受。決定二〇〇八年三月的禪三不報名。我要比以前更加倍努力作義工，所有空閒時間都盡量用來作義工累積福德，我決定拼了！

當時眞希望可以不上班，全職作義工。沒過多久，也就是二〇〇七年底，現在的老闆給我這個工作機會；老闆說我有空閒可作自己的事或看書，老闆很少來公司。

我的義工主項是編繹組資料整理，就是將邪師的書有系統的整理，再編碼。運氣好的是，我的義工搭擋雪梨與我有志一同，我們倆人連颱風天都不管，照樣出門去我公司繼續作業；因此除了上課日外，下班後雪梨就帶著熱便當來我公司，我們常作到很晚，第二天我就將前晚整理好的檔案編修編碼。不論義工組長星期二給我多少本，我們一定在下星期二拼完成。除了這一項外，我們各自還有校對的義工。我每天都覺得時間不夠用，但天天可以吃到雪梨作的好菜，又可作一大堆義工，眞是賺翻啦！我的工作好像成了副業，每天不須一小時就完成公司的事。

我除了業障重之外，性障更是嚴重，張老師早在第一次小參就已提醒過。我確實有努力去改，在財布施方面也盡力而爲。

八月一天早上，下公車要過馬路時，我又提念參究；四周突然靜止，變成淺金色，馬路上的吵雜聲一下子退開到很遠。祂又出現了，我馬上看祂是否有我性，發現祂沒有像妄心我一般有我，也完全不理會四周。

八月三日夢中我對一人背影喊：「**老爸！老爸！**」再下一個念頭是：「**不對啊！老爸早已走啦。**」那個人轉過來，我一看，是 導師啊！這時 導師叫我的小名，我在夢中就確定：「**沒錯！這才是老爸！**」同時下一個夢，是有兩尊大佛；我定神一看，是 導師與師母，我立即跪下頂禮，師母伸手說：起來吧！

二○○八年十月第二次參加禪三，上山後的第二天晚上普說後回房睡覺。下鋪的同修很努力，仍在大殿用功；可是她三次回房翻東整西，我一再被吵醒，就大聲不耐煩的弄出聲音來抗議。當時就知錯，心想：「**完蛋了！**」早上衝到佛前懺悔；中午午休後，從上鋪木梯一腳踩空，直接摔下來，尾椎重重著地，眞是痛──快──；摔得有夠痛，業報更來得快，我立即回大殿禮謝佛恩。

三天的小參都正好是游老師，游老師問話很威嚴，但不知爲什麼卻讓人覺得他的心很溫和；也因有游老師適時的提點與反問，才能整理完成。我完全是因佛菩薩與　導師、游老師的幫助才得以過關。

直至再次回到　導師的小參室，導師仔細的解說眞心與妄心的功能後，我才對如來藏有了較深廣的認識，這與自己初觸知時的程度是天差地別的。至此深切明白要走的學佛路程是何等遙遠，導師的智慧如此深不可測，能隨之與學，夫復何求，太幸福了。

感謝　世尊留此大法讓我學習
感謝　導師出世弘此大法
感謝　親教師辛苦的教導
感謝　游老師的慈悲幫助
感謝　義工菩薩的護持

感謝所有幫助我的人

我願盡未來際爲正法所用，以報佛恩！

我願生生世世在　導師座下聽候差遣，以報師恩！

書此　恭呈

平實導師

佛弟子　謝子晴　頂禮

2008-10-30

明心見道報告

——張泰昌——

壹、成長過程：

我出生於臺灣南部鄉下，家中以務農爲生。約於我五歲時，家中祖父變賣五分的農地，以得價款於市中心買受一家店面，開設冰果店面。

個人自幼童起即有些小聰明，頗得長輩之疼愛。在四十幾年前，臺灣經濟尚未起飛，大部分人都過著貧困生活。家裡之長輩，仍捨得花錢讓我至天主教所辦的幼稚園就讀；幼稚園畢業時的化妝日歡會，至今仍有記憶。當時，小姑媽每日要送冰品至戲院，我就跟隨到戲院看電影，因戲院小販部老闆喜歡小姑媽，且表達追求之意(後來店老闆即成爲小姑丈)；所謂愛屋及烏，小姑丈也很疼愛我，天眞無邪的我，上課外的時間大部分在戲院鬼混，時常混至三更半夜才回家。上小學後，亦如往常晚睡晚起，上學前就從抽屜抓把硬幣，然後走捷徑，攀越火車鐵道走田埂上，到學校上課；斯時，不知有煩惱憂愁，眞是「天之驕子」，因此童年之前半段是快樂的，美麗的。

好景不常，在我就讀小學二年級時，因家中冰果店生意不佳，不堪長期虧損，祖父乃決定結束營業，將店面賣掉後舉家遷回鄉下，繼續過著從事農耕的生活。因之前店面經營虧損，家中負有債務，父親為家中長子，乃擔負改善經濟之重任，向祖父提議要改行去當卡車司機，賺錢以償債（不知何故，迄今我仍記得父親每月薪資為新臺幣七千二百元，約相當於十個女工每月薪資的總和），家中經濟狀況似有改善。

天有不測風雲，在我就讀小學三年級的某日中午，家中的長輩到學校向老師請假，要帶我們（大哥、三弟及我）回家，當時祇莫名，不知所以。待回到家中，始知父親在交通意外事故中身亡，家中頓陷愁雲慘霧中；母親傷痛欲絕，迄今猶記得母親悲傷之情。當時，雖受悲戚的氣氛所感染，但我沒有流太多眼淚，只感覺有些不安，從此過著沒有父親之生活。有時小小的心靈，會想怎麼會這樣呢？

家中遽失父親經濟上重要支柱後，生活即過得更加清苦；母親強忍悲慟，毅然挑起家中經濟的重擔。家中每個小孩都開始分擔家務及農務。記得上小學四年級，我就負責煮米飯（當時以柴火煮飯，而非以電鍋煮飯），燒煮過程，不得分神，一不小心將飯煮焦了，可能要挨頓罵，用柴火燒飯可還真要幾分功夫。煮飯成績受家人肯定後，升上小學五年級，母親就開始教我燒菜；個人反應尚稱機伶，很快即得母親眞傳；從此膺任家中「總鋪師」職務，一任即七年；待高中二年級學期結束始卸任，將膳食工作交棒予大妹。

務農的生活很忙碌，年頭忙到年尾，家中每個人都要分擔工作。有時過農曆年，小朋友都在穿新衣、戴新帽、放鞭炮，我們家在農曆年初一下午就上工下田工作。學校常舉辦郊遊，我從來未曾參加過，大都舉家手持鋤頭到田裡「郊遊」。每遇颱風來襲，風勢稍小，即冒著風雨到大馬路搶拾被颱風所吹斷的樹枝，以作燒柴用。母親爲改善家中經濟，就種菜然後載到市集去販賣，早晨一大早就得起床幫忙拔菜、洗菜、整理並捆綁；放學回家就要到田裡澆菜。家裡養了一頭牛，每天黃昏，我就幫牛準備一個超大型蚊香（即用稻草捆綁成束，讓它不完全燃燒，以達煙燻蚊子的效果）。尤其在旱季裡，因家裡的田位於灌溉溝渠的尾端，白天可搶不到水灌溉，我就陪著母親在三更半夜裡摸黑跑到水源頭引水，眞可謂披星戴月。務農的生活就是這樣，沒有一天得閒。

在早期臺灣經濟非常艱困，一般父母親雖都鼓勵子女讀書；但因父母未受過教育，且爲生活忙碌，無暇教導小孩，可謂採「放牛吃草」方式，能讀書就讀書，書讀不來就去當學徒學一技之長。我的天資不太差，就學後，除小學時短暫補習外，其後就學階段就未再補習過，升學過程尚稱平順。母親生於公元一九三八年，即將上學時已是二次世界大戰末期；當時美軍猛烈轟炸日軍的空軍基地，母親每天祇得躲在甘蔗園以避空襲，無法讀書，輟學即未再就讀。因此母親並沒有受教育，不瞭解學校生活；在母親的觀念裡，讀書在學校讀就夠了。記得在大學聯考前一個月，學校已停課，同學都在K書，K得天昏地暗；我依然下田工作，雖然心裡有點急，但沒有太多怨言，祇是心裡會想：爲什麼同學都可以補習，拚命讀書準備聯考，而我卻仍在田裡工作？爲何命運不一樣？當時心中祇有個疑，但不知所以。

應係佛菩薩慈悲眷顧，我雖沒很用功讀書，仍順利考上國立大學；大學畢業後，至軍中服義務役，退伍後花二年的時間準備參加高考；這段期間，可說是我一生最用功讀書的時候。我家裡共有三兄弟和二個妹妹，我排行老二；家裡成員，祇有我讀大學；既然「代表」出來讀書，就得考個名堂；加以母親人前人後常稱讚我很會讀書，爲不讓母親失望，祇得拚命讀書。所謂「皇天不負苦心人」，雖當時高考錄取率約僅有百分之一，在公元一九八六年我仍幸運的通過國家考試，取得律師執業資格。

記得當時，我心裡並沒有特別感到興奮，衹想總是對母親有個交代，讓母親感到有面子，走路有風(臺語)。

執行律師業務初始，因無人脈，業務不太好，收支差堪打平而已，經濟上並不寬裕；因我從來看錢不重，所以不以爲苦。記得，曾有當事人開價四、五佰萬元，要求我行賄法官；雖衹要走一趟法官後門，即可吃二年，但我一點都不心動，拒絕當事人的請託。清苦的律師生活持續十餘年之久，但我依然抗拒外界金錢的誘惑，不同流合污。我的好友常開玩笑說：「你是全臺灣最窮的律師。」聞言，我不會感到羞恥，依舊爲所當爲，不爲所不應爲。當事人有任何疑難詢問時，我都樂意爲人解答，幾乎未收談話費，因此跟很多眾生結了「法緣」。

一般人認爲律師都很有錢，我的朋友也認爲我亦不例外；因此，如有經濟上困難時，就同樣向我開口調借；不知何故，我從小心就軟，幾乎無法拒絕朋友的要求；然事實上，我並沒有多餘的現金可借，衹好轉向有錢的朋友借錢(註：我向朋友騙稱有急需，可謂造了很多妄語)，再借予急需的朋友；屆期，朋友無法還款時，那我就衹好擔待了，也不曾對朋友怒言相向。家裡兄弟妹有何急需，我都義不容辭。在就學期間，大哥曾資助我生活費，欠大哥一份情，所謂「吃人一口，還人一斗」，在大哥購買店面營商時，每月應繳房貸本息約六、七萬，我幫忙繳了六、七年的房貸；我這樣作，除為報恩外，還有母親的囑咐，希望我能多幫忙大哥。為不讓母親操心，母親交代的事情，我都盡全力而為。

就讀初中三年級時，母親與祖父分家，母親就花了六萬元在村裡買了一間房子，該屋祇有地上物所有權，並無基地所有權，基地係向地主承租的。在我開始執業律師數年後，母親說：地主土地要賣，我們把它買下好嗎？我當然說好。不久，左右鄰居都改建樓房，母親說：我們也改建好嗎？我當然說好。購地及建築成本總計約花費伍佰萬元，我都獨力承擔。至於錢呢？再想辦法。為了不讓母親擔心，我從不讓母親知道我手頭並不寬裕；母親終其一生，都不知這個律師兒子的實際經濟狀況。開始執業的十五年間，生活是沒有目標的，是萎靡的；為拓展人脈，使事務所業務有所成長，有時常參加社交應酬，而喝酒乃在所難免，常常喝到酩酊大醉，離譜的是喝到一個月內遺失二支手機。在酒精催化下，飲酒時情緒是亢奮的，翌日醒來常常頭痛不已，整日昏昏沉沉，無精打彩。對於社交應酬場合，談話內容大都是場面的客套話，無非風花雪月等；自己內心世界就不喜歡這種交往方式，這種場合缺乏真誠的交流。其後，漸漸的找藉口拒絕喝酒應酬，能不參加就不參加應酬。

從小自父親過世後，成長過程中生活方式可謂是封閉的，個性內向木訥寡言，甚少與人交往，要好的朋友不多。待踏入社會就業後，才與同學、朋友有較多的往來；平日樂於幫助朋友，朋友緣變得很好；因此在假日，家裡幾乎成爲朋友聚會的場所。每至假日早上，我就拖著菜籃至市場，買一堆菜，每次幾乎快將菜籃塞爆，滿載而歸，然後加以清洗，便拿出看家本領加以料理，蒸、炒、煮、炸樣樣都來。朋友最喜歡吃我滷的雞腳、大腸、豬腳及何首烏雞(阿彌陀佛，在此向過去烹煮的有情眾生，至誠懺悔)，直誇我的手藝遠勝於外面店賣的。到假日，家裡可謂「高朋滿座、座無虛席」；大概都有十幾個朋友到來，其間，或聊天、或談政治、或划拳喝酒、或打牌、比十三張，甚爲喧鬧。每次三更半夜，朋友們離去後，我獨自收拾杯盤狼藉的桌面，有時會想：我就這樣過一生嗎？生命有何意義呢？當時祇有些疑惑，但無人可給指引或答案。

貳、接觸宗教及佛學過程：

母親爲典型的傳統婦女，家教上並無特別宗教信仰，家中供桌上吊置觀音綵，供奉「公仔媽」祭祀祖先。逢年過節，有時母親會叫我去拜拜，我都行禮如儀拜一拜，心中並無特別的恭敬心，心中不免起疑：眞有神佛嗎？

這狀況一直到二〇〇三年初才有改變，記得好友帶我到一道教宮廟拜拜並問事，該宮廟主神爲 觀世音菩薩。乩童稱：如要請佛祖(指觀世音菩薩)作主，如擲有三聖筊，表示佛祖願意作主。我問兩件事，結果每次都連續三聖筊，亦即總共連續六聖筊。當時我想，依機率而言，連續六聖筊的機會不太大，果眞 觀世音菩薩靈驗，不然怎有可能連續六聖筊？在半信半疑中，偶爾會參加遊靈山；應是在二〇〇四年五月間，隨宮廟至嘉義縣番路鄉紫雲寺出遊；至該廟，有某師姊即說：**「泰昌師兄！你到文殊菩薩殿跪。」**聞言，莫名所以：**我又沒作錯事，爲何要跪？**惟師姊既如此說，應有用意，乃依囑至該殿跪一個小時多。當天爲週末，即夜宿該廟，翌日早上用完早餐，要搭遊覽車離開前，突然想到應向 文殊菩薩告辭；及至該殿，往拜墊一跪下去；不多久，眼淚竟奪眶而出，淚如雨下，此爲我畢生第一次有此感應。奇妙的是，回家後，立即戒掉每日抽三包煙的惡習，且不再吃最喜歡的牛肉(註：並非神佛指示)。當時甚爲訝異，何以向 文殊菩薩跪拜，竟然一夜間即可戒掉二十年的壞嗜好？想必是佛菩薩慈悲攝受。

約莫於二〇〇四年十月間，再次隨宮廟師兄姊出遊至臺中大雅三聖宮，主神為三皇媽，經由師兄姊降諭，要我去與 釋迦牟尼佛會靈（一貫道慣用語，即準備鮮花、水果向神佛敬拜，且與神佛的靈相會）。隔一、二個禮拜，適有師兄邀我同至苗栗仙山拜九天玄女；敬拜完後，行至山下，看到某間廟有供奉 釋迦牟尼佛，乃依師兄囑咐去購買花果敬拜；敬拜畢，須擲筊連續三聖杯，始能謂會靈圓滿。然跪了約近半個小時，仍無三聖杯，有師兄稱：可能未備紙蓮花的關係。我乃迅至店家購回蓮花再拜，依然無有三聖杯。其後有某師姊似乎能接到佛菩薩的旨意，乃稱：「釋迦牟尼佛要你讀經了。」我乃半信半疑向 世尊稟稱：「釋迦牟尼佛在上，如要弟子張泰昌讀經的話，請應三聖杯。」可眞奇怪，話畢立即擲得三聖杯。當時心裡想，是佛菩薩靈驗，抑或祇是偶然而已？何以講到要讀經，便立即獲得三聖杯？

巧妙的是，會畢 世尊後的某個週末，閒來無事，乃信手拈來一本佛書加以閱讀（註：該書已閒置書架三個月之久），其修行法門主要爲唸佛持咒；該書對於因果關係論述非常精闢，對於該書所述因果的法義信受不疑。書內教導的修行爲唸佛持咒法門，我毫不遲疑，立即每日唸佛持咒一至三個小時，所持的咒有〈大悲咒、藥師灌頂眞言、除三毒習氣陀羅尼〉等咒。且爲使更多人能唸佛持咒，助印該書約一、二千本與眾生結緣。我唸佛持咒始自二〇〇四年十一月，持續一年之久，這是我第一次眞正開始接觸佛法。

二〇〇五年二、三月間，有好友送我一本 平實導師的書；旋即閱畢，對於該書所陳法義頗爲相應。因長期執業的壞習慣，使我並不輕易完全認肯任何作者，隨時想要對任何書籍「捉包」——「挑毛病」。然閱讀 平實導師第一本著作無法捉到包，我仍然不死心。某週末中午，依書籍所載地址找到同修會，當時並無任何師兄、姊在場；等一會兒，剛好有師兄到同修會，乃向師兄詢問何處可請書，該師兄告以需等下午二點始能請書。因當時另有事要辦，乃先行離去。約隔數日，即駕車親至新店市中正路的正智出版社總經銷請書；該次共請回局版書及結緣書約十本。在半年間，將請回來的書閱畢，可謂大失所望：**怎麼可能捉不到半個包？**平實導師之著作，論述法義理路清晰，前後無有相違之處；雖讀來一知半解，但閱讀的感受卻是暢快無比。竟有善知識能寫出這樣的書，心中自是大爲折服，希能一睹這位大善知識——平實導師的廬山眞面目。

同年八、九月間，也許因緣已成熟，有位已在同修會修學將近一年的張師兄告訴我，十月間有新班要開課了，我毫不遲疑填妥報名表逕寄同修會，屆期即至週三禪淨班上課。這是我這一世第一次參加佛教共修團體，深信正覺同修會也是我這一世唯一且最後參學的共修團體。

何老師擔任我們班上親教師，教學態度親切又不失威嚴；總是一而再，再而三叮嚀學生要如實作功夫，勤閱 導師的書籍，閱畢要思惟、整理，於行、住、坐、臥中要細心體驗及觀行，並告訴我們時時刻刻都有法身慧命出生處。何老師更要求週二要去聽 導師的課，常說 導師的課才是正餐，禪淨班祇是點心而已；要求學生多作義工，並廣爲培植福德資糧。何老師諄諄教誨，可謂老婆已極，教學之用功實令人感動；何老師的教導，讓弟子們粗具佛法知見，爲弟子們打下深厚的基礎。在二年半的禪淨班課程中，雖因事務所業務日增，越來越忙碌，惟仍極盡可能利用時間無相拜佛；初始每日幾乎拜佛兩個小時，心中求法若渴，隨時在閱讀 導師的著作，希望能儘快把 導師的著作讀完。甚至於半年內即將十冊《楞伽經詳解》翻了一遍，閱來頗吃力，閱後再回想，幾乎忘光光，才知佛法眞是浩瀚無邊。禪淨班期間，依老師教導，隨時順著因緣發結緣書，竭盡可能接引更多有緣眾生至本會修學佛法；並隨緣隨力護持本會，以修集福德資糧。

歲月太匆匆，二年半禪淨班即將結業，親教師將禪三報名表發給想報名的師兄、姊。當時，自忖無論定力、慧力及福德均有不足，仍抱著姑且一試的心情塡交禪三報名表。然距禪三期間越來越近，卻依舊未收到同修會的錄取通知；當時心情七上八下，時常提醒同事特別留意同修會寄來的信件，深恐同事將信件弄丟掉，同事都感受到我既緊張又期待的心情。待收到同修會寄來的錄取通知信，心中雀躍不已，愉悅的心情遠勝於國家高考及格，而這祇是禪三錄取通知，即入門票而已，未必能過得了 主三和尙及監香老師那關。雖如此，然興奮的情緒仍溢於言表。

《我的菩提路》（第一輯）爲諸多師兄、姊的見道報告，我曾閱讀多次，希望能由其中找到參究的方向；書中許多破參明心的菩薩上禪三前，已是「消息」滿天飛，而我到上禪三前一刻仍「音訊杳然」，毫無頭緒，然仍硬著頭皮上山打三去也。

第一次禪三，第二天始開始安排與 主三和尙小參，主三和尙慈悲詢問是否已有方向？當時確無眉目，主三和尙即開示，要確實把眞心、妄心分清楚，找到眞心就不難，並令下去參究。其後，繼續無相拜佛參究或靜坐參究亦無下落，時常到佛前跪拜，懇請 世尊慈悲，開我迷霧。第三天依舊加緊用功，然仍無所獲。待

與 主三和尚小參時，主三和尚提示可從□□□□細心體驗觀行，然仍無訊息。第四天早上，主三和尚慈悲施以機鋒，語多提示；我終能頓然悟入，找到眞心如來藏。雖已知密意，我並未肯認直下承擔，心中仍有疑惑。待與監香陳老師小參，對於老師的提問，尚能應答裕如。監香陳老師乃出了一道題目要我整理；當時，我認爲題目甚簡單，可直接回答，根本無需整理，但仍依監香老師指示退出小參室繼續整理。第四天禪坐後，心裡依舊縈繞著「這就是眞心如來藏嗎？」思緒不斷翻騰，竟忘了再去登記小參；待輪到我小參時已經下午三時許，而且改爲監香老師孫老師小參；孫老師所提問題並非陳老師原所提問題，有點被「突襲」的感覺，以致答得詞不達意。當時監香孫老師希望我再上一次禪三，我聞言，約有十餘秒的失落，但旋即清楚了知這是佛菩薩慈悲。

安排退出小參室，立即至 世尊面前謝佛恩，感謝佛菩薩的用心良苦。導師固然希望更多同修破參明心，但如心中仍有疑，未能直下承擔，若遇惡知識，好不容易出生的法身慧命豈不立即夭折了？導師非惟幫我們明心，更要護念攝受不被惡知識轉走，可謂辛苦萬端。上了禪三，更加感受 導師及監香老師的慈悲。雖未獲得 導師驗證，仍是滿載而歸。同年十月份依舊報名禪三，幸運獲得錄取，此次即一切平順，並獲得 導師驗證已破參明心。

在破參明心後，教學組戴老師慈悲安排我至多班作心得分享，能有法布施、法供養機會。我將修學的心得分享如下：

參、心得分享：

一、首先，要發起菩薩種性：

大家都知道正覺所教的法是菩薩大法，而不是聲聞法。要修學這個法，必須是菩薩，需先發起菩薩種性。菩薩由大悲中生，如無悲心，即不成爲菩薩。凡若菩薩皆不忍聖教衰，不忍眾生苦，時時刻刻以護持正法爲己任，以拔眾生苦爲念。菩薩所關切的是，我能爲正法作什麼？我能爲眾生作什麼？菩薩從不考慮自己的利益。倘聲聞人來修學這菩薩大法必然無法相應，縱修學，無益自身，亦無益於眾生。聲聞人既祇自求解脫，捨報後入無餘涅槃，則將《阿含正義》讀完，深入思惟、觀行，可謂「大事已畢」，無何他事。導師對於聲聞人可謂深惡痛絕，並表示聲聞人與正覺的法是不相應的，是不能堪任此菩薩大法；如爲聲聞人，是不可能獲錄取參加禪三，亦無可能獲得 導師驗證。蓋禪三爲選佛場，唯有悲心的菩薩始能成佛；聲聞人既不可能成佛，則與禪三當然無緣。是修學佛法，首要發起菩薩種性，萬事莫若發起菩薩種性急，要生起大悲心，要有護持正法及度眾生的心。

剛上禪淨班，親教師教導我們每日要「懺悔、發願、迴向」，當然初接觸佛法，不知如何發願，仍至誠擬發願文如下：「願生生世世到人世間自度度人，願大力護持正法摧邪顯正，讓世尊了義正法能永住人間。懇請世尊能慈悲攝受加持，使我早日明心見性，發起般若智慧，使我有能力接引更多眾生來修學第一義諦了義正法，共同來負荷如來家業，我願盡未來際不計生命毀譽來護持正法，以至成佛。」每次無相拜佛時，即以至誠心發願。

第一次接到禪三錄取通知單，在興奮之餘，我開始在想，我這一世要為正法作什麼？在事相上，在我腦海中立即有了構思，我希望這一世我能接引一千個有緣眾生到正覺講堂修學正法，我希望這一世我能發出十萬本結緣書，我希望這一世在財布施護持本會能達到一個單位（金額就不方便說）。我深信、確信這一世能作到這個目標，佛菩薩是慈悲的，祇要我們願力多大，心量多大，佛菩薩無不滿我們的願。

二、要修集福德、培植福德：

所謂佛即福慧兩足尊，須福德與一切種智兩具足時，始能成佛。我們所修學的是大乘佛菩提道，最終目的就是要成佛，既然要成佛，當然要廣爲修集福德。

而修集福德首在布施，包括財布施、法布施、無畏施。在成佛的五十二位階中，初住位、初地菩薩、等覺菩薩都重在修集布施功德，其他位階還是在行布施，導師曾開示：「**道業不是最難的，最難的是福德。**」一個學人定力、慧力再強，如不培植福德，根本沒有悟的因緣。

(一)、就接引眾生部分：

設使我這一生能活到八十歲，而現年已五十歲，卅年間要接引一千人到同修會，則每一期招收新學員時，我要找十六、七人至同修會來，就九十七年四月及十月分兩期而言，進度與規劃差不多。有菩薩會質問：你怎能找來這麼多人？也許是我累劫有跟眾生結了法緣，因此，我在隨緣說法時，他們較能信受，願意到同修會聽聞。另一方面，我們在身口意行上也要有點像個菩薩，到處與人結善緣。例如去年中(二〇〇七年)，遷移事務所至新辦公大樓，管理員有事相求，我都樂於幫忙，和氣待人；世間法雜事不要太計較，別人對你有好感，你要對他說法時，較容易被接受。今年四月份新班開課前，我就跟大樓二位管理員及一位會計隨緣說法，並鼓勵他們到同修會上課，三人一同答應，目前仍安住在週四禪淨班修學佛法。有菩薩說：「我用心找了好久，還是接引不到半人。」這也許你在累劫累世中未與眾生結緣，倘如此，你在這一世更應努力與眾生結緣。

設使你過去與甚多眾生結了緣，那你更應將他們接引到同修會來修學佛法。另一方面，試問我們是否努力將開課公告發出去？例如我以前居住內湖基河國宅，管委會規定，衹要繳交一千餘元，即可在國宅內五十餘電梯貼開課公告半個月，我衹花一千餘元就可貼五十幾張開課公告。很多機關、團體都有提供處所供人張貼公告，其他像素食店、餐飲店都是很好的張貼地點，或親交有緣人。接引眾生有諸多方便善巧，重要的是我們是否願發心爲正法作些事情？當我們在正覺修學正法時，我們是否有悲心因眾多眾生正在受邪知邪見荼毒，我們應否發心把他們接引到正覺來？大家都知道，我們所修學的是成佛之道（註：不是印順所說連解脫道都不是的成佛之道），當我們成佛時，不可能衹有一個「光棍佛」，必然有眾多大菩薩來共同成就這個大因緣；而這些大菩薩就是成佛前累劫累世曾結了法緣的眾生，所謂「攝取眾生，即在攝取佛土」，如不攝取眾生而謂能成佛，未之聞也，因此，我們如要能儘快成佛，唯攝取更多的眾生，所度眾生越多，成佛當然就越快，必能早日圓成佛果。

（二）、就發結緣書部分：

成語有謂「拋磚引玉」，如在接引眾生方面，最好方式就是「拋書接引學人」，我個人即爲最好例證，純因閱讀 導師的著作，相應後「自投法網」，甘爲大善知識的法所網住，樂於爲大善知識所攝受。依我的願望計算，每日平均要發出十本結緣書（目前進度有些落後，將來要加快補足），除了業務上有緣接觸的眾生，每日隨緣發結緣書（包括局版書）三、五本，但這樣是不夠的。有次偕我們家同修（已至本會修學一年半，菩薩性十足）行經蘆洲市長榮路，順便至一家剛開幕的素食餐廳用餐，店內未擺置佛書，我們就詢問老闆，可否讓我們放結緣書，老闆原本說沒有地方可放置，我們不死心，仔細打量一下，發現冷氣機旁有約五十公分見方的空位可供放結緣書，我們就跟老闆商量，書櫃由我們出資購買，衹希望老闆同意我們擺置，老闆爽快同意。過數日，我與同修至「愛買」花三百餘元買了一個四層組合書櫃，自行組裝後，送至該餐廳放置，我們就多了一個結緣書的流通處。大家試想，如該店能長期經營二、三十年，該點可發出多少本結緣書？又有多少人看了結緣書而來到正覺？修集福德的速度不是更快嗎！而且店老闆善心提供處所供放置結緣書，老闆亦與正法結了緣，而且他本身也在培植福德，豈不是一舉多得？約過三個月，我又在圓山捷運站往講堂路上的素食店成功的再泡製一次經驗。如此又增了一個流通處，設使我找到十個流通處，則經卅年，我能發出的結緣書，應不可勝數，要達到發十萬本結緣書的目標，要無任何困難。設使同修會每位同修都能至少找到一個結緣書流通處，我們就有至少五千個流通處，結緣書的流通速度豈不快哉！必然有更多的眾生能獲得法益，而每位同修又都能因此超劫精進的修集福德，懇請同修儘快複製這個經驗（註：此靈感來自7-11連鎖店體系超級經銷能量）。

另外（……省略），甚至有眾生因閱讀局版書而進到同修會，如此累積福德豈不快哉！

(三)、就金錢護持正法部分：

我甫進同修會，當時，我在想能幫母親作點事情以盡孝道，不知何故，即認為以母親名義作法布施是最有意義；因此即每月以母親名義助印經書或護持本會壹萬元，使正法更順利弘揚；然後再幫母親迴向給累世冤親債主以消業障，從未告訴母親。人生無常，在今年（二〇〇八年）農曆一月八日，寒流來襲，母親因心血管疾病猝然往生，實出我意料之外；雖有不捨，但無太多遺憾，總是略盡一點孝思。辦妥母親後事，我即再以母親名義同樣作法布施並迴向；此後，在有生之年，我依舊每年會為母親再作法布施。雖這一世，我母親無有因緣到正覺來修學，但在法布施之後，母親已與正法結了緣，來世必有因緣得以修學。

迄今，我認為替父母親作法布施並迴向，是為人子女孝順父母親最好的實行方式。

有人非常疼愛子女，無不希望能存更多錢留給子女，使他們無後顧之憂。我常說：父母親留太多財產給子女，是剝奪子女奮鬥的權利。子女有的是錢，毋庸為經濟奮鬥，那麼他們每天祇是在奮鬥如何把父母親留下來的錢花完而已，因此，留太多的錢給子女未必是福。試看知名企業臺鳳公司、國產汽車公司，父母親亦留下數佰億資產，不消數年，該企業已是明顯衰頹。每個子女都有他的因緣果報，如無福報，給予再多的錢，亦無何實益。有智慧的父母親為子女好的話，可從小以子女名義作法布施，並迴向給他們累世的冤親債主，以消業障；如此一來，子女在將來人生的路途必然較為平順，此因較少冤親債主來遮障、扯後腿故也。

就我個人而言，在進同修會後，每月亦定額法布施，並將功德迴向給累世冤親債主，因此，在正覺修學佛法過程中，並無任何遮障。即使參加禪三師兄、姊常碰到諸冤親債主遮障情事，我幾乎不曾遇到過，此應係我勤為功德迴向之故。

談到布施，不得不讚歎我家的同修。我同修生性非常節儉，家中徹底執行節能減碳，在菜市場買「菜尾」較便宜；甚至多走幾步路，只為省下每塊豆腐五毛錢；盡可能利用網路訂購以節省開支，可謂「省錢達人」。

但就布施而言，可是慷慨萬分，毫不慳吝。同修的母親患尿毒症，洗腎至今已十二年之久；同修侍母極孝，雖嘗試勸母親吃素，但無法如願；不得已買母親最喜歡吃的鵝肉，同修都會在母親食用前撒嬌，並告訴母親，她買了鵝肉而造業，要求母親先唸「阿彌陀佛」廿一遍；母親疼愛女兒，乃依請求唸了廿一遍的「阿彌陀佛」，可謂極盡方便善巧使母親唸佛、與佛結緣，希望母親能在捨報後往生西方極樂世界。同修雖對自己用度極為節省，在購物上分文必較；但每月為父母親、家人及自身共同護持正法貳萬元，一點都不心疼，可謂菩薩種性具足無疑。

三、要依親教師教導如實作功課，勤閱 導師的書籍：

親教師已破參明心多年，其見地慧力均非我們能望其項背。親教師上課所教導我們的，無非為幫我們能順利破參明心，不要有聰明伶俐的想法，自以為是。

衹要依親教師所教如實用功，所謂「直心即是道場」，越直心的人越能與正法相應。另要勤閱 導師的書，閱後要思惟、整理及觀行，知見必能很快生起。又 導師週二講經時一定要來聽聞，對慧力的增長有極大助益。

肆、結語

一、努力修學即可破參明心：

在進正覺前，衹在家才唸佛持咒一年，其後在正覺三年熏修佛法，即能順利悟得般若實相，我即最好的例證，因此破參何其容易！但另一方面，依全世界人口比率而言，破參明心的人約僅佔千萬分之一，機率甚至低於樂透彩，破參明心又何其困難，何其珍貴！但在 平實導師及親教師教導及攝受下，衹要如實用功，任何再患癡的人，都能破參明心；每一位能進得正覺的同修都是大有來歷，都非等閒之輩。因此，每位同修精進修行，必都能證悟明心。

二、要生生世世護持正法，以至成佛：

證悟破參發起般若智慧，非爲個人名聞利養，而當以破邪顯正，負荷如來家業爲己任。臺灣佛教界，仍危機重重，尤以全面的藏密化最爲嚴重，爲使藏密現出原形，將喇嘛教逐出佛教界，唯有眾多菩薩群力加以破斥，庶幾數年之後，眾生不再受藏密的毒害，此都需更多明心的菩薩來參與破邪顯正的工作。又正覺藏的編輯，希望能將僞經由大藏經中剔除，以免僞經再繼續殘害眾生法身慧命，爲完成此工作，需費時數十年，投入無數人力及財力始能竟其功。際此，凡能參與如此殊勝工作之菩薩，其福德之累積必然遠勝於其他菩薩。因此，請諸多尚未明心之同修，發起勇猛心，精進修行，早日證菩提，共同負荷如來家業，讓 世尊了義正法能永住人間。

佛弟子 張泰昌 合十

公元二〇〇八年十一月十八日

南無本師 釋迦牟尼佛

南無 觀世音菩薩

南無 大勢至菩薩

明心見道報告

—王美伶
（前現代禪傳法老師）

南無 本師釋迦牟尼佛
南無 極樂世界阿彌陀佛
南無 護法韋陀尊天菩薩摩訶薩
南無 平實菩薩摩訶薩
禮謝 親教師正鈞菩薩

現代禪 李元松老師在「偶思」一文中曾說：「就深刻的意義言之，解脫道是反人性、反潮流的；而菩薩僧團的建立，更幾乎是一個遙不可及的理想；特別在團體意識薄弱，個人自由色彩濃厚的中國傳統文化中，意欲倡導無我、大悲的菩薩僧團，更有如天方夜譚……。雖然如此，但是對一個傾全力活在眼前一瞬的菩薩行者而言，虛空有盡、我願無窮；在徹底燃燒自己的當中，無苦集滅道，無智亦無得，而風繼續吹，腳步永遠沒有停留……。」

先師這一段話曾深深打動我心，啟蒙了我走上菩薩道達十二、三年；雖然因爲諸行無常，（先師建立的）菩薩僧團終歸夢碎，但有誰知：在不遠的地方，早有一個聖者菩薩僧團—正覺同修會—正默默的茁壯成長中；它的清淨，十百倍於我心中所期待的菩薩僧團；它的完美，眞的有如天方夜譚的情境，令人無法置信。

我生長在一個佛教家庭，虔誠的母親不僅長年茹素、受了菩薩戒，並且每天持過午不食戒已達三、四十年；她的心願是上品生、往生極樂，所以清晨三、四點，母親就起來持誦早課、精勤唸佛，數十年如一日，從不因天冷風寒而有所懈怠。外婆受了母親的薰陶，也依樣吃素受戒；往生之前已經非常高齡，且色身逐漸敗壞了。當醫師的舅舅急切地爲她施救時，外婆在夢中蒙 佛接引至極樂世界；她描述說極樂世界宛若仙境，而且眾天人都莊嚴姣好、美貌非凡；但是 阿彌陀佛勸她先回來娑婆，因爲家人都爲她祈求。醒來時，外婆埋怨家人：「**都是你們一直求佛，讓我去也不得，留著也不是！**」母親知道後，趕緊全力求 佛讓她能如願往生，不久之後外婆終於安祥捨報。

孩提之時，我經常跟隨母親去佛寺聽經聞法，印象深刻的是：兒時夢中常見佛菩薩現身庇佑，所以危急存亡之際，總是持唸 觀世音菩薩聖號，每每有求必應。在年幼的心靈中，諸佛菩薩是眞實存在的，並時常感應到祂們的冥佑。這樣的耳濡目染下，從小吃早齋、六日齋、十日齋是平常事，母親的樂善好施深深影響了四個女兒，幼年期就學習著將慳吝布施出去。

生命中最大的不順遂，應是懷胎老二之時；就在懷孕五個月時被迫臥床安胎，長達兩個月的時間完全住院靜養。依母親的指示，我發願吃素，同時每天持唸四萬遍 阿彌陀佛聖號迴向給胎兒，大約要唸上十個小時；就這樣，每天臥床不起、佛號不斷而身心相當清醒寂靜。然而小兒子在胎中仍然不耐寂寞地七個月就急於出世，驚人的是，出胎時竟然來不及送到產房，而連同胎衣整個包住胎兒出生在病床上。那一瞬間，我觸碰到腳底下好似是一團肉，而沒有嬰兒的啼哭聲；周圍住院醫師、醫護人員全部愕然，弄不清發生了什麼事，然後一陣兵慌馬亂⋯⋯。然而即使在那麼關鍵恐慌的時刻，我的心念很清晰，很明白自己對佛菩薩的信仰沒有受到絲毫動搖。緊接著，一位住院醫師緊急關閉了冷氣，並用手術刀劃開胎衣，而裏面果然是個嬰兒；大家才七手八腳用大毛巾將他保溫，並安然送到小兒科加護病房救護。然而畢竟早產了三個月，體重僅有八百多克（大約是一般初生嬰兒的四分之一重量）；又因爲七個月早產時肺部功能發育不全，另有輕微性腦性痲痺的跡象，需要長期復健治療，而小兒子就成了臺大醫院搶救成功體重第二輕的小小嬰兒……。以上種種，讓日後的兩年並不好過；但是母親與我同樣有著無可救藥的樂觀天性，始終深信受佛菩薩庇佑的小兒子，吉人自有天相；果然善泓從小無憂無慮、隨和無諍，無論任何困境總會逢遇貴人、化險爲夷；而今安然長大，也同樣在禪淨班修學正法。

生命中很值得慶幸的是，從小我的家庭和樂、眷屬圓滿；不論和親姊妹或家中同修，總有著相同的信仰；共修時大伙兒同進同出，相互砥礪切磋。公元一九九○年進入現代禪之後，受到李老師人情義理的薰陶以及禪定個性的淬鍊；李老師對於心念在道的學員們，嚴格要求於「二六時中，一切時地，正知正見，念念分明」；這種動中定的鍛鍊，奠定了我日後無相念佛與參禪的初步根基。李老師肩負著弟子們的業障，攝受了全省近兩百位學員共住於「象山修行人社區」；十多年來以他豐富的生命智慧及悲天憫人的性格，「即將永眠在今宵，傾盡一切皆燃燒」，無微不至地照應每一位弟子；然因長年宵衣旰食，終而積勞成疾，於二○○三年底驟然捨報。全體弟子聞此噩耗，猶如晴天霹靂，陷入無止盡的哀傷，彷彿墜入谷底深淵，人人痛不欲生。幸而李老師捨報前已爲大眾預作安排，迎請了淨土宗慧淨法師駐錫象山修行人社區；慧淨師父慈悲攝眾，凝聚了大眾每日於佛堂七個半小時的靜坐唸佛；這樣經過了兩、三年，終得漸漸撫平了痛失恩師的胸中之痛。

因爲現代禪的學員都共住於象山修行人社區的緣故，每天共修唸佛的時間到了，我們自然放下身旁的作務，步入念佛會佛堂唸佛。長久下來，似乎也安住於每日六、七個小時的打坐唸佛；而過去十幾年來李老師對於動中定的要求，讓我能夠熟稔於行住坐臥中的念念不捨。我們的持名唸佛是遵循印光大師的十念記數稱名，於日常生活中也經常手持記數器，於一切時地唸佛不輟。持名唸佛很容易相續，一方面得以用佛號消除妄想，唸佛的同時也懺除了過去生無量無邊的罪業。

大眾唸佛共修中，我經常涕淚悲泣，想佛憶佛無比的深切。每日夜晚都是在佛號淨念中入眠；而午夜將醒未醒之時，也必然是十念記數稱名不斷；生活中則不太費力地，佛號聲就宛如錄音帶不停地循環播放，繚繞於耳際。此時因爲經常閱讀《歷代淨土聖賢錄選集》的緣故，對於高僧古德精勤唸佛的種種瑞應十分欣羨；尤以蓮宗四祖法照大師，就曾在三昧定中到了極樂世界，看到有一位穿著破舊的人奉侍在 阿彌陀佛身旁，阿彌陀佛跟法照說：「**這位是衡山的承遠法師。**」法照大師出定之後到處尋找，而後遇到了三祖承遠大師，並追隨他廣弘念佛法門。而蓮宗初祖慧遠大師一生專思寂想，觀想極樂世界 阿彌陀佛，而三次見到西方三聖；最後一次從禪定中出定時，見到 阿彌陀佛廣大身相遍滿虛空，清淨的光明中並有無數化佛……等。這些念佛感應事跡，讓我由衷的欣樂彌陀淨土，尤其殷切地嚮往求證念佛三昧。

在這當中，對於自己日後「決定往生」的信心已經堅定不疑，但是很遺憾的是人生還有大半輩子要過，然後才能身在極樂，與不退菩薩常相伴隨。這時候心中常常生起離世之念，自忖若是陽壽未盡，那麼將嘗試不吃不睡地苦練「般舟三昧」，盼能早日蒙佛接引。當時每次跪地求佛就禁不住泫然淚下，覺得自己只有兩條路可走：其一是祈佛加佑得證念佛三昧，否則唯求蒙佛接引立即往生淨土。這樣的心念生起時，已經無心於世間萬物；雖然眷屬圓滿、家庭和樂，但我悄悄地寫明了遺囑，把後事鉅細靡遺地交託妥當，心意已堅，將於不久之後，準備辭世往生淨土。這時每日的持名唸佛已經長達十二、三小時，佛號聲近五萬遍。但是心中仍有一個疑點，即是每晚就寢時，都因爲心中佛號聲不斷而感覺疲累不堪；雖然有意更爲精進，想要每日稱名六萬聲佛號，但著實唸佛唸到精疲力盡而覺得不可爲，心裡充滿著疑惑。

可能是因緣到了，感覺是佛菩薩回應了此卑微學子心中的吶喊，就在這個時候，家中同修志成兄遞給了我一本 平實導師所著的《念佛三昧修學次第》，翻開書中的一段是這麼說的：「念佛的功夫，持名是入手的方便，……剛開始參加共修，一面嘴唱，一面練耳聽，練習久了之後佛號不容易斷。但是佛號雖在，仍會妄想，同時並進。這時就要轉進，叫作『心念心聽』。……如此專注於佛號上，心不會去打妄想。這樣過了一段時間，如果善知識關心他的從學者，就會教導大家改爲心念心憶。……心念心憶是有佛號在，心裡面也在想佛；藉著每一句佛號來提醒我們正在想佛，這才叫念佛。……練習純熟以後，還要轉進，要開始練習著詳細觀察心念心憶的時候，憶佛的念是怎麼一個狀況。觀察到很清楚的時候，就把念佛號的那個念——也就是把佛號的聲音捨掉，只剩下憶佛、想佛。憶佛想佛才是眞念佛啊！此時憶佛不必透過佛號，也不必透過形像，我們把這個境界施設一個名稱，叫它作無相念佛。」

書中另一段並提到：「……憶佛憶到淨念很強而不會忘失，這時定力升起來了，若沒有定的知見就會煩惱。因爲憶佛的念很強，想定下來，可是心裡面佛號一直不斷，覺得吵死了，就會很討厭。如果功夫眞的好，佛號自然而然起不來，而心裡仍然一直在想佛。……有定的知見，就知道這個時候是功夫好，定力現前了，佛號應當捨掉。爲什麼？四字洪名——阿彌陀佛，一個字是一個妄念，一個聲音是一個妄念(憶佛的念叫淨念)，四個字就是四個妄念。心念心憶是一個憶佛的淨念伴隨著四個佛號的妄念不停的在轉。若想提升念佛的層次，應當捨掉佛號，專心想佛就對了。」

這樣的兩段文字，對於一個迫切想求證念佛三昧的我而言，猶如空谷跫音，字字扣人心扉，心想著：是何方神聖，竟能如此洞悉念佛者的苦悶，而輕易地解我疑惑？這時候，志成兄並補充了一句：「這一年來，我閱讀了近二十本蕭老師的著作，他的如來藏思想體系圓融，確實沒有破綻，我認爲他是海峽兩岸修證上最強的人物。」大兒子善思向來善根淳厚，聽了馬上接說：「那我先去正覺講堂聽一次經看看！」就這樣，早已放棄聖道門、捨禪歸淨了兩年多的我，瞬息間又燃起了悟道證果的希望，才發覺自己內心是多麼的渴望明心見性；而不欲存活於世的主因，是覺得娑婆世界無法滿足我修道的欲求。

幾天之後，就在公元二〇〇六年四月四日週二晚，我和善思來到了正覺講堂這棟白色大樓建築物前。很驚訝地，一樓門前排了一列整齊的隊伍正等候坐電梯，門口另有六位義工菩薩，笑容可掬的向每一位學員一一問訊，他們容光煥發、親切無比。學員們互不攀緣、井然有序地來到了九樓時(另有五樓、十樓二處)，每一個入口處依然是義工菩薩謙恭有禮的九十度鞠躬問訊。講堂內已經黑壓壓坐滿了人，奇特的是，大家顯得身心調柔、靜默而謙遜；入座之前必然禮佛三拜，而後各自攝心用功，迥異於以前我所共修的道場。環顧一下四周，十分莊嚴肅穆，不論佛龕上的佛像、供燈，佛桌上的香花素果、經櫃、墨寶，甚至空調、燈光……，無一不令人喜愛；座位兩旁的師姊可能看得出我是新人，自動親切地招呼問候，為我領取了禪淨新班的報名表。

當天講的是《勝鬘經》，經文非常的深奧難懂，平實導師深入淺出的解經，講解得清晰、幽默而動聽；談到四種住地煩惱、起煩惱、無始無明住地、上煩惱……等，對我而言都是聞所未聞；我一邊聞法一邊持續地十念記數念佛，但深深感受到平實導師的智慧如海、非常地解脫自在，這是在其他修行人身上所未見的！講經到一半時，導師突然說了一段話，大意是：「……有人本來已經對於明心見性這件事完全放棄，灰心了；有一天突然聽到說，正覺同修會蕭老師是可以幫人家開悟的，他心裡又燃起了希望，可是又半信半疑，想說萬一那是個邪魔外道，怎麼辦？走進去了恐怕又出不來……但是心裡面又實在非常地想開悟，所以內心掙扎了很久、很久……，終於今天下定了決心，第一次踏入了正覺講堂來……。」聽聞這一段話時，我驚嚇得全身毛骨悚然，感覺 導師似有他心通，因爲這正是我心中不欲人知的秘密。早在三年前，我就想要去尋師訪道，但由於情勢上的不得已，一直不敢輕舉妄動；尤其來正覺同修會臺北講堂聽經，須要出示證件，更是讓我打消此念頭；所以當晚也是埋名隱姓，不想碰到熟人，也不曾對別人透露前來聽經的消息，是靜悄悄來到講堂聞法的。

那天晚上滿心歡喜的回到了家，滔滔地述說當天的心境；很快地，和兩位姊姊、善思共同報名了週六禪淨班；隨後陸陸續續地，親朋好友共來了近三十人。如今每週二晚上恭逢 平實導師開示時，全家人可謂傾巢而出；連同大人孩子們總計十人，總是風雨無阻，絕不缺席。在這樣的末法時代，要讓新新人類聽聞第三轉法輪這麼深邃的法義，是多麼地不容易；然而 平實導師圓滿的攝受了家中六個年輕人，他們慢慢的也開始吃素、想要受菩薩戒，甚而期待悟道證果。

而親教師章老師十分的溫文儒雅、含蓄內斂，兩年半禪淨班的課程非常豐富動聽；章老師總是面露笑容，法喜充滿，對於學員們諸多繁瑣的小參問題，向來不厭其煩地親切解說。由於自己求好心切、不得要領，初期時每天拜佛都拜到全身痠痛不已，早上醒來時肢體生硬無法動彈；然而在親教師細心的指導下，才漸漸體會到「鬆、柔、匀」的精神，也才能夠自然陶醉於其中，每日以拜佛四小時爲期。更進一步的，於生活中熟稔於一切時地的憶佛不斷，甚至於講話、看書、校對工作中功夫不會忘失，而且毫不勞神費力。慢慢地，內心逐漸趨於清醒寂靜中，每當深夜臨睡前若拜了佛，就沒有了睡意；尤其甚愛拜讀 導師的著作，總是看到雙目眼花，才不得已閉目就寢。讀到《宗通與說通》一書時，尤其喜愛其中所引《大乘入楞伽經》佛云：「……**種種色身威儀進止，譬如死屍，咒力故行；亦如木人，因機運動；若能於此善知其相，是名人無我智。**」心中總是自然而然的默記著經文，覺得似曾相識，若有所思。

參學了兩個多月，有一個機緣去榮民總醫院，參加正覺同修會舉辦的彌陀法會（編案：同修會學員親人的往生助唸法會）；那一天正逢颱風假，北部停止上班上課，雖然風雨大作，但仍然有七、八十位的菩薩參與法會。維那柯老師帶領的梵唄著實動人，法會結束後，大悲咒的旋律、正覺公奠文的內容，不停地在腦中迴旋。

爾後，每日背誦〈正覺發願文、正覺公奠文、大悲咒〉等，成爲我的課題，因爲太喜歡它們了；諸如〈公奠文〉中的妙法：「……應物現行如鏡照燭而離覺知，無量劫來離諸分別表意言說，恆處三界對現六塵內相分境，於六塵境不起善染厭憎覺觀，自不作主亦不起於見聞覺知，唯對意根意識所思言聽計從……」，常常反覆默念吟詠，但其實不解其意。內心思索著一個問題：「前六、七識都各有其功能，眾生的五陰皆有其界限，那麼□□的是什麼？」爲什麼說「……唯對意根意識所思言聽計從」？以及既然是「頭角混泥塵，分明露此身」，爲何我卻渾然不覺？拜佛憶佛中，疑情不斷地生起，過去「參禪不得」那種如喪考妣的苦痛又再度頻頻現起，整個人籠罩在疑情當中。

同年的十月二十二日，我們隨同遊覽車，南下高雄聽聞 平實導師爲高雄講堂啓用典禮時所作的開示演講；印象深刻的是 導師說明了第六識的作用爲分析、歸納、思惟，第七識則時時作主、決定，並爲大眾舉示了末那識(意根)之所在，讓在座聽講的學員得以認明；導師接著說(大意)：「靠著如來藏在背後的推動，好像馬達引擎似的，支持著第六、七識的心，而能夠健全的生存運作……。」此外，導師也回答了許多精彩的提問。回家的途中，經由認明的末那識，我盡可能的觀察著七轉識的運作，觀行上還是極爲粗糙，但是稍有進步。導師在《眞實如來藏》一四七頁中解釋「應無所住而生其心」時，曾說：「此心不在六塵境中攀緣了知，與身同在，與能知能覺心同在，與受想行同在，祂不分別外境內境而時時刻刻不曾間斷的運作；祂本性清淨，不分別善惡美醜，不見不聞不覺不知，卻能隨緣而應，時時生其心，當知即是如來藏也。」我的心中老是充滿著疑問，爲什麼得以知道祂是遍一切時的運作？睡覺之中又如何自知如來藏的運作？離見聞覺知的境界，意識爲何能夠了知祂？……

次日清晨依然用過早齋後開始拜佛，約莫拜了半小時，突然感應到佛力加持，給了我一念，讓我知悉佛菩薩正在頂上；此時不僅頭皮發麻，且全身毛髮豎立達十來分鐘；因爲自己長年憶佛深切，這時不由分說，早已泣不成聲、淚涕直流，不停滴在拜墊上。心中起了一個問號：「難道要觸證了嗎？」因爲哭得很嚴重，只好去浴室洗把臉；又哭了一陣……，才又回到拜墊；正準備要拜佛的刹那，就在拜下去的那一瞬間觸證了！眞是說時遲、那時快，前後不到半秒鐘的時間，所有過去的疑團頓時一掃而空，原來竟是祂……！

導師在《眞假開悟》一〇四頁中說：「其實每一個有情衆生都執著阿賴耶識的

功能性，阿賴耶識在你身中運作，你一直都在執著祂，但是一旦問你：『你的阿賴耶識在哪裡？』一個個都回答『不知道！』實際上阿賴耶識被一切的有情把祂執著爲『自內我』——自己裡面的我；……」。在一一三頁上也說：「……甚至於不但貪愛覺知心的自己，還把阿賴耶識據爲己有——愛死了阿賴耶識！等你悟了，你就會知道我爲什麼這麼說：因爲如果沒有阿賴耶識，你眞的連一天都過不下去，不但痛苦死了，而且最後連痛苦都不可得，因爲成爲斷滅境界了。」

我靜靜拜了兩個小時，盡己所能的體會眞心的運作；想到佛菩薩的加持，想到 導師、親教師的諄諄教誨，滿是感恩喜悅之淚水；而後迅速的閱讀《心經、金剛經、維摩詰經》，及《禪—悟前與悟後、心經密意、眞假開悟、眞假禪和、入不二門、我的菩提路》以前標示重點之處。此後的兩個禮拜感受到無限的法喜，而又欣逢 導師於同年十二月十二日開始宣講《金剛經宗通》，講解到〈法會因由分第一〉時覺得眞是親切極了！如 導師所述，此段經文確是句句皆示有如來藏。當時內心覺得慚愧而遺憾，由於自己的道基、定力仍然淺薄的緣故，智慧的增長是十分有限的！

爲了累積更多的福德資糧，我們也投入於各組的義工工作，見識到許多親教師、組長、義工菩薩們如何無怨無悔的犧牲奉獻，這都是 平實導師以身教、言教攝受眾生的廣大成效。正覺同修會成立不過十多年，而有今日的豐碩成果，實在令人稱奇！雖然現代禪李老師常說：「有人的地方，必有是非；有名利的場合，必有貪瞋，這是眾生界無可避免的事實。」然而，在正覺同修會中，我感受到的是人人「但自懷中解垢衣」，嚴以律己、寬以待人；因為大部分人受持菩薩戒，稍有違犯，依所犯戒律輕重，自須找一位乃至四位菩薩於佛前發露懺悔之後，才能參與每兩個月所舉行的布薩法會。這樣的習慣養成後，自然隨時留意每個身口意行。

時光飛快的流逝，離禪淨班的結業還有一年半的時間，我已經在倒數饅頭了；看到自己對於能否參加精進禪三的得失心很重，覺得苦不堪言，因此自我惕勉：如果禪三沒有錄取，應該老實承認自己的因緣尚未成熟，爾後更要加倍精進即是，千萬不要灰心喪志。填寫報名表的時候，因為過度慎重，所以家人們都先將報名表影印兩份作為練習稿，並將所欲填寫的內容，逐字打字後並修潤妥善，再試著寫在練習稿上，最後方恭敬的填寫於報名表。

接到禪三錄取通知的那一日，我們家人小心敬慎的打開了信封，按捺住心中的喜悅，然後低調的各自稟報 佛陀，禮謝佛菩薩的加持，感謝 導師的慈悲；想到

「行百里者半九十」這句話，在這最後關頭更是不敢絲毫輕慢，以免有所遮障。臨行前，也受到關心我們的師兄姊滿滿的祝福與叮嚀；熬了兩年半，這緊張又令人期待的一刻終於來臨了，帶著虔敬歡喜的心出門。

第一天完成報到手續後，緊接著有灑淨法會，當維那敲了大磬準備供佛儀式時，我已經淚流滿面，就如同受菩薩戒那一天一樣；尚未迎請 主三和尚前，大眾已經泣不成聲，感覺那是來自遠方佛力的加持與呼喚，或者是儲藏於如來藏久遠的記憶種子，讓人聽到梵唄之音，就為之動容。下午的蒙山施食同樣的莊嚴感人，想到無量無邊受苦受難的有情眾生，想到自己莫名的想要護持正法直到月光菩薩來臨的誓願，幸好得遇 平實導師……。主三和尚在開示中為我們殺我見，細細的解說五蘊十八界的虛妄，可能這一梯次首次參加禪三的成員居多，主三和尚慈祥和藹極了，似乎不忍大眾稍稍受到壓力驚嚇。最後，主三和尚帶領大眾宣誓，大意是說明般若密意千聖不傳的可貴，每個人應善守密意，永不稗販如來，絕不將佛法作人情而洩露密意，否則將是虧損如來之重罪……。

晚上的普說，有些相似於「金剛經宗通」的解說，差別的是 主三和尚烘雲托月的手法又更為顯明逼眞，月亮畫得眞的又圓又亮，眞切體會到禪師的老婆心切，一言一語一棒一喝皆有爲人處；能夠參加精進禪三是何等的福報，經過四天三夜的洗鍊琢磨，不論得以觸證與否，道業都將更臻上乘。

過堂時，看到護三菩薩在一樓齋堂前列隊等候，心中既慚愧又感恩；其實每餐的齋飯都是精心料理五味俱全，但學員們心事重重，只管埋首用心的吃，迅速用餐完後期待著 和尚起身巡視關照；和尚總是很慈愛地叫大家吃水果，而且頻頻一一垂問：「**是什麼？**」有人會心的一笑，有人茫然以對；這個水果餐眞不容易吃，也親眼見識到禪師的眉毛拖地與剖心掏肺。和尚有時候叫大家吃饅頭，而且親自一個個捏了一小口饅頭放在對方的手中，說著：「**你有饅頭，我給你饅頭……。**」走到另一位身旁，又說：「**你沒有饅頭，我搶了你的饅頭……。**」如此重複的舉動，照應著每一位學員，所爲何事？心中感念 主三和尚無所不用其極地賣力演出，這份恩情，即使有日能爲 老師捨身棄命，也是無以爲報！

第一次小參前，在座墊等候時不停的落淚，心中擔心著進入小參室會激動得說不出話來，因爲等待這一刻的到臨實在等太久了。然而進了小參室，禮拜了 和尚，覺得好喜悅、好親切；就像初來正覺講堂後不久，夢中見到了 導師正爲大眾說法，夢中的我感受到佛光萬丈，而我身體輕揚地飛在半空中，因爲找到了歸依處而洋溢著滿足的微笑。之後，接二連三夢見禪三過關，最後一次的夢境，導師在夢中與我一問一答，並嘉許肯定我的道業。

小參時 主三和尚問：「看妳過堂時的表現，好像蠻有自信，有什麼心得？」我向 老師簡單報告自己似有觸證，和尚問：「那，說說看妳的體驗！」我答：「觸證的那一剎那，體會到《楞伽經》中『□□□□□』那一段，以及為什麼老師在〈正覺公奠文〉中說『……唯對意根意識所思言聽計從。』這一句話，因為意根□□□，□□□□□□，好比機關木人。」和尚又說：「那就從『□□□□』那一段來談，妳說說看是什麼意思？」我回答：「有一句話頭是『□□□□□？』因為□□就好比是□□，而經由意根□□□，如來藏□□□□□□□。」和尚說：「那妳告訴我，那個『□□□□』中的『□□』指的是什麼？」我支吾的愣了一下，因為從沒仔細想過這個問題。和尚又提示：「那□□□□□！是什麼□□□？」我說：「是如來藏！」和尚說：「所以，『□□』指的就是什麼？」我才笑著肯定的說：「是如來藏！」和尚又問：「那你說看看，這一個□□(和尚□□□□□□□□□)，妳告訴我□□、□□、□□□是甚麼？」我說明了之後，和尚追問：「如果……，妳如何告訴他……？」我回答：「好比□□□□□，而如來藏□□□□□□□□□

□。」和尚說：「這樣講，人家聽不懂。□□□□，如來藏□□□□□？」我回答：「可以！」和尚又說：「所以古代公案中爲什麼當有人問『什麼是佛法大意？』禪師就說『露柱』，或者『果皮三兩片』，或者『六六三十六』……等，都是一樣的道理，因爲那是什麼？」我回答：「□□！」和尚又舉了幾個公案，說明爲什麼「終日吃飯未曾咬到一粒米」、「祂吃麵，我喊燙」……。和尚又問：「那麼妳說，當□□的時候，如來藏□□□□？」這個問題因爲思惟觀察過，所以我隨即回答：「還有□□、□□，包括□□□□、□□□□、□□□……等，都是祂的運作。」和尚說：「但是妳要如何說服別人，□□□□就是如來藏？也就是說，妳怎麼確定妳找到的就是祂？」我一時也傻住了，只能回答：「觸證的那一刹那，就確認了！其中一個重要的原因是，我清楚七轉識各自的功能之後，□□□□□□了！」和尚說：「但是妳要能夠說服別人啊！是甚麼理由□□□□□□？能夠把這個問題想清楚，日後就永遠不會退轉了！所以回去座位上思考這個問題。」

頂禮了和尚，回到自己的座墊後，趕緊去禮佛求佛、祈求護法菩薩、克勤圜悟大師，很快地覺得稍有入處。然而第二次小參時，仍然通不過監香陳老師勘驗；雖然回答了很多眞心的特性以及眞、妄心的差異等內容，但顯然非切中所問，監香陳老師慈悲的說：「妳應該懂的，只不過一時忘了如來藏的□□□□，可是這個不能提示。」我再度虔誠的禮佛求佛，回到座位時靜默的回想一下，答案竟然有了！心花怒放的去禮佛、謝佛恩，禮謝 韋陀菩薩及 克勤大師的加持，感覺兩位菩薩栩栩如生，宛然就在眼前！接下來的小參就很順利了。筆試的時候，主三和尚施設了兩道考題，目的無非是讓我們更進一步了知如來藏的特性，並觀察祂的運作。交卷的時候，和尚聽著我們的敘述，繼續引導我們更深入的體會如來藏的功能特性，心中歡喜極了！

第三天晚上的普說更是精彩萬分，主三和尚體恤護三菩薩日夜不停的辛勞，藉由公案解說了許多禪門的差別智，讓護三菩薩們能夠不虛此行，滿載而歸。我感覺自己聽得眉開眼笑，讚歎著禪門中那麼一問一答高下立判；如此絲來線去，而且一山又比一山高，教人目不暇給。雖然自己的體會還很粗淺，但心中雀躍不已，喜悅地感覺身子快要飛揚起來，如身歷其境置身於古代叢林中，腦子也不停地就 導師過去講解的公案作整合聯結，加上此時此刻思惟的問題……。猛然間，聽到 和尚問：「美伶！說看看，這個公案換作是妳，該怎麼接？」我驚惶失措的站起來，結巴地就自己的體會回答，和尚說：「可以！可是作得不漂亮！換作是我，就把杯碗扶正，雙手捧著，然後說：『供養大師』……。」艱澀難解的公案，就在主三和尚的妙語解析下，生動萬分！禪門智慧眞是深廣無邊，而 和尚這麼信手拈來，個個一語道破，讓我瞠目結舌，讚歎得無以復加！公案的文字一向聱牙難會，每提到看話頭、參公案，學子往往聞之變色，而 平實導師在公案拈提之序中說：「眞悟者若讀證悟者所拈公案提示，必定神契冥符，引為知音；若讀碧岩錄，必定擊節讚賞，哪堪拒斥？」此語豈是未悟凡夫所能輕言！即使經由大禪師引導而得悟者，若非隨侍師側長年熏習，也難以在差別智上稍有進境。明天就要解三了，很捨不得回家；很多學員為了更上層樓甚而熬夜不睡，護三菩薩輪班默默的一夜相隨。我祈求佛力加持，但願大家能夠心願滿足！

第四天早齋後的經行，由 主三和尚親自引導，此時監香老師們也正密集的作個別小參。和尚手執香板引領大家或慢或快或行或止，並提醒由中看取自己的腳步，盼能有所悟入。而 和尚再三強調心要單純聽話，不得輕易私自增減分毫，則或能在無意間領會言外之意。每一個舉手投足，和尚都有為人之處；苦苦的叮嚀，加上變化萬端的善巧方便，未知學員們會取了沒有？

四天三夜下來，和尚經常來到每個學員身旁，一一垂詢感受大家的進境。雖然我們各自閉目用功，未能看到 和尚的容顏，但卻宛如棲息在 佛陀身影之下的小鴿子，非常地幸福安祥，無有驚慌。小參時間太久了，主三和尚因話說多了，腹部肌肉都沒有力氣，但是晚上的普說依然暢所欲言了兩個小時。爲什麼全體大眾那麼的景仰崇敬 主三和尚？在這裡，很感嘆自己的言拙筆劣，難於表達此崇仰深情於萬一。

在小參室，和尚印可了我們幾位破參，一方面恭賀大家，也同時耳提面命的數數叮嚀；我心中激動得涕淚縱橫，完全聽不清 和尚說了些什麼；篤定的知道有一天 恩師有難時，弟子必然捨命護師護法，毫不遲疑！今生能夠歸依 恩師是弟子最大的榮耀，而盡未來際的護師護法是弟子永遠的誓願。……走筆至此，又禁不住淚流滿面，想到無邊無盡的蒼生，自己的心力似又更增強了幾分！

導師在《眞假開悟》一六四頁中說：「祂沒有色相，所以不能在色相上面去找祂；如果想要證得祂，要依止善知識才能證得，要在祂所顯現的『心的行相』上面才能證得，要藉著祂所顯示的種種法相才能證得。」

《解深密經》中也說：「由此識於身隨逐執持故；亦名阿賴耶識，何以故？由此識於身攝受藏隱，同安危義故；亦名爲心……」導師在《眞假開悟》二十三頁解說此語時並提到：「祂一直不斷的在示現給你看，只是你找不到……。祂攝受你的色身，而且在你的色身裡面隱藏著，和你的色身同一安危。如果你的色身壞了，祂一定會再幫你製造一個未來世的色身……。」

這些話語，如今都分外的親切！接下來喝無生水也是很玄妙的經驗，主三和尚指示了我們從三個方向去體驗喝水，動作要很柔和緩慢，和尚並用竹如意一一點出每個關鍵處；這時才發覺自己的心思是很粗糙的，若未蒙和尚指引，恐怕終其一生難以在微細處作如此縝密的觀行。五、六個小時喝無生水下來，緩慢的動作導致全身痠痛不堪，以爲已經有所斬獲；而後驗收時經和尚的開導說明，才眞是大開眼界，瞭解自己仍然愚昧如小兒，未知天高地厚；而無上甚深微妙法的浩瀚，乃非以管窺天所能蠡測！

《楞伽經詳解》第三輯三十三頁中導師說：「明心證眞之後，欲發起後得無分別智者，須知悟後第一件修行方便事：應於四威儀一切法中，觀察七轉識如何生起現行運作？如何演變及與消失，而後又如何生起另一法？觀已復於四威儀中審觀第八識如來藏之心行；現觀其無一時無一處（十二處）不在之遍常體性後，復將分別事識（前六識）及現識（末那）如何與藏識互相聯繫、合作無間等心法，一一詳細觸證領受，則能發起後得無分別智。」

最後的階段由一群護三菩薩的護持，讓破參的學員閉眼走路體驗眞妄心的運作。閉目時感受到自己小心謹愼的踏出每一步，而意根著實恆內執我，未曾暫捨；前六識不停地提供外境六塵，此時的感觸分外深刻，以前往往習之而不知焉。和尚說：「切莫找到了如來藏以後，小看了妄心的重要，盡是長他人志氣，滅自己威風！」想起了過去有一次觀行的經驗，就在作完牙科的治療之後，由於口腔痲醉藥尚未完全退掉，此時拿杯子喝水時，感覺杯緣不是平滑的，而是波浪狀，以爲杯子破了；從視覺的範圍仔細觀察，發現杯子並無異狀，再度喝水仍感覺它是波浪狀的。才體會到連要分辨出平滑的杯緣，都要依賴嘴唇每一處肌膚的身觸，意識才能在觸覺的範圍勾畫出杯子的形狀爲圓形；如果部分的肌肉失去了觸覺，則杯緣就不是圓形的。妄心如是的運作提供種種訊息，有情才得以存活於世，甚而求生避難。和尚又細細說明於危急存亡之時，眞如心自動運作的奧妙，祂與意根之間受與不受之處；讓我聞之，好似初窺廟堂之美的小兒，驚歎不已！主三和尚悲心滂沱、智慧如海，弟子仰望、如在雲端，莫測高深；而世世乘願再來，於市井塵囂入塵垂手，和光同塵，廣度有情。

平實導師在《眞假開悟》第十五頁中說：「這個如來藏，祂是一切色身的主人，但是卻被見聞覺知的意識、處處作主的意根所掌控。其實，意識、意根不是眞的主人，因爲祂們都不遍一切處。」

在《楞伽經詳解》（一）第一七六頁，導師說：「眞如雖有實法，性如虛空非形非色，有情悟者要因色蘊行蘊方顯；若入無餘涅槃，十方諸佛亦不見此眞如；若無色蘊行蘊，不顯眞如，故云眞如與蘊非異。」

在《阿含正義》第一一〇一頁，導師說：「身行的存在，必須有入胎識造身與持身，也必須有入胎識配合意根的作意，繼續流注入胎識自身及意根與色身的種子，才能有出入息而能維持這個微細身行；……。」

如今看到這些開示，句句覺得分外親切！欲得大乘見道須具備五種條件：信心具足、知見具足、功夫具足、福德具足加以除慢。若非是菩薩種性，得蒙 釋尊佛力加被，得蒙 導師、親教師漸次導引，焉能承受大法而不退失？弟子感於 佛恩、師恩，發願精勤修習於道，永不退卻、怠慢，祈求 導師長久住世，佛法常興，正法久住；祈求佛力加被，弟子早日分擔如來家業：

明心見性修般若，具足圓滿三賢位；

佛道長劫入短劫，末法萬年長護持。
等待月光菩薩來，五十二年共患難；
彌勒尊佛降生時，龍華三會再相逢。

弟子 王美伶 頂禮敬呈
公元二〇〇八年十月二十七日

敬呈恩師 平實導師

明心見道報告

—弟子 王美俐 頂禮

（前現代禪傳法老師王美伶之姊）

我的成長過程很順利，母親是虔誠的佛教徒，小時候會跟隨母親參加法會或聽經。求學過程順利，考上醫學系當醫生；隨順世俗的價值觀結婚，跟隨另一半到瑞典，也順利通過該國考試，取得執照行醫。但在一切事情順利進行之同時，卻與另一半發生雙方都無法妥協讓步之摩擦，心中極爲痛苦，也因而重新調整原先認定之價值觀。一九九〇年回國探親時，發現姊妹們都跟隨現代禪李元松老師學習；由於深感內心煩惱若無法化解，再好的外在環境都沒有用，因而毅然決然地搬回臺灣加入現代禪，追隨李老師。

在現代禪十二年多的時間，由於李老師對弟子們很呵護照顧，幫弟子們排除世俗生活上的修行障礙，因此我的工作、生活都安頓得很好；除了上班外，聽李老師的開示、閱讀李老師的著作，參與現代禪的共修、活動或分配的工作，成爲我的生活重心。由於李老師強調要在快樂中修行，因此吃喝玩樂等開放心靈的活動也是不可或缺的一環。當時覺得自己很幸運，喜歡閱讀吟詠李老師談到有關出離心、苦空無常無我、看破放下的內容，喜歡身心輕安的感覺，但在實際修行上卻總是使不上力。李老師強調動中定力之串習，姊妹們認眞的修；但我在此方面是既不善巧又動機微弱，所以很難降伏煩惱，總是緊張急躁匆忙；對於阿羅漢灰飛煙滅、灰身泯智的境界不嚮往，覺得佛法緣起性空之理很深奧卻又很玄；對於《雜阿含經》所言「無常即苦，苦即非我」的道理，始終百思不得其解，不知這是甚麼邏輯；此時生活安逸，表面看似快樂，但內心有很深沉的苦悶、不解與不安。

二〇〇三年四月底適逢SARS（編案：大陸地區稱爲非典型肺炎），全球陷入恐慌，人人自危；李老師也在那時爲我們談了許多有關「歸依彌陀」的話題，勸大家念佛。大約二〇〇三年九月，我與姊妹們因李老師生病而開始追隨老師吃素與持名念佛，祈求佛菩薩保佑老師能盡快康復；二〇〇三年十月，李老師歸依淨土宗慧淨法師，取消現代禪制度，改爲「彌陀共修會」，同年十二月李老師往生。在悲慟中，我們依李老師之遺願歸依慧淨法師，由慧淨法師帶領大家每天七至八小時持名唸佛共修。接下來的兩年多，持名唸佛求生極樂，並勸有緣人也唸佛求生極樂，成爲我生活與修行的重心。若時間許可，我盡量要求自己每天唸三萬遍佛號，希望早日上品上生往生極樂世界。

在這段時間中，妹婿張志成師兄，仍不斷在尋求修行的出路，閱讀許多 平實導師的著作；記得曾聽他說，平實導師有關修證方面談得很仔細。有一次印象深刻的是聽他分享讀書心得，提及眞心像一面鏡子，眾生只是一直看到鏡中的影像，在影像當中追逐而看不到鏡子，而其實是應該去找到這面鏡子。二〇〇六年四月初，外甥張善思因受其父張志成師兄之影響，邀其母親（我妹妹）一起去聽週二 平實導師講經；回來後兩人充滿法喜，妹妹覺得 平實導師非常平易近人，自在解脫；而感覺同修會很清淨，雖講堂坐滿人，大家多各自沉默用功；師兄姊們很柔軟，對人都是九十度合掌問訊；而鄰座的師姊建議她報名參加即將開課的週六禪淨班。幾天後，妹妹、外甥、我與姊姊決定一起報名參加，張志成師兄則決定成全我；因爲我們服務於同一診所，週六必須有人（他或我）去上班，週二則輪流去聽 平實導師講經；由於我每隔兩週才能去聽一次經，家人們很體貼，回來都盡量轉述與我分享；而我去聽的那一次，也盡量協助轉述與志成師兄分享。

在未進入同修會之前，有一次在成佛之道網站，看到提及李老師有關事相上的事（後來才知道是《眼見佛性》一書）（編註），因感覺與自己的認知有所出入，起了一點煩惱；在外甥的規勸下，趕緊立即在佛前懺悔，深怕因自己的不理性與無知誹謗大善知識；之後在聽 平實導師講經，與閱讀 平實導師著作中，得知謗法、謗勝義僧之惡報後，更覺冷汗直流；深恐別人在無知情況下造下如此惡業，故每當向友人介紹 平實導師與同修會時，必先花時間委婉解釋當今佛法是如何被嚴重的錯解，佛教界學人是被嚴重誤導，而 平實導師為救護學人與諸方錯悟大師而作法義辨正及評論諸方大師之苦心，請求及叮嚀他們勿跟隨無知者妄作批評，以免遮障自己及招惡報。自己則希望透過多為正法作事，加深與正法的因緣，希望未來若因無明貪瞋癡現行而誤謗三寶時，能及時遇善知識導正我。也因此，我對 平實導師一直有一種曾經誤解大善知識的虧欠感，為此在受菩薩戒前曾邀四人於佛前發露懺悔，也在參加禪一時於大眾前發露懺悔。（編註：眞正情況詳見《眼見佛性》書末附錄。）

進入正覺同修會聞法後，才知道佛法如此具體，不是玄學，而佛菩提道如此深廣；非常嚮往，深覺因緣殊勝難得；〈正覺發願文〉的內容，成為我學佛的目標。

進入同修會學法的目的，也從求往生極樂上品上生，變成積極求明心、行佛菩提道，護持正法，以報 佛恩與師恩。看到 平實導師總有一種莫名的喜悅，感覺 平實導師很有攝受力與說服力；雖然很多事自己尚無能力作到，但覺得是應該的，願朝此方向努力充實；我相信往世必然也是被 平實導師如此慈悲攝受的。由於 平實導師能於笑談中演說很勝妙深奧的法，或作很犀利的評論，卻又非常平易近人，給我感覺像隔壁一位慈祥的長輩，讓我會警惕自己絕不可因此而生輕易想；我常想，這樣的特質是外面的人很難想像的。

於禪淨班聽親教師章老師上課，是一種享受，內容非常豐富，雖然自己的吸收很有限；有關憶佛拜佛功夫，一開始即視時間許可與否，規定自己每天拜佛二至四小時，雖然行住坐臥中的串習力並不好。有關知見方面，則根據禪淨班上課內容、週二聽 平實導師講經所聞、閱讀 平實導師著作而思惟整理；有問題就登記小參請教老師，即使問不出甚麼問題，也隔一陣子向老師報告近況。由於知道爲求明心應於正法累積福德資糧的重要性，於時間許可範圍內，也積極參與各種義工活動；藉由參與編譯組校對工作而逼自己多讀一些 平實導師與同修會的著作，因而獲益很多，這也一直是我最喜愛的工作之一。

二○○八年十月禪淨班結束後，第一次禪三報名幸運錄取。第一天晚上與幾位學員被指示到廚房洗碗，主三和尚教□□□□□□□□，參「□□□□」；朝這個方向去體會，而不管碗洗得乾不乾淨。□□□洗著洗著，突然感覺頭部有點發麻，生起「是□□□□而□□□□□」的感覺。第二天早上一進主三和尚之小參室，尚未開口，主三和尚就問我洗碗有沒有心得？我報告前一晚所體驗：「我觀察到□□的□□□□，不是□□□，是□□□□；感覺身體虛妄，不是我的，像傀儡般□□□□。」主三和尚說：「你這『□□□』的體驗很好。」

我愣愣的答：「不過我沒觸到甚麼。」記得監香孫老師向 主三和尚說：「她是期待找到一個清淨的心。」我答：「經上說要離垢穢相與清淨相，才叫作清淨。」主三和尚說：「妳是眞妄不分。是□□□嗎？」我答：「不是。妄心是心，不像如來藏有□□□□，所以不能□□□。」主三和尚繼續引導我：「妄心會說：『現在□□、□□、□□』嗎？」我答：「不會。」主三和尚說：「妄心只會說：『我□□□。』那是□□□□？」我答：「是意根作意，但是由如來藏流注種子完成。」主三和尚說：「不要繞那麼遠，就直接說：『□□□□！』才親切！」記得主三和尚說我應不會退轉，只是體驗不夠，要我繼續體驗整理。走出小參室時，覺得蠻喜悅的，開始有些大意放鬆了。

四小時之後，再度登記小參，記得這回監香孫老師問我甚麼是如來藏，要我口說手呈，我以□□□□□解釋如來藏如何□□□□□，並□□□□□呈給老師，老師問我其中□□是甚麼，□□是甚麼後，說我已經手呈了，但還要會口說；這時我發現自己雖明明確實知道，可是不會說。孫老師說這樣是體驗不夠。這回走出小參室心裏頗沉重的，繼續嘗試於拜佛或 導師所指導□□的□□中體驗。次日早上再登記小參報告，這回孫老師聽了之後指引我說：「妳要嘗試看能不能用很白的話說祂，這樣說了之後□□□□□□□。」再回座上體驗嘗試說祂，幾小時後再度登記小參，向監香陳老師以□□□□□□□說：「在這運作中，是如來藏□□□。」陳老師說：「妳這樣講有語病，好像是□□□。應說□□□是如來藏。」我發覺的確這樣說貼切多了。陳老師繼續說：「妳說話的時候如來藏□□□□？」我說：「□□□□□□的□□。」陳老師繼續說：「雲門禪師說『胡餅』、『露柱』，與趙州的六六三十六、平實導師的七七四十九，有沒有一樣？」我說：「一樣。」陳老師給我下一個題目去整理：妳如何證明□□□□□□□□□

阿賴耶識？

回到座上，思惟了一陣子，仍茫無頭緒；主三和尚在大殿來回走動，關心每位學員的狀況，看到我陷入困境，慈悲提示：「阿賴耶識□□□□是□□□？」我答：「□□□□。」主三和尚說：「往這個方向去整理。」知道□□□□即□□□之後，答案就很快出來了，我再度登記小參報告：「因為阿賴耶識□□□□□□，□□□□□□□□，也唯有祂具□□□□□故能□□；妄心七轉識是心，無法□□□；色身□□，□□□□的□□□□□□。」陳老師問：「□□□□如來藏□□□□？」我說：「如來藏繼續□□□□□攝取外五塵變現六塵內相分，由意根了別其法塵變動看是否需喚醒意識，而且如來藏同時□□□□□□□□等種種運作。」陳老師以邊問邊答的方式讓我知道如來藏□□的前提是：必須是□□所□□的□□，而□□□□需□□□□的才可以，還須用藥□□□□□。並給我下一個問題：□□□□的□□如何？這個問題來不及回答就解三了。知道妹妹這回破參了，很替她高興；由於自己有用功的方向，所以也較篤定，很喜悅。

下山後在週三何老師進階班繼續參學，小參向老師報告禪三後由於堆積下來的校稿工作很多，已有一個多月沒拜佛了，對此我是不安的；老師叮嚀大家還是要每天抽空一小時拜佛，此外也每天抽空於作運動與作家事中內攝，對根塵識作觀行。

老師一再提醒叮嚀對五蘊十八界內容作觀行的重要性，說破參以後仍不離觀行，包括轉依如來藏對七轉識作觀，入地以後是依百法對五蘊十八界細觀……，希望我們在作任何事，在五蘊的一切變化當中都應提念：此時我的第八識在作甚麼？我爲何□□□□？老師以 無著菩薩的《攝大乘論》爲教材，從不同的角度一再爲我們說明如來藏的體性。這段時間我仍繼續作一些八識和合運作的觀行，與閱讀 平實導師著作、整理知見，一段時間就再小參報告與請老師釋疑。

很快的又過了將近半年。這次禪三前約十天，我因腹部脹痛掛急診，急診醫師作頗爲完整的檢查，包括專科醫師照會、抽血檢查、超音波與電腦斷層攝影，判斷腹部有一約十公分大的腫瘤引起腹水，認爲惡性的可能性高，並抽了腫瘤指數，要我一週回門診看報告與進一步治療。回家後門診工作就請張志成師兄代理，家人擔心我的健康，希望我不要一心拼禪三想求破參而把命賠了，妹妹告訴我：若是她，就會寧可選擇保住命，求能跟隨 平實導師久一點。對於我，這是很難的選擇，我想破參，也想跟隨 平實導師久一點；因爲不知自己能再活多久，所以我是無法放棄禪三的。我想這可能是冤親債主的遮障，不敢放逸怠慢，每天抽出一段時間唸佛迴向冤親債主，向他們懺悔，也請他們不要遮障我；虔誠的母親則為我誦《金剛經》與求大悲咒水。

一週後回門診看腫瘤指數驗血報告，顯示二十多倍的異常偏高，醫生已經開始與我談動手術與化療的事；但超音波追蹤檢查的判讀醫生與技術員的看法不一致，醫生內診則發覺原來電腦斷層攝影所診斷的腫瘤竟然摸不到，而照理應隨便摸就摸得到才對，他也覺得納悶。我趕緊說自己主觀上感覺比較好，且還有一些事要忙，請他給我一些時間，所以約定一個月後追蹤。隔日我與姊姊收到禪三錄取通知，我感激落淚；捧著通知向 佛稟報，求 佛讓我們順利上禪三，讓色身問題不要影響障礙我參究。禪三前兩天，於小參時向老師報告自己的情況，老師說不論發生什麼事，身體產生甚麼變化，都是有因有緣的(我所理解的大意如此)，都要在其中繼續參究，心力要夠。

禪三第一天下午先是灑淨儀式，然後是拜願與拜懺儀式。在此儀式之前，監香孫老師說有些人冤親債主跟過來了，叮嚀大家要好好誠心懺悔，好讓 主三和尚與監香老師少承擔一點。聽到這裡，我立即想到一定是我，或至少一定有我，眼淚就流個不停，痛哭不已；想自己何德何能，得讓 主三和尚與監香老師為我們承擔，覺得很慚愧內咎；想自己業障深重，也只能很虔誠地懺悔，求佛力加被，化解無始以來之冤業，讓 主三和尚與監香老師少承擔一點。

接著是起三大法會，主三和尚為學員們作斷我見的開示。就我記憶所及，主三和尚由入胎識、十八界出生的順序開始談，談到「我們自己」其實就是意根，而意根不太會思惟分別，大多是聽意識的；而六識是於大腦勝義根之根塵相觸之處產生，以眼識為例，眼見色時，於視網膜中所呈現的影像為倒立，而我們所見的卻是正立的影像，此乃如來藏在大腦眼勝義根處所變現的內相分。也就是說，吾人未曾觸外塵，所觸的都是如來藏所變現的內相分。所以譬如我們覺得腳痛時，其實是腦部勝義根在領受痛覺，也就是痛覺在腦部產生。記得上回禪三之後，自己對於六識的依他起性與虛妄性就不斷地思惟觀察，感覺比較不會被意識的邪知邪見煩惱牽著走而渾然不自知，聽完斷三縛結的開示之後更覺親切受用。

第二天是安排與主三和尚小參，主三和尚重新再問：「甚麼是如來藏？」我答：「□□□□時□□□□即是。」主三和尚問：「沒有□□□□□□嗎？」我說：「不能。」主三和尚問：「為什麼這個就是？」我答：「因為祂□□□□□□，是□□

□。」並從入胎識開始，將□□□□□的□□描述一次。主三和尚說：「□□□□□和□□□之間漏了一個環節，就是□□□□必須是□□□□的。」並以器官移植爲例說明：器官移植時□□□□□□如來藏，等□□□□之後，因□□□□□□變成□□□的□□都是祂□□□□時候，祂雖仍□□□□的，但就不再需要吃藥了。我不禁讚歎菩薩智慧的深廣，同時覺得自己實在懂得太少了。

主三和尚繼續問：「爲何如來藏□□□□□□？」我記得自己大約是說如來藏因根塵相觸而出生六識，六識出生後就□□□□□□□□□□，所以說萬法唯識，如來藏□□□的□□；我也試著由如來藏依業種變現三界不同的境界相，讓意識心在此境界相中受苦樂報，來談三界唯心，但談完之後自己也不滿意。主三和尚覺得這樣談遠了一些，提示我談「三界唯心」要從三界一一界爲何都要是這個心來談，「萬法唯識」要從如何經由八識和合運作出生萬法來談。回到座位上後，有一整天的時間我感覺自己陷入困境，腦筋幾乎僵住了。心想這個問題明明我關注了很久，卻含糊講不清；然而萬法又函蓋那麼廣，其實自己並沒仔細想過，很難講清楚。覺得可能有遮障，很洩氣。晚上普說之後，仍趕緊登記次日的小參。

次日(第三天)經行完後覺得精神稍微好些，繼續思惟整理。進入小參室向監香孫老師報告，爲了希望函蓋完整些，「三界唯心」我從共業眾生如來藏依共業種子共同變現器世間，並舉例說明如來藏依我們所造之不同業種分別製造人身、欲界天身、色界天身與無色界天人等；「萬法唯識」我仍從如來藏出生根、塵後，根塵相觸出生六識，之後八識和合運作才有種種世間法與出世間法的產生。孫老師聽了之後說我所談的連貫性較弱，要對人解釋如來藏□□□□□□□的說服力會較弱。經老師提示指點之後，我才知道應該說：如來藏□□□□□、□□之後，再透過根塵觸□□□□□；有了六識出現，八識和合運作，有情□□□□□世出世間種種諸法，由於世出世間種種諸法是□□□□□，而六識又□□□□□□由如來藏出生，所以說如來藏□□□□□□□。的確，這樣說清楚多了，連貫較好，較具說服力。這道題目總算通過了。

再經過數小時，進入 主三和尚小參室。主三和尚針對□□□與□□□□再爲我說明，我所理解的語意如下……（小參密意，略而不錄）。主三和尚又說：「妳現在所證得的**心是出生萬法的心，祂就是實相心，而實相心必是常住法。**」接著 主三和尚給的第一道筆試題目是：如何證明□□□□□□□？並給我一些提示與方向，要我盡量發揮，目的是一方面穩固自己的悟見，同時也增加爲人說明的方便。

……（悟後整理的密意，略而不錄）。經過二、三小時之後，我覺得自己所能想到的角度，所能寫的差不多就是這些了。晚上普說完後，我仍在思惟斟酌還有什麼可發揮的；主三和尚慈悲的關心，並親切的說可以去睡覺了，似乎是捨不得我們太累。

第四天上午，主三和尚讓三位學員輪流從不同角度回答這個問題之後，再給我們一個假設性的問題，並說經過此問題之後可保證我們不退轉：若除了阿賴耶識外，另有一個實相心出生阿賴耶識，則此出生阿賴耶識之實相心，照理應不會沒什麼妙用，應有比阿賴耶識更殊勝的妙用才對，如此將會有何過失？每種情況之下都會再分爲兩種情況的過失，其過失無量無邊，所以讓我們只由捨報、中陰、入胎與出生的小範圍談。讓我們思惟整理四十分鐘後，再從不同角度輪流回答。……（牽涉證道密意，略而不錄）。

通過了這個題目之後，主三和尚說，到此階段就爲我們蓋金剛印了。但接下來還有三道體驗的題目，……。在此 主三和尚特地強調妄心在這當中也很忙、作很多事，所以我們不要妄自菲薄。第二道題目是……，此爲一輩子的功課，一直到佛地，由我們自己驗收。走出小參室之前，主三和尚叮嚀我們要飲水思源，感恩戴德，應到 佛前禮謝稟報，到 護法韋陀尊天菩薩摩訶薩前，禮謝 韋陀菩薩護念我們，讓我們沒受到冤家債主的遮障，也要到祖師 克勤圜悟菩薩前，禮謝 克勤圜悟菩薩當初收了 主三和尚這個傻弟子，願留下來娑婆世界弘法。我們依教一一禮謝稟報。

在喝水體驗這段時間，主三和尚抽空在我……，小聲說：「□□□。」我粗略地瞭解 主三和尚的意思，繼續觀行，同時感覺自己無論對眞心或妄心的觀察都很粗糙。約三小時之後，糾察老師安排四位學員進小參室報告喝水的觀行體驗。聽到 主三和尚講評，才更瞭解自己的觀行果眞非常粗糙。主三和尚為我們分析指出在這簡單的□□□中，眞心□□□□□□的□□，我聽了唯有讚歎 主三和尚智慧的深廣；並且對於自己於醫學教育中都曾學習過這些，卻瞭解得如此含糊感到慚愧。

妄心的確也很厲害，作了很多事，譬如……。

主三和尚接下來問我們眞心與妄心……。聽完之後再度體會到看似平凡、理所當然之現象中的深奧道理，更對菩薩智慧生嚮往之心。

第三道題目是在祖師堂前的廣場，……。最後 主三和尚問我們是否瞭解祖師公案「一堆泥土」之意，並在學員請問「海底泥牛行」之爲人處時，爲我們舉例說明「正中來」，「偏中去」等公案，以及祖師只是說：「喫茶去！」或是牽著學人的手說：「**我們去喫茶！**」其親切度之不同。並囑咐我們要守護密意不可洩漏。

解三法會圓滿落幕，主三和尚給予學員口頭與書面的種種叮嚀，我感覺大家都法喜充滿。由於從起三法會開始，主三和尚就不斷爲大家導正心態，作心理建設；讓大家知道無論這回能否破參，參加禪三都應該是很高興的事，而且能與 主三和尚共住四天三夜是很有福報的事，連 主三和尚自己的孩子都無法如此。主三和尚問大家：難道不願意多來和 主三和尚共住幾次嗎？如此正面的分析，大家聽了都很高興。

記得第三天過堂時有兩個話題我印象特別深刻，一個話題是：主三和尚希望將正法延續三千年，甚至一萬年（到月光菩薩來臨），問大家願不願陪 主三和尚？一位師姊毫不遲疑的高聲說願意。此時齋堂學員齊聲開朗大笑，主三和尚笑著說：「**好窩心喔！**」我不知其他學員笑什麼，但我知道自己特別高興的原因是可再追隨 主三和尚很多世了。（記得有一次週二講經時，主三和尚表示下一世可能就不出世住持正法，讓我們自己住持正法；我聽了當場落淚，因深感大善知識難逢。聽主三和尚如此說，我暗自高興：這可是您親口說的！雖知道主三和尚最後可能還是要看世尊怎麼安排。）主三和尚說不要以爲一萬年很長，其實很快就過去了，以人壽百歲來算只有一百世（而極樂世界的一天相當於我們這邊一大劫），之後我們再一起到兜率天彌勒內院去聞當來下生的 彌勒尊佛說法，等五千六百萬年後 彌勒尊佛示現成佛時，在座的諸位就是 彌勒尊佛座下的阿羅漢菩薩了。另一個話題是：大家要有像 地藏王菩薩「地獄不空誓不成佛」的大願。主三和尚問大家：這樣 地藏王菩薩會不會成佛？有人答會。主三和尚說：若福德圓滿了不成佛也不行，但無妨倒駕慈航，以菩薩身示現未成佛。有了大願之後看見眾生被誤導就會起大悲心，成爲 大悲觀世音菩薩；有了悲心之後就會行普賢行，成爲 大行普賢菩薩，之後就會產生智慧成爲 大智文殊師利菩薩，然後可以成佛。

禪三後次日，平實導師於週二講經一開始，就提及：這回禪三生了三個兒子——金毛獅子；雖然人數少，但向 佛稟報時，看到佛笑了；雖然以往 佛也笑，但這次笑得不一樣，特別開心；平實導師本以爲自己眼花，經三次確認無誤後，知道現在辦禪三是爲了保護密意、提升素質而非推廣正法。平實導師對大眾明白表示，目前天主教很多人在研究佛教法義，叮嚀大家不要荷擔其他宗教的家業，因爲若其他宗教也能眞的談禪，佛教就滅亡了；若一貫道有人自稱悟了卻仍歸依一貫道母娘與點傳師，就表示他的慧眼尚未生起，一定是悟錯了。由於外面道場常會派人來刺探宗門密意，平實導師很擔心這個問題；再三叮嚀我們一定要幫忙，不可將了義正法洩漏給外道；也不能將此事推給護法神，不可對外道隨便講了義正法，此爲虧損如來。聽了我才瞭解禪三時爲何　主三和尚再三叮嚀要荷擔如來家業，不要荷擔其他宗教的家業。

聽到　平實導師向　佛稟報，雖知自己非常不足，能力非常微薄，但因自知能破參完全是佛菩薩威神之力攝受，與　平實導師的慈悲方便善巧導引，所以不敢妄自菲薄，否則就太辜負佛菩薩與　平實導師了。近日在正光老師著作《眼見佛性》一書看到一段內容，不禁又眼淚盈眶：「……近如吾人開始修學佛法前，若無往昔種諸善根及佛的安排，云何能夠接觸佛法、乃至修學佛法？又於修學大乘菩薩法中，能發一絲歡喜心，乃至暫時流下一滴眼淚，都是佛威神之力所攝受故，何以故？正如佛在《大乘方廣總持經》所說：『佛滅度後，若有法師善隨樂欲爲人說法，能令菩薩學大乘者，及諸大眾有發一毛歡喜之心，乃至暫下一渧淚者，當知皆是

見道報告

——林鎂絜——

從小出生在嘉義縣水上鄉龍德村，它是個不算大的村莊，父母是個還算虔誠的道教信徒，廟裡供奉的是五府千歲，所以只要有廟會，或者初一、十五，就會看見母親挑著扁擔，兩頭吊著菜籃，菜籃裡裝著的是要供養五府千歲的供品，而我也會一起跟母親去到那裡，幫忙燒紙錢，聽說只要這樣作，千歲爺就會保佑全家平安，所以從小我便懂得拿香禮拜神明。

記得小時候，只要家鄉舉辦廟會，父親就會帶著我跟兩個弟弟前往廟裡看舞龍舞獅，甚至也可以看到七爺八爺，而母親也總是會準備全家人的衣服，用大條絲巾把家人的衣服包起來，要父親記得在神轎要經過時，把它放在地上「過香火」，那時懵懵懂懂，不知大人們爲什麼都要如此作這些舉止動作？但卻影響了我往後對宗教的信仰觀念。

十八歲那年，高職夜校畢業，由於家境並不富裕，所以道別父母，從鄉下來到臺北都市，一心努力賺錢，只想分擔父母親的經濟壓力，當時爲了使自己在工作上能達到一定的業績，都會與同事們到廟裡拜拜，祈求神明能讓我的業績一路長紅，也因此讓我有因緣開始接觸一些勸人向善的書及佛教中常持誦的經本；而影響我往後開始持誦經本的，就是我由於工作的關係，必須長期站著，所以導致兩腳的腳底長了六至七顆的雞眼；當時的我，想不出有什麼方法可以治好我腳底的雞眼，只好天天去藥局買貼布回來貼，減少疼痛；但日子一天一天過去，腳底的雞眼仍然沒有好轉起來。就在某一天，經過武昌街的城隍廟，便走了進去拜拜，偶然間看到書架上的結緣書裡，擺放了一本《白衣大士觀世音菩薩》經本，封面有尊大悲 觀世音菩薩的畫像，上面寫了一句話，深深的吸引了我，經本上寫著「有求必應」這四個字；於是起了念頭，便拿起香，照著經本上所寫的去作。

來到了二樓的 觀世音菩薩面前，至誠的跪著，並開始持誦〈白衣大士神咒〉七遍；記得當時看到 觀世音菩薩，也不知道為什麼，眼淚就像水龍頭一樣，不停流下來；就好像我所有的痛苦與疼痛，觀世音菩薩都能了知一樣，而我就像見到了一個可以傾聽我內心痛苦的長輩，就這樣不斷不斷的把我的苦，訴說給觀世音菩薩聽。就在當天的晚上，我夢見了三尊神明，夢境中看到三尊神明從天而降，來到了我的身邊；拿著剪刀剪開了我的腳底，就像在治療我的雞眼一樣；於是早上，我起床撕開貼布要重新換新的貼布時，嚇了一跳，因為當下看到自己腳底的雞眼，怎麼全部都好了！不但沒有傷口疤痕，甚至六、七顆的雞眼全部不見。當時說給朋友聽，他們都認為我在說「卡通影片」（不可能的事）；但是不管朋友們是否相信，它卻是真實的發生在我身上；因此我便開始把那本《白衣大士觀世音菩薩》的經本，供奉在我上班的衣架桌面上；從此只要有買東西或一早到公司，我都會先供養 觀音大士，或者只要有空就會拿著十小咒的經本來誦念。

十九歲那年，母親因一場車禍，不幸往生；她的往生，讓我體會生命的無常、生死離別的苦，也讓自己對人生生起了很多的問號：人死了到底會去哪裡？從出生到死亡的過程，這當中活著的目的到底是什麼？為什麼曾經這麼真實活著、跟我在一起的母親，一剎那變成冰冷滿身瘀血紅腫，動也不動的屍體？不斷的反問自己，到底有誰可以給我答案？但始終無解，於是我放棄了這個念頭，把這些問號存放在我心中的某處。

二十五歲結婚生子，對我最好的大姊，因癌症病逝；那年她才三十六歲，正值青春，事業有成；看著她從一個很健康的身體，不斷不斷的因病痛治療的過程，而變得消瘦無力，甚至肚子腫大，講話的聲音音調也從年輕變成老人，最後不敵病痛的折磨而離開人間。那時大姊的告別式，請了佛光山的師父來主持；師父帶著我們家屬持誦《金剛經》，當我翻開經本的那一剎那，眼淚竟不停的流下來，心中很酸，很難過，似乎知道，流淚不止是因大姊的離去而流，也因與《金剛經》相應而流；尤其是誦到〈應化非眞分〉第三十二中的「**一切有為法，如夢幻泡影，如露亦如電，應作如是觀**」；誦到此段經文時，更是哭到不行，也因此大姊的往生，讓我再次生起想探討生命的念頭。

大姊的告別式結束後，我便回到臺北；當時因孩子還小，便專心照顧孩子與家庭；但在這當中，我依舊沒有放棄尋求生命實相的機會，每個星期，至少有四至五天會到象山山上的一座「眞光禪寺」去禮拜佛菩薩；每次到了那裡，總會跪在佛菩薩面前，祈求佛菩薩能讓我值遇到「正知、正見的正法」；每次禮拜佛菩薩，這七個字總會很自然的說出口來。而如今，佛菩薩眞的如我的願，讓我進入了正法的大家庭——正覺講堂。

能來到正覺講堂，一直深信是佛菩薩的安排；由於在未進入正覺之前，在外道靈修道場，認識了洪師姊（目前她已經是增上班的菩薩）；在我四處找尋生命實相而沒有著落的時候，突然想起了洪師姊曾經提過她在某個道場修學佛法；因此我便打電話與洪師姊聯絡，二話不說，就直接跟洪師姊說，我想去他們道場聽經，於是洪師姊便跟我約在正覺講堂的樓下碰面。到了約定的那天，一到承德路講堂樓下，便看到有好多的人在那裡排隊，也不知他們排隊是要作什麼？當下只感覺每個人都很有禮貌，且安靜的在排隊等候電梯。最後才從洪師姊口中得知原來他們都是要來聽經的，心想：「這個講堂講的法是什麼？為什麼有這麼多人要來聽？」電梯到了九樓，一進去，洪師姊便教我問訊、禮拜佛菩薩，然後坐好位子，沒多久看到大家都站了起來，很尊敬的迎接一位長輩進來；等到這位長輩上座講經時，我便抬起頭來；當自己抬起頭時，愣了一下：多麼熟悉的情境啊！這不就是我在打坐時看見的情境嗎？（當時修學靈修，他們都訴求打坐）。記得有一次在打坐時，境界中看到一位長輩坐在臺上講經，而我與好多人都坐在臺下聽聞。當時自己曾經想過這個問題：為什麼打坐中會看到如此的境相？臺上的那個人並不是我所認識的外道講師，那麼這個人到底是誰？為什麼我會坐在臺下聽他說法？沒想到這個人竟然就是 平實導師。當時 導師正在講《優婆塞戒經》，坐在臺下的我，聽著聽著，總會不知不覺流下淚來，多麼親切熟悉啊！彷彿就像自己曾經經歷過的事。這一幕情境至今仍然還記在心中，因此更深信自己終於找到了可以依止的地方，於是便安住了下來。

並於二〇〇五年四月四日，開始在親教師張老師的座下修學，從禪淨班一路到進階班。這些年來，因爲有親教師的護念及法乳熏習，令自己得以不斷不斷的因爲熏習正確的佛法知見，而修正自己的身口意行；也才知道原來眞正的佛法，並不是只求世間福報而已，而是要生生世世迴入娑婆行菩薩道，自度度他。

隨著在進階班修學一陣子以後，終於提起了勇氣報名精進禪三；記得當時收到錄取通知單時，內心有種說不出的感動，眼眶裡也早已充滿淚水；於是走到佛堂前，雙手呈上了錄取通知單，跪在佛菩薩面前，竟嚎啕大哭了起來。深深的感謝佛菩薩、導師、老師的慈悲，令弟子得以錄取禪三。

禪三的日子終於來臨，到了祖師堂，隨著護三菩薩的帶領，放好了行李後，便於佛菩薩前禮拜；到了下午開始拜懺，當唱誦到〈正覺海會讚〉時，想到未進入正覺之前，在外道所學的錯誤之法，及還在外被誤導的眾生，還有想到冤親債主們還在某處受苦，不禁悲從中來。

第二天早齋結束後，主三和尚安排弟子與一位師姊到廚房洗碗；在洗碗的過程，竟飛來了一隻蚊子在我面前飛來飛去；此時意識正專注在這隻蚊子飛行的動作，突然間發現到，意識不在專注洗碗的過程時，而自己〇〇〇〇竟然依舊可以〇〇〇，咦！是祂嗎？心想：昨天下午 主三和尚還特別開示，六識都〇〇〇，那麼這個可以洗碗〇〇〇？於是進到 主三和尚之小參室，便把自己在洗碗所體驗到的過程，報告給 主三和尚聽；當時 主三和尚開示說，洗快、洗慢，意根是可以決定的，再繼續參究。於是回到座墊後，繼續洗碗參究。

兩天下來不管是到齋房用餐，或者經行，主三和尚總是慈悲親切的要大家注意腳下；心想注意腳下，到底是有何密意？不就是走路嗎？當時因功夫不夠，沒能看出蹊蹺，眞是遮障，但也同時讓弟子感受到 主三和尚的悲心啊！

第三天，面見監香老師孫老師時，要我口說手呈，於是我便答：「能〇〇〇的**這個就是如來藏**。」回答後，孫老師就問，那麼〇〇是什麼？我便答是「手」，再問那麼如來藏呢？我便答：「是〇〇〇〇**的這個就是如來藏**。」再問，那麼〇〇呢？弟子又再答：「就是〇〇〇這個過程。」回答完後，孫老師問我，可以〇〇〇很親切的話把祂表達出來嗎？左思右想，總是想不出用什麼話來表達，當時腦袋眞的像漿糊一樣，想都想不出來。

第四天，解三，依舊在那問題上打轉，也因此未能通過勘驗。經過了此次禪三，自己才深深體會到，明心眞是不容易啊！

就這樣，經過了五次的禪三，都未能通過勘驗，面對自己無法通過勘驗，內心是極痛苦的，猶如一塊大石頭壓在自己的胸口一樣，怎麼搬也搬不走，眞是遮障得很嚴重啊！最後才發現，原來要搬走這塊大石頭，必須要用懺悔、迴向、定力、智慧、福德、發大願，修除性障及慢心等條件，才有辦法把它搬走。於是我開始從拜佛作起，每天不管拜多久的時間，都記錄起來，讓自己逐漸的養成拜佛的習慣；在懺悔方面，除了參加講堂所舉辦的大悲懺之外，在家便誦八十八佛洪名寶懺，每誦一句佛號，就至誠的祈求佛菩薩護念，冤親債主原諒，然後再慢慢的拜下去，無形中，定力也因拜懺而增加；並且積極的參加各種義工執事，藉著參加義工執事，修除自己的性障及慢心，然後累積更多的福德資糧。在慧力上，除了上課、聽經，就是閱讀導師的書。在願力上，所發之願，念念都是爲正法、爲眾生，因此長時間都如此作意執行。

當自己於第六次再上山時，早已把身心完完全全交給了佛菩薩來安排，也由於佛菩薩的護念，以及 主三和尚、監香老師的慈悲攝受，此次面對 主三和尚及監香老師所提出之問題，都能沉穩清楚的回答，於是通過 主三和尚的勘驗後，來到佛菩薩前上稟。內心之感動，無法用言語形容，面對佛菩薩、導師、親教師之恩德，此生乃至盡未來際生，難忘！難報啊！

願此見道之功德迴向：

願　導師　色身康泰　度眾無礙　地地增上

願　師母　色身康泰　道業增上　智慧如海

願　張老師及諸親教師們　色身康泰　度眾無礙

願今生及過去世累劫之冤親債主，都能往生善處，早日歸命三寶，修學正法，早證菩提。

弟子　林鎂絜　恭敬頂禮

公元二〇一四年十一月十三日

見道報告

——林芳君

學佛的因緣及過程：

出身樸實的家庭，父親公職十八年後轉往經營工廠製造業，母親勤儉持家，雙親待人寬厚，樂善好施；兒時記憶，廟會祭祀神祇穿戴色彩繽紛華麗的錦繡織物出巡遶境、神轎、起乩……總是人群駐足圍觀，這些恍惚的記憶裡使我感到詫異、敬畏，那時我不知有道、不知有佛，只覺得疑惑，每年這樣求榮華富貴、貧危的生活吉祥開運的願求，想來神仙是一個截然不同的世界；其餘兒時記憶忘得乾淨少有想起，問起家母，總說我自幼個性安靜少言，常常憨憨定定的坐著。稍長曾跟隨父母到道教宮裡拜拜，或中南部寺院進香拜拜。

時光飛逝，在雙親呵護中受教育長大，二十四歲時聽憑父母安排媒妁之言，穿越了一九七八至二〇〇一年的二十三年時光投入工作、婚姻家庭，在自己的角色裡行動走踏，每日生活營營擾擾隱身於世俗中，而友人皆羨慕我人生順遂家庭幸福生活無憂無慮；實則不然，日復一日覺得不踏實有所缺憾，心底總有無言不知的牽纏煩惱。二〇〇二年動念問起母親大悲咒如何誦？（此時家母已受三歸五戒多年）母親交給我一卷唱誦錄音帶，要我自己學習，就這樣開啓學佛因緣值遇正法。

我的正覺因緣起源於二〇〇二年因緣際會，在某處結緣書架上看到 導師的法寶《無相念佛》，自此開啓了嶄新的生命旅程，閱讀後直接奔往講堂聽課塡寫報名表，正式於孫正德老師座下開始熏習佛法正知見，以六度修集福德資糧，再以憶佛無相拜佛方式修習動中定力，熏聞第一義佛法及禪法知見進而看話頭、參話頭、參公案……從禪淨班→進階班安住道場轉眼十二年，從白紙進入正覺，從完全不懂佛法至今見道明心證眞如。

回憶起第一次進入講堂看到架上好多結緣書，心想我這麼晚才接觸佛法，渴望從 導師的著作中盡速建立知見，於是請回很多結緣書，如獲至寶晝夜閱讀，在頁頁句句中找到驚喜，覺得清晰親切、既妙又玄。雖然不解其中甚深義理，心中歡喜踴躍完全信受無疑，蹦蹦跳跳的心雀躍著下頁更精采深妙的法義，每天閱讀直至晨光曦微才熄燈小眠，待天亮又在家中佛堂無相憶念拜佛、看書；除了探視父母、公婆與必要的生活禮節應答，全部的時間精神體力都沉入閱書拜佛上課中度過；家人尊重護持隨喜讚歎，讓我能夠心無旁騖，依靠 佛的威神之力，堅定地朝著目標邁向學佛的首要目標「證悟」；十二年來從親教師的班級課程、導師的講

經開示以及 導師講記著作中文字般若熏習，再以觀照般若的觀行，產生相似般若之解行，禪三經 導師引導指戳，進而找到如來藏，體驗領納如來藏的功德妙眞如法性。雖然完成見道的時間路程艱鉅，然愚鈍如我，此世何其有幸能值遇眞善知識修學 世尊的無上大法，能遂願見道進入佛法的內門，實在是諸佛菩薩憐愍護佑及 平實導師不棄捨的慈恩攝受。

見道的過程：

二〇〇五年三月第一次禪三：禪淨班共修期滿，很幸運被錄取參加禪三，自行開車前往花園新城童軍活動中心報到（當時尚無正覺祖師堂），跨入禪堂大殿，目睹釋迦如來，不禁潸然淚下，禮佛哭、求願哭、供佛哭、拜懺更是痛哭流涕，啓三時哭、開始參禪也哽咽哭泣，就這樣悲悲切切在哭泣中度過第一天。第二天進入 主三和尚小參室，導師問：「眞心妄心如何區分？」答：「……」師問：「眞心在哪裡？」弟子默然〇〇〇〇〇。師云：「〇〇〇〇〇表達！」〇〇〇〇〇。師曰：「那是〇〇。」弟子因知見不足，當下陷入一片迷霧啞口無言，無法開口向前進上一語。過堂時 導師時而輕鬆幽默、時而嚴肅語重，場場妙語如珠妙言要道，祖師語錄隨口說出，過堂猶如普說，機鋒不斷……「要用心吃水果，要用心吃飯」，突然 導師說：「林芳君！吃水果。」我趕緊用手拿了一片楊桃往嘴裡送，導師點頭說：「嗯！有一些屎尿味了！」初嚐禪味，但頭腦一片空白。

曾於禪淨班下課時跑步快速閃身進入捷運車廂，在跑步快閃頓足間一念相應如來藏，祂分明顯露，不就是這樣這樣運作，不就是如是如是用！只知其然不知其所以然，傻頭傻腦汗顏無地，只能於佛前發下誓願，下山要繼續用功補足慧力，求佛力加持早證菩提。

二〇一〇年三月「三乘菩提」法界衛視臺弘法影音開演（後來也貼上 YouTube），弟子即以三個步驟進行整理：一、每一集都先聽聞瞭解。二、將每一位老師開示的每一句言說文字，都一一如實記載於紙張再核對確認，惟恐遺漏誤寫隻字片語、錯解老師眞實義。三、將速記的法義再一次重新書寫整理思惟。從聲聞菩提、緣覺菩提、佛菩提，一直到學佛正知見，總共有五十五集，闡釋「三乘菩提」之意涵、道次第，依次熏習、思惟、循序漸近整理複習了三乘菩提之意涵；摒除一切外緣，僅維持週二 導師的課以及週四恩師的課。每天除了生活例行事務，無有休閒戲樂，放下世俗法之攀緣，食不思味，夜不覺眠，至心在法義上精進，如是經過七個月的聽聞、筆記、文抄、思惟整理，日復一日從清晨到深夜。

但因爲每日長時間坐姿，致使腰骨受傷疼痛，接著臀部肌肉舊傷復發，又因抄寫運筆過久手腕受傷手指紅腫，雙目疲勞視力模糊；心想：「**此色身的痛乃因緣所起，正好可以觀五蘊的無常相。**」無有罣礙隨順因緣，先行稍微注意對治，待告一段落再如實治療即可，一心爲求無上大法深心雀躍；如是安住，以至誠心、感恩心、恭敬心，心住法樂，法住法位，用心精勤進修，心不懈怠。每天早晚供佛禮佛，於佛前胡跪發下如是誓願：**願我今生修學了義正法，得能親證法身大悟徹底，三業六根清淨、身心自在、修學無礙，盡未來際追隨 平實導師、正德恩師修學菩薩法道永不退轉，護持正法永不退轉，攝受正法永不止息，願得生佛前生如來家。**

二〇一一年十月第二次禪三：進入大溪祖師堂，辦理報到後將簡單行李放置禪房，隨即上大殿禮佛、求願，氣氛莊嚴肅靜；第一天供佛、作懺、啓三、斷我見、施食、普說，第二天進入 主三和尚小參室頂禮後於蒲團坐下，導師問：「**爲何那麼久沒報禪三？**」云：「**沒有心得，不敢來見導師。**」師問：「**跟妳說過參的方法嗎？**」云：「**沒有。**」師曰：「**嗯！妳沒被明說，有觸證的希望；參的方法就是**

如來藏把〇〇〇〇〇〇，交給〇〇就不管祂；把〇〇〇〇〇〇，交給〇〇就不管祂；鼻舌身意都如是，那麼如來藏在哪裡？祂在眼皮下，妳就這樣去參！」

監香余老師問：「如來藏在哪裡？」答：「在五陰身中。」師問：「在甚麼狀況下悟道的？」答：「洗碗時一念相應。」師問：「祂在哪裡？」答：「全身都有。」師曰：「方向對了！已經摸到邊了，但太籠統了，要把前五識、六七八識釐清楚再來說明。」首次稍見曙光，然而那現起的一道曙光如夢幻光影，只一剎那就被打回原形，自同寒蟬，四天三夜一籌莫展惴惴不安的下山了。

二〇一二年四月第三次禪三：主三和尚問：「有甚麼進度？」答：「祂在五陰身中遍十八界示現。」師問：「祂在甚麼時候出現？」答：「祂了眾生心行，隨眾生心而現，祂不在六塵分別，不在覺知起心。」師曰：「妳好像知又好像不知，體驗不夠，去整理兩道題目：祂甚麼時候出現？祂的相貌？」請問師：「祂無形無色如何有相貌？」師云：「祂有無量的功德，下去整理。」

監香楊老師問：「如來藏在哪裡？」答：「隨緣而現與妄心和合運作唯是一心，應物現行如實顯現，信有如來藏，信佛是如實語者。」師曰：「這都是老師書上寫的，密意不會寫在書上，妳要去參；由此知道妳沒有觸證，如果妳觸證，一定知道祂在哪裡，幾個字就可以表達了，不要扯葛藤，這樣叫日用而不知。」請問師：「有甚麼善巧方便可以在平時中去參？」師曰：「可以如禪三早晨經行時一樣走快走慢，拿筆放筆也可以，參如來藏在哪裡？帶著此念不要落入思惟，妳現在是『現前立少物』。」監香老師當頭棒喝，猶如芒刺在背，然而並未澆熄我一顆求悟的心。

二〇一二年十月第四次禪三：主三和尚問：「悟到甚麼？如來藏在哪裡？」答：「如來藏出生色蘊及七轉識，色蘊及七轉識是如來藏功能體性的內涵之一……，」師曰：「這是知見，當成我完全不知道如來藏，妳要如何說？」

監香章老師問：「洗碗時如來藏在哪裡？〇〇是甚麼？〇〇是甚麼？如來藏是妳張眼閉眼都看得見祂。」請問師：「我如何用文字說明？」師曰：「祂又稱不念心。」云：「《般若經》稱祂無心相心、非心心、無住心、阿賴耶識、異熟識、阿陀那識，《阿含經》中又稱為：本際、如、實際、眞實、眞如；祂有七種性自性……」師曰：「下次可以來取證了……」悲悲戚戚又空手而回。

二〇一三年四月第五次禪三：主三和尚云：「妳找到了，體驗得如何？要多作義工，發願利樂有情。妳觀行所舉的經文很好，還不敢承擔，怎麼還虛虛的？」云：「如來藏在五陰身中，遍十八界示現，具足一切法相的功德。雖名空性、無形無相，卻又不離一切相……。」師曰：「那些以後再說。」……

監香余老師問：「佛前發願了嗎？」云：「有。」師曰：「好！○○是如來藏，這樣說更貼切，如果有人說○○是○○，妳如何說？」答：「色身是段肉，猶如死屍○○○○○。」師曰：「好！那如果有人說，識蘊也是○○，妳如何辯解？」

監香陸老師問：「如來藏在哪裡？有自受用嗎？五陰十八界？」云：「淡薄煩惱。五陰是三界心，五陰背後有實相心，陰界入及其所生的一切法，悉依本來不生的藏識空性而起，幻有非眞，無自在體性。」師云：「妳站起來經行！」當下意根作主，意識分別，如來藏言聽計從，○○○○○；從座而起，○○○○咒力而行，如是如來藏身行現前，顯現無量功德妙用。

中午過堂時，導師示現教外別傳，出手向我直問：「法身在哪裡？」弟子置答：「直指法身。」出堂時 導師關心問著：「妳已找到法身，爲什麼沒有進小參室？」

二○一四年四月第六次禪三：主三和尚：「如何？」云：「○○是如來藏。」師曰：「○○什麼？如來藏是甚麼？」云：「您現在○○就是(此時導師轉頭在整理報名表)，如來藏心無形無相，具有大種性自性，能出生五根，藉五根直接或輾轉出生萬法。體不即用，用不離體，理由事顯，事緣理應……。」經過五次禪三的節節敗退，深怕又被一語轟出小參室，故直接了當指天畫地，毫無顧忌直率的口說手呈。師曰：「好！妳去整理三個問題：一、○○為什麼是如來藏？二、思惟以○○○來證明○○為什麼是如來藏？三、妄心與○○在哪裡？因為怕妳會退轉，所以法要完全通達……。」

就在欲哭無淚低頭喪氣中解三回家，再次入寶山空手而回，辜負堂上二老、家眷的期待；週四進階班上課時心神恍惚，羞慚得無地自容，心亂如麻，想著該如何去面對孫老師，望著講座上瘦弱的正德恩師這麼辛苦諄諄教誨，用心為我們次第開示應知的、該建立的第一義般若知見；課堂中一再叮嚀每天要拜佛作功夫、增長定力，還曾下座親自示範帶領我們正確憶念拜佛的方法。就這樣在感恩慚愧煎熬中下課了，敲門進入小參室頂禮恩師，忍不住心中百感交集泫然涕下，毫無保留地傾瀉訴說自己複雜的情緒：為何不能成為家裡人、是不是與如來藏正法無緣，我想聽《瑜伽師地論》、是不是與　導師無緣，我如此愚鈍有什麼用、又能為正法作什麼呢……，孫老師傾聽我無厘頭的哭訴，回應溫馨的安慰話語：經歷淬鍊生起智慧就是妳的，要現前去體驗祂，堅定確認是祂，才能承擔下來而不退轉。還現身說自己在見性時也是被淬鍊才過關……。經過親教師的安慰惕勵，收起眼淚持續用功，再次提起勇氣呈出禪三報名表，期待獲得 導師的首肯。

二〇一四年十月第七次禪三：搭乘護三菩薩的休旅車進入祖師堂大門，清幽的環境，護三菩薩親切的笑容，耳熟的「阿彌陀佛」問候聲，熟悉的景物、熟悉的所在，猶如回到家舍，完成報到後從容登上大殿禪堂禮佛求願；此次不同以往緊張，已把是否能通過 導師勘驗認可，一切交給佛菩薩安排！第二天下午輪到小參，導師很親切，單刀直入不厭其詳，橫說豎說，即時給予智慧營養補給，直指眞月清楚演繹無淆訛……，指導我應該如是說、如是說……比較親切。既簡捷又清楚，不然絡絡長，永遠說不完。

此時現觀祂能眞實而如如出生一切法，一切法因祂而起而滅，就是眞如，所以明心就是證眞如。弟子早已體驗此心，只是不敢承擔；今聞 導師一番開示，言下承擔，般若正理現前，云：「謝謝導師指示。」師曰：「應該有喝水的機會，下去整理兩個題目：一、〇〇時如來藏在哪裡？二、〇〇〇〇時如來藏都在作甚麼？」

監香張老師問：「昨晚普說公案妳懂嗎？」云：「懂！」師問：「如何說？」答：「就這樣說！」監香張老師：「〇〇〇〇〇〇出生的先後順序？」答……。

監香吳老師：「爲何如來藏是出生萬法的根本因？」答……。師曰：「恭喜妳，出去先到佛前禮佛三拜謝佛恩、師恩！」

承蒙 導師在最後關鍵時刻，即時垂手拉回陷入泥濘中苦難的弟子上岸過關。自此 導師首肯大事底定。

結語：

依止三寶、禮敬諸佛、常隨佛學，淨信不疑敬心受持「妙法蓮華」此經，憶佛功德如理作意隨分，降伏五蓋，淡薄世間五欲，心不放逸如理作意勤行精進，心不懈怠護持正法勸進行者，饒益有情攝受眾生，安忍於眾生本來如是的緣境中增廣心量，如說修行修諸善法，次第進趣菩薩行願，邁向無上佛菩提道。

清晨起床走到窗前推開窗扉，看見桂樹、紫藤花、黃鶯、曼陀羅花搖曳，耳聞鳥叫聲，微風輕觸皮膚，深深吸入清新空氣，望遠山稜線分明，坐下來舉杯喝水……，萬法如如無滯，眞實無量功德現前，實相心與五陰自我同時運作；釋迦世尊示現人間八相成道，入城托缽，食訖說法，成就廣大佛事，何等大慈大悲啊！秋涼落葉，緩緩飄起 導師偈語：「不觀自在，本自清淨；常觀世音，倒駕慈航。」回頭望去豁然開朗；回想精勤學佛的生命路程，七次禪三的殊勝因緣，熏習善淨之法一切作與所作不失，第一義般若見地菩提道上功不唐捐，佛疼憨子必滿所願，承蒙諸佛如來菩薩慈愍護念威神力加被，導師慈恩攝受，感恩不盡！

弟子願明心之殊勝功德迴向：

平實導師色身康泰、法輪常轉、地地增上通達無礙、早日成就佛果。

弟子誓願將此心獻塵刹，安住於正覺道場修學正法護持正法終不忘失，自利利他廣度有緣眾生。

弟子願盡未來際追隨　平實導師、正德恩師修學菩薩道永不退轉三藐三菩提心，成就無上究竟菩提果。祈求諸佛菩薩威神力護佑：

平實導師、正德恩師、正覺勝義菩薩僧，色身康泰、弘法無礙、道業無礙、復興中國佛教無礙、福慧圓明早成佛果。

南無本師　釋迦牟尼佛

南無大悲　觀世音菩薩

南無當來下生　彌勒尊佛

南無　諸佛菩薩摩訶薩

南無　平實菩薩摩訶薩

南無　正德菩薩摩訶薩

弟子　林芳君　頂禮敬呈

二〇一四年十一月十一日

見道報告

——李榮德——

我是香港進階班的李榮德。小時候，大概十歲左右，因爲大哥相信了基督教，他就帶弟妹們一齊上教會，如是一上就上了差不多三十年。我們都很虔誠，三十年幾乎沒有間斷；雖然如此，我心裡對基督教卻很多疑問，例如上帝七天創造天地萬物，我覺得很難相信，因爲和科學所發現的完全不符合；有神學家辯解說七天只代表七個時段，但聖經明明講有晚上有早晨就是一天；可笑的是，上帝第一天造了光暗，因此就有夜晚、有白天；但第四日才造太陽、月亮，日夜是在太陽、月亮之前先有，如此顛倒。可是每當你有疑問去問牧師時，他就跟你說：「人的智慧很有限，**無法理解上帝的智慧，我們要憑信心接受。**」因爲我很享受教會的生活，弟兄姊妹之間的相處非常好，大家都很有愛心，就像一個很溫暖的家；儘管有很多疑問，仍然很樂意留在教會，不曾想過要離開。

後來認識了一位從新加坡來的朋友，我叫他沈師傅；他是一個佛教徒，也是一個有神通的人（以我今天的知見，我覺得他應該是有鬼通）。我們第一次見面已經談到鬼神的問題，但在基督教的教義裡面，眾生的種類很簡單，只有上帝，天使即上帝的使者；還有魔鬼，即背叛上帝的使者；再來就是人類和各種動物，是沒有鬼的；我們所謂的鬼都是魔鬼的示現，來欺騙人類。所以我就直斥他：「你所說的鬼，都是魔鬼派來的，你不要相信。」另外有一次跟沈師傅談到祖先的事，他說：「如果沒有好好的供養祖先，或者他們的墓出了什麼狀況，他們會作弄子孫，讓子孫知道。」我就說：「不可能的，我把祖先的神位丟掉了（因爲當年我們全家都信了基督教，在搬家時，大家不知道怎麼處理祖先的神位，我就把它拆了然後丟掉），那麼多年，不見得我有什麼問題。而且，哪裡會有祖先會傷害自己的子孫的？」他就跟我解釋原因，並舉了一些眞實的例子，但我還是不相信。

後來我經常有機會跟沈師傅在一起，看到了很多靈案，他試過突然間問在座吃飯的其中一人：「你是否認識這樣的一個人？」他形容他的特徵是怎樣、怎樣，「他是你的中學同學。」那人很害怕的回答說：「是的，你爲什麼會知道？他已經死了，我常常想起他。」沈師傅就告訴他說，他就在你身上，然後就施設一些方法把他趕走，那人馬上感覺輕鬆很多。我因爲看到沈師傅處理了很多很眞實的靈案，我開始相信這個世界是有鬼道眾生的，並且對基督教更加懷疑。

後來，靈案發生在我身上，有一天沈師傅跟我說，我祖父找他，說我丟掉祖先的神位，害祖先多年沒得供養；故說如果李榮德不好好的供養他們，他們就不放過我。他又把我祖父的外型形容出來。我請沈師傅幫我問祖父：「**我的叔叔應該也有供養，爲何他們全沒得到供養呢？**」他只跟我說：「**不用提啦！**」我聽到以後，眼睛都紅了。原來我過去那麼狂，把祖先神位丟掉，害得他們十幾年來未得供養。我眞的很後悔當年這樣作，所以馬上問沈師傅如何處理，祖父們說要重新安立祖先的神位。我再問能不能有門關起來的？因爲我不想家人看到，會很難接受。祖先們也同意了，我也照樣作了。沈師傅再跟我說，其實你祖父是來度你學佛的，你應該開始修行了！

我本來對基督教就有很多懷疑，加上認識了沈師傅後的經歷，我就很確定基督教的不眞實，在那裡一定找不到生命的眞諦，因此我就決定要離開基督教，重新再尋找。我眞的很希望能找到生命的眞諦，於是我問沈師傅我該怎麼修？他就教我念〈六字大明咒〉，我問他有什麼用，他說可以修定力以外還有很多功德；然後又借了一本有關〈六字大明咒〉的書給我看。那本書說〈六字大明咒〉是觀音菩薩傳下來的咒，念了就有種種的功德，當時我心裡也是有點懷疑，但抱著不試一下不會知道是眞是假的心態，就開始念〈六字大明咒〉；每天都念，有空就念，不停的念；結果，我這一念就念了八年。可是我一點都不相應（編案：此咒是附佛外道密宗鼓吹要修雙身法的咒語），其間除了持咒，也嘗試找一些佛教的書籍來閱讀，但是對佛教仍然十分模糊，根本找不到修行的方向，那位沈師傅也沒法告訴我！後來沈師傅讀到了正覺的書，他開始對佛教的看法不一樣，他說正覺的書，只有開悟的人才能寫得出那麼勝妙的法；於是他徵得了臺灣正覺的同意，在新加坡自行印製《無相念佛》和《念佛三昧修學次第》免費跟人家結緣。

他又告訴我，人有八個識，除了眼耳鼻舌身意，還有第七識和第八識，第八識又名如來藏。我一聽到如來藏就覺得很親切，馬上請他告訴我更多如來藏的事。他叫我自己看書，叫我去樂文書店找 蕭平實老師的書；可是我去了兩次都找不到，然後我再問沈師傅：「**到底你說的樂文書店在哪裡？**」他告訴我在銅鑼灣，難怪我找不到，我去的是旺角那一間。然後我就想起了我公司的伙伴胡安華，大概在兩年前，在銅鑼灣的書店訂了很多佛教的書；於是我問負責幫他訂書的同事，原來他訂的也是 平實導師的書，我就很高興的去訂了一整套 平實導師的書回來。

我第一本看的書是《眞實如來藏》，因爲我很想知道如來藏到底是什麼。由於我對佛教的名相認識很淺，所以很辛苦的才能把這本書看完，雖然只能看懂一點，但是我對如來藏就很信受。第二本看的書是《禪—悟前與悟後》，這本書我眞覺得大開眼界，平實導師把開悟所需的條件、方法、次第都寫出來；而且把悟後怎麼起修，眼見佛性、過牢關等等也寫出來。其他佛教的書，根本不曾提到成佛的修行方向，我當時覺得「我這人生終於找到了方向」，也認定了一定要跟著這位大善知識修學佛法。

當時胡安華問我看完這本書有什麼感受，我說我覺得自己應該也有開悟的一天。後來胡安華看到我們兩個都很信受這個法，建議一起護持一批錢到臺灣正覺；因爲我們從正覺的書得到了那麼勝妙的法，希望護持正覺讓更多人得到妙法；我也很認同，於是我們就連繫了正覺，到臺灣一趟，約好了星期二聽經後把支票交給他們。聽經完了，來接見我們的是楊老師；我們跟他解釋了護持的原因，也交代了對這筆錢的使用是沒有限制的，就很歡喜的離開。後來楊老師就是我們在香港上禪淨班的老師，我們眞有緣分！去過臺灣以後我就生起了一個念頭，想每週飛到臺北去上課，我跟胡安華說了這個想法；他說估計香港也很快會開課，不必這樣辛苦，我因此才打消了這個念頭。後來終於等到香港開課了，我收到通知後，馬上報名，我就是這樣子正式踏進了正覺講堂。

上課兩三個月後，班上宣布十二月分有三歸五戒接受報名，而且楊老師說眞正的善知識所傳授的三歸五戒是很不一樣的，所以我就立刻報名。到了歸依的那天，我被告知負責請師；爲了方便出來請師，我被安排坐在靠通道的位置；在法會期間，我忽然想起這個情境，好像我十幾年前夢見過，坐在同一個位置。我不敢確定一定是那個夢境，因爲已經十幾年了，但對這個夢很有印象，因爲當時我覺得很奇怪：**我是基督徒，怎麼夢到自己坐在佛堂裡呢？**這時候，我再也忍不住我的眼淚，原來我兜兜轉轉幾十年，早就注定了來這裡學佛的。

後來禪淨班開始講解菩薩戒，剛開始認爲我不會那麼快受戒，因爲工作上需要應酬，不喝酒、不吃肉，太不方便了，心想還是等退休後才受戒吧！可是聽到楊老師的開示後，瞭解了受戒的道理和因果，既然已決定生生世世行菩薩道，就立刻報名了。受戒後也不覺得不喝酒吃肉有什麼困難，那時才想起了我小時候是很怕吃魚和豬肉的，但母親又常常逼我吃，曾經多次吃下去後，當場嘔吐，也有很多次眞的咬不下去，又不敢吐出來，索性整塊肉吞下去，眞痛苦！後來經過多年熏習，才慢慢接受，相信我過去世也是不吃肉的。

禪淨班課程快完了，可以接受禪三報名，我有幸被錄取了，就懷著歡喜和感恩的心情參加第一次禪三；在禪三期間，導師給了我參禪的方向，教我〇〇〇〇〇，〇〇〇就是眞心，可是我怎麼參都參不出來；回家後還是不斷地參，但仍然參不到。很快就第二次禪三，我爲了有更好的狀態來參加禪三，禪三前一週開始放假，留在家裡拜佛和參究，希望禪三前能參出來或至少充滿疑情的去禪三，結果還是參不出來；更慘的是，禪三前一晚我居然完全睡不著，恐怕只睡了一個多小時。本來狀態很好的，變得狀態很差，禪三期間不斷地打瞌睡。我就不斷地懺悔、迴向，發願和求佛菩薩加持；到最後一天的早上，我突然變得很有精神，後來我很肯定的：我找到了，一定是祂了。馬上去報小參，監香老師也確認了。確認後也回答了三條問題，但已經要解三了，要等下次了。

但我很興奮，因爲我已經觸證了。下山後我不斷地看公案，確定了大部分的公案都能看懂；然後我又不停地看書，來準備第三次禪三。到第三次禪三，我眞的很讚歎 導師所施設的題目，一條又一條的題目，讓我們對如來藏體驗得更深。到了喝無生水，就更深刻的體會到眞心妄心如何和合運作，之前不要說眞心是日用而不知，我們對妄心七識所知的也是很少；我們平時粗心大意，每天吃飯走路，卻不會吃飯走路。

我很感謝 佛、菩薩的加持，讓我在這次禪三順利通過了，感謝 平實導師慈悲，不畏艱苦，出世弘法，我們才能得到正法；感謝親教師 楊老師，不辭勞苦奔跑臺灣、香港兩地來教導我們。我必定會精進悟後起修的功課，荷擔如來家業，為復興正法努力，為救護眾生努力，不會辜負 佛、菩薩的恩惠，阿彌陀佛！

公元二〇一五年五月

見道報告

——張正建

遊走密宗

年輕時某師姊引介去到密宗喇嘛教，當時大部分是持咒及大禮拜、打掃道場，好像學不到甚麼東西，因爲還有煩惱。

以定爲禪

後來認識一位法鼓山師姊，以下稱A，A引我去法鼓山農禪寺，印象中當時自己已經自我訓練要求自己每日要打坐二小時，也想去看看，畢竟是正統的禪寺，就去參加農禪寺禪坐會；因爲只有星期日下午及少數的禪一禪三，就靠自己每日的打坐來努力，狀況好時上坐可以雙盤一念不生，清清楚楚、明明白白、澄澄湛湛、了然分明。因爲不隨妄念，久了就漸漸不會有妄念，自然可以一念不生；也很清楚境界的變化，此時我深沉的慢心慢慢在內心深處滋長著自己還沒有發現；有時定中可以看到一些畫面像照片或動畫等等，但無法了知前因後果；有次呼吸變得好長好慢好像快要斷了，及其他覺受等等，但我不知爲何如此；下座時可以觀五個念頭變化，但只能幾分鐘，因爲攀緣境界放逸了；下座後的日常生活中逢遇境界還是有煩惱，但確實不知要如何有效的消除煩惱。

打坐是可以增加一些定力，因爲有了基本定力，在平日境界現前時就不會被沾粘得很緊，是有一些迴旋空間讓自己與對方有緩衝，但無法從根本上解決，只能治標、不治本；我也一直認爲我好像在修外表，內心的染污還是無法根治；加上我從小乘法的苦、空、無常、無我下手，所以就越趨走向入滅的解脫道；也因此所見都是痛苦的，既是痛苦，何必留戀？既是無常，是生滅，所以是空，慢慢的我打從心底想要滅了自己，不想要再出生了，永遠都不要再出生了。我那時還跟我母親說，我想要入滅，若您某日早上起來發現我沒有呼吸，就用草席包一包燒掉就好了，不需要任何的儀式……。現在自己回想起來，我怎麼會是這樣的小孩，眞是忘恩負義的傢伙，自己深感慚愧，深切懺悔，永遠不要再這樣了。不知上次（指過去世）發大願到今時中的許多世中發生了何事，讓我聲聞性這樣的重。

所以我很喜歡打坐及爬一整天的山，讓自己與世間保持距離，尋求心靈的寂靜空間；後來我覺得好像缺少甚麼，開始加入義工、親近法師，及參加週六晚上的念佛會，也帶母親一起參加，也帶母親去受持戒律。一段時間後，我覺得好像缺少甚麼，不知何時起了念頭想要看話頭，就請教Ａ，請她問一下如何看話頭；Ａ後來也無法跟我回答此問題，我就開始看一些善書佛書。有次外出在電話亭上看到《無相念佛》一書，就帶回去看；看完後法喜充滿，看話頭寫這麼清楚，也可以明心見性，這就是我要的，當下決定要去正覺講堂，當時是在中山北路六段，也決定不去法鼓山了，那時我內心還是很聲聞性的。

非常感謝 平實導師將眞正的天童宏智正覺禪師的默照禪完整的寫出來，讓喜歡打坐的修行者及以定爲禪的行者可以多多思惟，自己是否如理如法？眞正的默照禪如下：（天童宏智正覺禪師的默照禪。）

「天童宏智正覺禪師教人默照禪，他的目的是要作什麼呢？並不是要教您默照妄念，是要教您默照之後，把一切妄念都滅了，也默照到一切蘊處界全都是生滅法，全都否定以後，接著要默默觀照而找出一個本然存在的心，是不管清醒時或悶絕、眠熟時全都一直存在的心；要默而忘言，然後忽然遇見這個從來不曾斷滅的法，這才是天童宏智正覺禪師的默照禪底用意所在。」

「現代這些所謂的禪師教底默照禪，表面看來似乎與天童宏智的默照禪一樣，其實根本不同。」（摘自《金剛經宗通》三，p279）

進來正覺講堂學法

在正覺是使用無相憶佛來拜佛，以修動中定作爲基本入手法門，因爲我沒有喜愛長時間的拜佛，我就使用基本的定力來看住佛號或念佛的念，好像在三個月內我也可以無相憶佛了，那時內心的法喜就像書上寫的：在一段期間內成就才會有法喜。但是當自己想要深入就出現遮障無法前進，應該是我業障深重福德不足導致，之後就一直浮沉；雖然曾經有憶佛念像泉湧一樣湧出，無念自念，像青蛙蛋被黏膜包住的情況，但因爲自己不長進，怨不了別人，只能自己承擔，……，浮沉了很久，……，後來有一位師兄（以下稱 B），跟我說陸老師講觀行很重要，我才又重新反觀反思要重新來過，那時我還是沒有喜歡長時間拜佛，因爲意根不接受，但我開始注意要如何觀行，花了很長的時間才弄懂甚麼是基本的觀行，我那時才承認自己是鈍根人。以前我一直自認爲是利根人，沒想到都是自己在欺騙自己的。眾生之所以可憐，就是看不出眞相，不瞭解自己，自以爲是，狂妄自大，慢心深重；我就是這種人，來了正覺很久以後才慢慢次第看清自己的染污七轉識是如此的染污。

正邪明辨——看透密宗喇嘛：

幾年前，有次在誠品書店看到有很多達賴喇嘛的書，就隨手翻了一本《修行的第一堂課》，無意間看到達賴喇嘛說法嚴重違背本師 釋迦牟尼佛的開示，還寫在書上流通嚴重誤導有情眾生，眞是罪過罪過；佛陀當時入滅前，有弟子問：以後要如何依持？佛陀開示：以戒爲師。而達賴喇嘛公然破戒，還說行男女淫交法後沒有破戒。達賴喇嘛這樣帶領眾生趨向邪淫下墮的道路，這樣是對的嗎？身爲佛弟子的我們依止本師 釋迦牟尼佛的開示，而作合理的思惟判斷，這樣就很清楚了。舉證如下：

一、達賴喇嘛說法如下：「對於佛教徒來說，倘若修行各有著堅定的智慧和慈悲，則可以運用性交在修行的道上，因爲這可以引發意識的強大專注力，目的是爲了要彰顯與延長心更深刻的層面（稍早有關死亡過程時曾描述），爲的是要把力量用在強化空性領悟上。否則僅僅只是性交，與心靈修行完全無關。當一個人在動機和智慧上的修行已經達到很高的階段，那麼就算是兩性相交或一般所謂的性交，也不會減損這個人的純淨行爲。在修行道上已達到很高程度的瑜伽行者，是完全有資格進行雙修，（p.27）而具有這樣能力的出家人是可以維持住他的戒律。」

（達賴喇嘛著，《修行的第一堂課》，二〇〇二年初版，先覺出版股份有限公司，頁 177–178）

二、《修行的第一堂課》一書（達賴喇嘛著），第五部，密續，p171 開始，以性交求淫樂作爲修行的道路。

但本師 釋迦牟尼佛在《楞嚴經》的開示：

a.《首楞嚴經》卷第八：「世尊！如寶蓮香比丘尼持菩薩戒私行婬欲，妄言行婬非殺非偷，無有業報。發是語已，先於女根生大猛火，後於節節猛火燒然，墮無間獄。」

b.《大佛頂如來密因修證了義諸菩薩萬行首楞嚴經》卷九：「阿難當知：是十種魔於末世時，在我法中出家修道，或附人體，或自現形，皆言已成正遍知覺；讚歎婬欲，破佛律儀；先惡魔師與魔弟子婬婬相傳，如是邪精魅其心腑，近則九生，多踰百世；令眞修行總爲魔眷，命終之後畢爲魔民，失正遍知，墮無間獄。汝今未須先取寂滅，縱得無學，留願入彼末法之中起大慈悲，救度正心深信眾生，令不著魔得正知見，我今度汝已出生死，汝遵佛語名報佛恩。」

c.《楞嚴經》卷六〈清淨明誨章〉：「汝修三昧，本出塵勞；婬心不除，塵不可出。縱有多智，禪定現前，如不斷婬必落魔道，上品魔王，中品魔民，下品魔女。彼等諸魔亦有徒眾，各各自謂成無上道；我滅度後末法之中多此魔民，熾盛世間廣行貪婬，為善知識，令諸眾生落愛見坑，失菩提路。」

末法時代假名大師群魔亂舞，有情眾生如何安住？佛法是要幫助眾生降伏及滅除貪、瞋、癡、慢、疑、惡見，並深入瞭解被出生的法是虛妄不實，及出生萬法的本來面目，如此才可以邁向清淨的道路；見到《楞嚴經》有關寶蓮香比丘尼的情況後，只有憐憫達賴喇嘛了，唯有眞誠如法懺悔，才能滅罪。

再者，若心清淨了自然不會有淫欲行，沒有了欲，怎會想要行雙身淫交法呢？還想要行雙身淫交法不就顯示自己還有慾望嗎？那不也是違背《阿含經》開示的解脫道？有智之人當明察秋毫，切勿走偏。

再依三十七道品：四念住、四正勤、四神足、五根、五力、七覺支和八正道，來一一檢驗密宗喇嘛教的法，就會發現現在的密宗喇嘛法根本是外道法，不符合本師釋迦牟尼佛的開示，想要邁向清淨的行者當審愼小心為禱。

凡夫眾生因定力慧力福德不足，導致眞假難辨，還是要一切依止本師 釋迦牟尼佛開示的戒律會比較安心，至少不容易發生大過。若依止錯說法的說法者，恐怕未來將與其產生不好的共業，一起下墮三惡道，這可是非同小事，當小心再小心。

試問：全球的密宗喇嘛及信徒行者，您們有誰願意要救達賴喇嘛？要如何救？試答一下。

達賴喇嘛不信受本師 釋迦牟尼佛的教證，他說：「**至於我的立場，則是駁斥根本識的存在。**」（達賴喇嘛著，楊書婷、姚怡平譯《達賴：心與夢的解析》，二〇〇四年十二月出版，四方書城有限公司，p83.）如是，達賴喇嘛公開與本師 釋迦牟尼佛唱反調，不信 世尊語，於佛法僧三寶沒有具足信，那麼達賴喇嘛就沒有具足十信位。由下面這段經文就可以知道達賴喇嘛是否是 世尊開示所說的法師或是外道師了。《雜阿含經》卷一：【佛告比丘：「**善哉！善哉！汝今欲知如來所說法師義耶？**」比丘白佛：「**唯然，世尊！**」佛告比丘：「**諦聽，善思，當為汝說。**」佛告比丘：「**若於色說是生厭、離欲、滅盡、寂靜法者，是名法師；若於受、想、行、識，說是生厭、離欲、滅盡、寂靜法者，是名法師，是名如來所說法師。**」】但達賴書中所說竟然主張五陰常住，又認定屬於我所的淫樂境界常住，公然違背 世尊的聖教。

六識論是破法者：

1．「諸所有意識，彼一切皆意法因緣生故。」（《雜阿含經》卷九），由此經可以知道，意識是被出生的法，在出生前一定要有意根與法塵爲先爲緣，意識才能被第八識所出生。

2．由此句聖教量可知，有情眾生人類至少有意根末那識與前六識，所以有情眾生至少是七個識，因此六識論者不離常見外道見，所說公然牴觸聖教，也是破法者，這是很明確的。

3．由現量來看，當有情眾生如人類，出車禍暈倒或悶絕送到醫院急救時，醫師會先問護士：病人是否還有意識？由此可知意識心是生滅法，是被出生的法；無常、是苦、是空、無我，不是本來面目，是會斷滅的法；又意識心在五無心位（眠熟、悶絕、無想定、滅盡定及正死位）是斷滅的。

4．由現量來看，人間有情眾生晚上睡著時，意識心就滅了；若意識還在，就不算睡著，有智慧的人都可以自己去觀察；若意識是不滅的，入胎時在胎中就會知道胎中狀況；一出生時，就可以告知媽媽又見面了，也可以知道過去世每一世活的情況，也不用上小學重新學習了，不是嗎？

勸請六識論者如法懺悔滅罪，早日回歸如來正法，共同邁向正確的成佛之道，莫再誤導有情眾生了。

次第斷我見過程中生起的少分功德受用

上課中親教師會依本師 釋迦牟尼佛開示的初轉法輪《阿含經》來教導並幫助學員斷我見，凡夫眾生會執五陰十八界的任一陰、任一界為真實我，本師 釋迦牟尼佛開示的初轉法輪《阿含經》有說到：「**意法因緣意識生**。」可見五色根、相分六塵、前六識都是生滅法；被出生的法是無常、苦、空、無我，非真實常住法。阿羅漢依於解脫道的智慧及 世尊開示：涅槃有本際常住，願意滅盡一切，滅盡五陰十八界包含意根自己，入無餘涅槃，不再於未來世有五陰被出生，所以不受後有。因為連意識意根都滅了，所以阿羅漢也無法實證涅槃的本際——如來藏。

既然已經於理上了知五陰十八界虛妄不實，於日常生活中去觀察每一陰每一界，都會發現是無常法，是可滅的法；既然境界虛妄不實，為何還要在上面用心呢？境界是所生法，是藉緣由源頭所出生的法，沒有善惡之分，與源頭一樣平等平等，但不是源頭；眾生會痛苦是因為在被出生的法上認為是真實有，認為是我；因為錯認，所以無量劫以來一直為了它而造下錯誤的及非如法的身口意行，導致未來世得到不可愛的異熟果報；境界一現前，凡夫眾生會很習慣的將自己的遍計執套在境界上，而浪費了眼前一道道不同珍貴的菜；因爲遍計執自然逐次增益認假爲眞，永遠跳脫不了境界漩渦的吸納。若願意如實去現前觀察五陰十八界虛妄不實，於日常生活中去確認、再確認確實如此，慢慢的境界現前時您可以跟境界和平相處，因爲這時不是依遍計執，而是依法義與依他起平等平等共存，乃至逆境時的內相分也可以爲自己使用，來汰換貪、瞋、癡、慢、疑、惡見的染污種子，現行後洗一洗再收藏。每一世每一次都這樣作，養成習慣後，未來一定可以斷我見實證聲聞初果、明心、見性、入初地，成就佛道的。

因爲有了功德受用後，有了定力與慧力，背後有了法義當支撐，慢慢的對任何境界現行就漸次不再有恐懼；一切依止根本法、戒律及六度波羅蜜及懺悔法等，自己就可以少分體會《心經》開示的「照見五蘊皆空，度一切苦厄」，然後專心的隨緣償還過去世因無明造下的債，及專心對治染污意根的習性種子現行，專心的次第熏習二轉法輪《般若經》及第三轉法輪唯識經典，並期許自己可以少分貫通，及自我訓練如何轉惡因緣爲善因緣，終將有緣有情引導入佛法的功德受用中一起邁向成佛之道永不退轉。

寧靜的自我深層的改變(斷我見)是必要的

這無法假手他人，必須要自己親自下手，否則無法從心底來確認自己是生滅的，是可滅的，是假的，是染污的，是一切罪惡的源頭；只有透過圓滿的覺悟者——本師 釋迦牟尼佛初轉法輪《阿含經》的開示，來經由不斷地觀察，從不同面向來確認五陰我，十八界我都是虛妄不實的，都是被出生的法……等。只要確認自己五陰十八界都是假的，非眞實有，聲聞初果就實證了；然後發願轉入大乘法，向親證原本面目前進。實證了原本面目就入菩薩位，就可以次第勝解本師 釋迦牟尼佛二轉法輪《般若經》、三轉法輪唯識經的眞實義，就可以發現原來三乘菩提是沒有衝突的，有問題的是自己沒有通達，不能怪別人，自己要多努力。

深層改變過程中或成功後，行者就願意次第捨去自我，將自己的體會經由犧牲奉獻、幫助別人等，讓自己生命的意義展現出來，同時種子也正在轉變中，所見也將慢慢不一樣了，細膩度與層次自然產生，內心的自我衝擊與淨化(五陰習氣種子)也開始進行熏習與變化，然後對本師 釋迦牟尼佛生起了信心，自然心甘情願生生世世盡形壽行菩薩道，憐憫眾生故願久住人間，邁向成佛之道而勇往直前。

三歸依及受戒及持戒的好處

歸依佛法僧，不墮地獄、餓鬼、畜牲。受持戒律如五戒，會有二十五位護法神保護；受持菩薩戒功德無邊無量，舉一經文證明受持戒律的好處，並勸請有緣者要受持五戒乃至菩薩戒，眞的不要害怕，好處絕對大於自己想像的壞處：「戒德之人，道護爲強，役使諸天、天龍、鬼神，無不敬伏。戒貴則尊，無往不吉，豈有忌諱不善者耶！」（《阿難問事佛吉凶經》卷一）

義工執事的作用與功德受用

藉由義工的執事來培植福德，看出自己的問題與性障深重；當有能力發現了問題，就讓自己提昇成爲能夠解決問題的行者；改變心性與消除性障不是容易的事，需要一些過程來感動自己，讓自己願意改變，心服口服的看清自己的問題點，然後給自己理由、給自己機會，讓自己有意願願意變得清淨。

以前在外面作義工，就只是作義工，卻浪費了這麼好的因緣；在正覺作義工卻不一樣，身旁有許多的斷我見及明心與見性的菩薩，我會觀察他們；同樣作一件事，不同的菩薩行事會有不同的風格與作法，而自己在作類似的執事時，自己與他們有何不一樣？心行與細微的行爲上有何不一樣？遇到特別的境界時，他們有沒有流注出習性，而自己呢？對上、對下、對會眾的應對又是如何，而自己呢？整體上，細微處及一切協調；事情突然很多時等，他們是如何應對？而自己呢？種種一切，這樣觀察一段時間加上自己在旁跟著作，藉由止觀與法義、正知見配合不同的執事內容，發現自己有在少分改變，性障有慢慢少分消除，反觀反思能力變強，思惟整理的統合也增加；看 平實導師的書就比較容易看得懂，發現自己的遮障有轉輕，心轉變少分清淨後，睡覺前及夢中或醒來前可以看到極少分的過去世，同時也可以檢驗自己看看自己哪邊沒有過關，也有再反省；因爲有法義及護法神在，也不擔心夢中會有魔來擾亂化現說法。

有次，在作某事，我內心覺得這很難，因爲那需要一些專業性，上位菩薩就告訴我：任何事都一定可以解決的。我就觀察他如何解決，多日來與此菩薩共事一段時間，發現所有的事一定可以解決，只是您有沒有找到對的方法。這對我的影響很大，我就反觀日常生活中與家人相處，客戶的抱怨或反咬，公司太超過的壓力與要求等，我會試著用不同的面向與方法來一一漸次解決，……每一位身旁的有情或菩薩，都是自己的善知識，所有的表現都可學習或警惕；我也願意於中學習改變自己，或見其執事時生起了習性，我也要警惕自己，並要求自己多反觀反省自己於任何時習性現起時要看住，依止四正勤，並要懺悔清淨。明心還只是三賢位，還不是初地，也無法像阿羅漢永伏性障；與明心菩薩共同執事時，若對方習性流注出來時，要求自己馬上反觀並會記住設定要求自己以後若有不好習性現行，要警覺到並馬上停止、還要消除，因爲自己還很染污，更要小心。若跟新學菩薩一起執事，也學習到很多，因爲對方的習性流注可能會很明顯，我就慢慢觀察原來自己以前也是這樣，就一邊觀察一邊消除自己的習性種子少分；若沒有了法義來支撐，只是在表面的五陰上消除一些現行。會有不好的習性是依於五陰及我見，若沒有熏習從斷我見下手，那都是在表面上用心，雖然修養好也不錯，但畢竟眞的是有差異，且內容的差異非常的大，行者當用心明辨其差異。

不斷的思惟整理反觀，在菩薩旁多看、多學習，同事利行行菩薩道，可以發現有些原以爲自己沒有問題的部分也是有問題的；瞭解後，再進一步認識到深層的自我，作出適當的修正；自己又向前進了一小步，末那的染污又減少了一小分，清淨了一小分；對自我的面具如此多面向、深沉及堅固感到驚訝，但是沒有關係，因爲我進來了正覺，可以沒有妨礙的自我破除，次第卸除無量劫自我訂做的盔甲與面具，智慧劍的威力自然展現無所不在，不得不臣服智慧劍的光芒與威德力，一切都要感恩本師 釋迦牟尼佛。

有幾次，發救護眾生的DM時，看到了喇嘛，就想到我在夢中看到我過去世也曾是穿紅衣的喇嘛，只不過我運氣比較好，今生找到了 平實導師，用了本師 釋迦牟尼佛開示的經典來比對檢驗 平實導師的說法，都是符合經典及如法的；且自己可以安住下來，讓自己不禁體會到在末法時期若沒有找到眞實的善知識，眞的很容易跟隨假名大師走入歧路而不自知；更糟的是未來世還要一起承擔共業，一失足成千古恨。那要救嗎？怎麼救？只有努力將眞相宣傳出去，讓芸芸眾生可以明辨眞假，讓眾生作出正確選擇後，密宗喇嘛自然會被唾棄，或許這樣是救眾生的一個機會，密宗喇嘛最後不得不自我反省——密宗的法究竟有沒有符合解脫道與佛菩提道等聖教。如此才有機會回歸 如來正法。

當依於功德受用，很清楚反觀知道自己所處的相對位置，慈悲是智慧的體現，有了少分生起的智慧，那爲何還要與眾生爭一些五陰、境界上的東西？若自己次第走出那樣的過程，就可以憐憫眾生，簡單少分的開始饒益有情。一次次如此作，多面向的去作，自我訓練，饒益有情少分就沒有想像中的困難；然後繼續作，繼續承擔，越作越多，未來因緣到了就可以體會佛菩薩的饒益有情的眞實義；發現自己進步了，重新定位，自我設定目標，多生努力，未來有機會就可以完成。《勝鬘經》中的開示：「**我於攝受正法，捨身命財護持正法。是名第三大願。**」這也是未來必經之路。

從一個面向到許多面向的自我改變的功德受用，次第利益家人及身邊有緣者，過程中家人會感受到的；就算這一世他們無法進來正覺學習了義法，但是雙方的看法與種子正在轉換中，未來世一定還會再見面的；只是那時我要如何度他們，這就是我的問題了，也是我的進步動力，所以我必須要努力，還有很多有情在等著我去幫助他們；只有自己已經改變了，加上次第實證的智慧，找對適當的時機，給與對方適當的一句話，種子種入，未來一定會發芽的；其他就看自己如何去轉變，尊師重道，以戒爲師；依願規劃，依教奉行。

作不同義工時自己會想到 平實導師的開示如下：「**雖然自己還沒有這樣的能力，但可以當作自己無量劫的目標。多百千種難行苦行，令諸有情皆得通達。你要用幾十萬種難行的苦行，去幫助有情都可以跟隨你通達般若的後得智。爲什麼要你這麼作呢？因爲你想要達到修證一切法的境界，就是要從利益有情當中去成**

就。如果你不是跟有情同事、利行的話，你就不可能使很多種現觀因緣出現；因爲那些現觀，都是要跟有情在一起才會讓你遇見的。」（摘自《實相經宗通》第一輯，p51）

境界是奴隸？或者自己是境界的奴隸？

在人間好，是因爲人間修行成佛快，有許多現前的境界給自己使用，藉由種子現行可以作很多的事及安排很多的因緣種入，端看自己的能耐與功夫。若沒有智慧、不夠攝心而放逸，自己就成爲境界的奴隸了。若因此造下了不好的身口意行，那自己就被境界所禁錮了，所以境界爲我所用或是自己被境界束縛，可能要常常反觀反思了。

知命，然後勇敢面對，一一去解決

知道了自己的命運後，要勇敢去面對，任何事都一定可以解決的，只是自己有沒有找到適當的方法來作巧妙的處理與化解等。因果本來就是很複雜的，若全然依於法義及菩薩道來看，這一切突然變得很簡單，配合生命實相的運行，真誠的懺悔及發大願；依願規劃去行，佛菩薩都會知道的。一切都會好轉的，痛苦也是無常，但還有法樂。所以都會解決的，就不需要太擔心害怕了。頂上有佛菩薩在，有 觀世音菩薩在，自己只要作好自己應該作的，一切就交給佛菩薩來安排。

幻人被幻影所欺騙

五陰我是無常，是幻，是生滅法，藉因緣而被出生的，終歸毀滅；幻影境界六塵相分是自源頭出生的法，是無常，是幻，是生滅法，藉因緣而被出生的，終歸毀滅。既然幻人與幻影都是幻，爲何還要在上面增益執著，陷自己於不義呢？一切都是自己害自己，怨不了別人，怨不了老天爺；既然確認了幻人與幻影都是幻，爲何還要再陷入其中被幻影所繫縛而自願增益執著、就此輪迴永無出期？

那密宗喇嘛爲何還要修雙身邪淫法呢？那不就是幻人被幻影所欺騙嗎？自己欺騙了自己還害了千千萬萬的女性同胞們，眞是罪過罪過；因爲密宗喇嘛的中心教義是雙身邪淫法而自認爲成就究竟佛了。喇嘛教的教義說喇嘛必須要去實證，所以最後一定要修雙身淫交法；不但破戒，還因此也導致了全世界千千萬萬的家庭被喇嘛破壞，也造成了千千萬萬女性被喇嘛誘騙性侵。喇嘛、喇嘛，罪過、罪過啊！喇嘛及其信徒何時清醒啊？醒醒吧！別再執迷不悟了。

破解——遇境界如何破解？

冷冷看著境界，它只是相分六塵的幻影變化，無常是苦，是空，是無我，是生滅法，依緣而起；知道就好，別太入戲，依正知見、菩薩道去行，依法義去判斷，慢慢的自己就會變得很理性，很多問題就可以一一解決了；因爲是依於次第實證的觀察，就可解脫於境界。

色身的執著如何破解？

依於九想觀來化解。《大般若波羅蜜多經》卷四七九〈舍利子品〉：「**應修九想，何等爲九？**謂膖脹想、膿爛想、異赤想、青瘀想、啄噉想、離散想、骸骨想、焚燒想、厭壞想。」

見到美女、美腿、美胸如何破解？

這些都是所生法，因爲此人過去世行的善因，導至此世有姣好的身材，但這些也是依於色身而有的；若色身爛壞了，這些也不存在了；牛奶是給小牛喝的，女人的胸部所產生的乳液也是給嬰兒喝的，它的功能性是爲了哺乳嬰兒用的，其構成本質與男人的肚子那一圈一樣都是脂肪；人間的誘惑很多，常會看到年輕女子露出部分的胸部，就去這樣觀察……。而眾生因爲依於業者在電視、媒體等的包裝宣傳洗腦下，而建立了胸部立體是美好的；其實都是落入遍計執，因此而讓自己過度的愛戀色身，執著色身的某部分，讓自己陷入了另一種迷失；其實只要合理的使用一些配備，讓自己看起來更端莊大方，可利於行菩薩道但不要過度迷戀色身即可。對無表色的執著，尤其是女人的氣質與神韻，但這也是依於顯色、形色、表色而有的，建立在虛妄的五陰十八界上。

遇到不喜歡的人或過往結過怨的人，自己如何破解？

每位有情一生中都會遇到許多有情，當見到許多人時，種子自然會流注出來；我會看住這些現行的種子，來判斷往昔是善緣還是惡緣，然後依普賢十大願中的隨喜功德來讚歎對方的一些善行或協助其所需，來次第化解惡緣及增益善緣；隨緣消舊業，不再造新殃，相信這樣作，未來所遇的善因緣會越來越多。

遇到動物時，我會告訴對方：你是畜牲道，要發菩提心。若有因緣也爲對方講三歸五戒，並說一些方便法，希望對方來世當人好修行。

若想到此世以前有作過錯事或虧損別人，我會試著主動找出連絡方法，打電話或透過網路對話系統等，隨緣向對方道歉懺悔或補償；並說明當時事情經過，有些人說已經忘了或說我很奇怪；但這對我的修行是很重要的，因爲我不想雙方將不善的種子帶到未來世，這一世能淨化就盡量化解，未來世雙方相見至少不是惡的。若未來我有能力也願意度對方，一切可以依於智慧、善巧方便，自己應當要勇敢多多承擔一些責任，學習佛菩薩的犧牲奉獻，隨緣安排一些善的種子種入有緣者的八識田中，未來等自己再次醒悟了就可以爲對方說法。因爲知恩才能報佛恩，《維摩詰經》開示：「**欲得淨土當淨其心，隨其心淨則佛土淨。**」

遇惡因緣如何破解？

這也是過往結的不善緣所致，既然現行了，還是要處理，自己就依止菩薩道的精神來行，合理的來化解；依於智慧與法義來化解，並同時隨時反觀自己有沒有起瞋，若有就去思惟爲何自己會起瞋，爲何不能平等對待並且回歸法義、止觀來處理及事後懺悔，以及再次反觀進行染污種子的淨化。反正多溝通多聊聊，看看對方訴求為何，需要甚麼，相信藉由善意的對話與溝通，很多事都可以圓滿處理的。自己習慣事後會多多反觀有沒有錯或錯在哪裡，若沒有就是過往造的，今生來還；多多要求自己身口意行要小心及如法，也期許自己不要隨意擾亂眾生，進而轉惡因緣為善因緣，這是自我挑戰與訓練。

面子與名聞利養如何破解？

第八識眞實我根本就沒有臉，哪有面子與名聞利養的問題存在，所見應該只有生命實相及藉緣出生的五陰十八界，而面子是依於我見而有的，連五陰我、色身都是虛妄的，面子是依於五陰、身根而有，當然更是虛妄無常。

假名大師收了信徒的供養，給的卻是違背本師 釋迦牟尼佛開示的法，是依於自己的想像，違背現量且不如法的外道法；這樣的名聞利養不如不要，恐怕未來世下場悲慘，勸請該懺悔的應及早發露懺悔，早日回歸 如來正法，莫再誤導有情。

往昔眷屬的執著，如何破解？

有次在夢中看到上面的B師兄是我過去世的兄弟，在看了 導師的開示（如下），我也接受並隨順：「大家都是要邁向成佛之道的行者，當以行菩薩道爲主。且如《金剛經》開示：若菩薩有我相、人相、眾生相、壽者相，則非菩薩，所以者何？須菩提！實、無有法發阿耨多羅三藐三菩提心。所以我也不要落入情執、五陰，回歸法義及菩薩道向前行。這一點大家要記住：往世的親情是往世的親情。」（摘自《金剛經宗通》第九輯，p318）

「……我們以前有些同修說：這個人過去世是我的甚麼人，於是對他特別熱呼。這也不對！因爲這樣會混亂了人間的三綱五常，並且也會在法道上產生了種種障礙，因爲情執出現了。你可以對他多一點照顧，這沒有關係，但是不能把那個情分從往世再拿到這一世來延續，這一點大家要特別注意。」（摘自《金剛經宗通》第九輯，p319）

情愛的執著如何破解？問世間情爲何物，直教人生死相許？

諸佛菩薩證得原本面目，發起般若智慧，地地轉上，完成大乘五十二階位實證，再百劫修相好，福慧二足尊，降生有緣人間成就佛道，救護無量眾生。世尊其實可以不用來五濁惡世度眾，可以到天界享福；但是本師 釋迦牟尼佛盡未來際不捨任一有情，願意來壽命不到百歲的五濁惡世人間救護眾生，大慈大悲，我們才可以學習解脫道及成佛之道，感念本師 釋迦牟尼佛。地獄不空，誓不成佛，感念大願 地藏王菩薩；聞聲救苦，不捨任一有情，感念大慈大悲 觀世音菩薩；盡未來際行無量普賢行，感念大行 普賢菩薩。能讀到《維摩詰經》，感念 金粟如來倒駕慈航——維摩詰大士。都是依於實證眞實法如來藏，次第完成大乘五十二階位，而沒有眷屬欲來行菩薩道；凡夫眾生因爲被遮障，還沒有斷我見及發起般若智慧，所以問世間情爲何物？眞的沒有愛情物，有的只是如來藏及依無盡的大悲願——不捨任一有情來行菩薩道。

在正覺求法是一件很艱辛的事，但是有法樂支撐。

這是我內心的感受，在正覺求法過程中，要殺我見，要除性障——不好的習性；要殺小乘聲聞種性，要洗淨如來藏含藏七轉識染汙種子，要無相拜佛，要看導師開示 佛陀眞實義的書，要作義工，要改變自己，要斷貪瞋癡慢疑惡見，但不滅五陰；要發大願，要發起菩薩種性並增益之；懺悔業障，深信因果……等，這樣才有條件與機會於未來明心見道。

達摩祖師開示：「諸佛無上妙道，曠劫精勤難行能行，非忍而忍，豈以小德小智輕心慢心，欲冀眞乘，徒勞勤苦。」所以，再苦也是值得的。

尤其看 導師的書是爲了想要通達三乘菩提，導師的書不好讀，因爲同時要深入現觀；但是自己偶爾在看 導師的書時，胸口出現一股沁涼，跟吃冰淇淋的涼不一樣。冰淇淋的涼是表面的比較強烈且一下就消失了，而胸口出現的這一股沁涼是淡淡的，沒有壓力；輕輕的，持續的，還有法樂。曾經恭閱大乘經典也有類似的現象發生過幾次，而曾經讀過許多密宗喇嘛及假名大師的著作，卻不會有此現象，也沒有法樂，還被誤導。

導師的書將佛法很完整的清楚鋪陳出來，深入淺出，可以讓學人有條理的瞭解並比對經典無誤，眞的百千萬劫難值遇，要好好珍惜……。總之，有捨才有得，人生是有選擇的，放下執著，作出正確的選擇其實是很簡單的，沒有這麼困難；眼光要放遠，要理性點。若還沒有來正覺，請給自己一個機會來正覺聽聞了義正法，相信不會吃虧的；走筆至此，只有無限的感恩；除了感恩，還是感恩；如人飲水，冷暖自知。

漂泊

有情眾生就像浮萍一樣在無量的業力海中沉浮著，大家都在尋找港口依止處，命好的可以暫存幾生的幸福，命不好的一直遭受無量的痛苦，想死卻由不得人，想不再出生也由不得人。只因沒能遇到眞實善知識，所以都沒有選擇的機會。

我曾經去過基督教、天主教、耶和華證見人教、摩門教、道教、密宗喇嘛教、中台山、法鼓山等，一心追求眞理。也曾經離開正覺，不想來了，太辛苦了，求不得。經過一段時間的思惟整理，我最後還是乖乖地回來了；這裏所傳的明心見性、邁向初地及佛地的法，不就是我要的嗎？除了正覺有，哪個地方可以實證眞理？因爲「我」的作祟，差一點壞了大事。一切都是我見的問題，所以一定要殺我見，要殺乾淨點；我見殺不乾淨，未來會壞了大事。

要救別人先救自己，只有自己智慧生起才能救度身邊的有緣者；更何況眞正的佛法難値遇，一般的學佛者都是相信表相佛法，但是這也不是很容易說明的，因爲太難了；既然遇到了，應該要排除萬難，好好的珍惜並且好好的使用才對，進而同時自他俱利，一起完成復興佛法大業，救護眾生，續佛慧命。

如《大般若波羅蜜多經》卷四四九中 佛的開示：「復次，善現！一切不退轉菩薩摩訶薩行甚深般若波羅蜜多時，攝受正法，護持正法，不惜身命，況餘親財！是菩薩摩訶薩常作是念：『我寧棄捨親友、珍財及自身命，終不棄捨諸佛正法。』何以故？親友、珍財及自身命，生生恒有甚為易得，諸佛正法百千俱胝那庾多劫乃得一遇，遇已長夜獲大利樂，故我定應精勤守護。」

在觀世音菩薩前的思惟整理

幾年前，在家中簡易佛堂　觀音菩薩聖像前思惟《心經》，當思惟非一非異、色不異空、空不異色，同時我看著□□□，有一念，□□□□□□，心想：這不就是了嗎？然後重新觀行一遍，當下自己否定了，之後再怎麼找都找不到。事後多年，有次我才發現原來我的我見沒斷。我內心一直以為我斷了我見，其實是沒有的，只是表面的斷；還是一樣認賊為子，生死流轉，永無出期，可悲的我啊！

我這幾年是由　平實導師的書，及星期二晚上　平實導師講經內容，公案及遍界不曾藏確認無疑。導師實在太慈悲了，學生發願願憐憫眾生故，願長劫住世，護持正法，破邪顯正救護眾生，捨身喪命在所不惜，但會先以　導師的安排（復興佛法大業）規劃為優先，並發願盡未來際要護持　平實導師及親教師陸老師成佛。發願是權利及責任，學生會好好努力實行。

犧牲奉獻與承擔

經由這些過程的洗練，可以發現自己能承擔的質與量，寬度與深度增加，在過程中也可以看到還有很大的成長空間，離導師、親教師還很遠很遠，必須要不斷的自我訓練與要求，有些關卡一關一關的過。生命的枷鎖已經不是痛苦的，而是必要的過程，就像蝴蝶要自己單獨的破蛹而出，才能成爲會飛的蝴蝶；且自動會轉換一個角度來思惟如何創造雙贏，共同趣向成佛之道。所以學佛是快樂的，不是痛苦的；也不是消極的，而是積極的；將枷鎖的力量轉成邁向成佛之道上的推動力，和諧平等。有智慧的來化解一切往昔的誤會，進而一起共創美好的未來，但沒有眷屬欲，只是依願規劃而行。感念佛菩薩的大慈大悲，所以自己在學習中也跟著行菩薩道，努力去行，佛菩薩自會安排的。

勸請平實導師世世出世常轉法輪不捨任一有情

今世有因緣可以找到 平實導師，未來世不一定可以遇見，所以這一世我要好好努力。今世選中了 平實導師的大乘法藴，將我的聲聞種性殺了很多，菩薩種性也發起了，未來還會繼續增益，也眞誠地發大願了，盡未來際永不捨任一有情眾生，要行無量普賢行，救護無量眾生。也勸請 平實導師世世出世常轉法輪，不捨任一有情，未來學生一定還會再遇見您的。因爲不再恐懼害怕，所以就不需要入無餘涅槃了，盡未來際永不入無餘涅槃，要救護無量眾生離於眾生見，承擔如來家業。學生這一生沒白來娑婆，感念大慈大悲 平實導師及親教師陸老師，盡未來際學生一定會執行今日所發的願，並於末後世五百年一定來相見。這末法期九千年一定會在人間好好努力，盡形壽行菩薩道，以期在 彌勒菩薩降生成佛那一世入初地，以報佛恩、導師恩、親教師恩、父母恩。

人生的旅途上，有幾次選擇？

人生有四個重要的選擇：一、老公老婆，二、職業，三、人生正面積極的伙伴，四、人生正面積極的導師。如果前二項，您已身陷其中無法自拔，請您放大第三與第四；藉由正面、積極、勇敢的態度與智慧去面對一切境界，在追隨正確的人生導師所指引下，便可以繼續向前旅行；等到您心寬了，見識增長了，能力提升了，慈悲心具足了，氣度長養了，善巧方便靈活了，智慧次第提昇了，再回頭來解決前二項。如此您的人生將邁向光明，一切將會圓滿自在；自己走出來了，才有能力幫助周遭的人；只有如法的修行，才可漸次破除因果的枷鎖。

在此推薦 平實導師給所有人，這一生若沒有遇見 平實導師，我心安不下來，轉折處無法有效化解，因果枷鎖無法次第破解。希望您也能給自己一次機會，來正覺講堂聽聞解脫道及成佛之道，一起成爲邁向成佛之道的菩薩及承擔如來家業的菩薩摩訶薩。

一心頂禮本師 釋迦牟尼佛、十方諸佛菩薩、護法韋陀尊天菩薩摩訶薩、平實菩薩摩訶薩、正覺海會親教師菩薩摩訶薩、正覺海會菩薩摩訶薩。

正建頂禮。

見道報告

—黃惠枝—

一心頂禮本師　釋迦牟尼佛

一心頂禮極樂世界　阿彌陀佛、觀世音菩薩摩訶薩、大勢至菩薩摩訶薩

一心頂禮護法　韋陀尊天菩薩

一心頂禮敬愛的導師　平實菩薩摩訶薩

一心頂禮敬愛的親教師　正源菩薩摩訶薩

家中佛堂供著大悲　觀世音菩薩，媽媽早晚必上香頂禮，假日在家常自動幫忙供香、供水。稍長，離開臺南家鄉北上求學，曾經隨同學前往華藏淨宗學會聽淨空法師講經開示幾次。一九九六年因家中同修身體不適，經朋友介紹，認識一位研習中醫之在家居士；此位居士早期學顯、晚年修密（二〇〇三年亦來正覺禪淨班上課，年紀已大，已於今年往生）；其與宗薩仁波切過從甚密，宗薩來臺灣舉辦法會或任何活動，皆相當護持。間接因緣下，我參加了密宗所舉辦的一些活動：如入

「中論班」研習、灌頂、彌陀大法、綠度母、白度母等法會；時間花費相當多，卻無學到佛法正知正見，也無功德受用；煩惱仍然很多，心中常覺得不踏實，內心深處不免自問：「**這就是佛法嗎？**」

二〇〇四年三月下旬，某天突然生起一念頭，拿起電話打給一位學佛多年的師姊，問她有無佛法知見的書籍？可否借我閱讀？並約好隔日中午一起吃飯。見了面才知她已在正覺禪淨班上課；師姊送我一本《學佛之心態》，並告知正覺講堂四月初將開禪淨班新班的訊息。

回家路上翻閱此書後面所列〈修學佛道次第表〉與〈佛菩提二主要道次第概要表〉，心想：若非眞見道證悟之善知識，如何能寫得如此縝密呢？次日下班回家，順路到講堂一探究竟；一位出家僧很熱心爲我推薦幾本書，其中《無相念佛》特別引起我的好奇心，心想：「**爲何念佛要無相呢？**」迫不及待先翻閱，被書中之學佛知見及簡明扼要修習方法和次第所攝受信服。這不就是我一直在尋求的嗎？此念佛法門爲想學佛之忙碌上班族，開了一扇方便之門。心中的震撼不可言喻，眼淚不由自主流下，久久無法克制；我同修被我莫名其妙的舉動嚇著，問我發生什麼事？我笑著告訴他：「**我找到修學佛法的方向了。**」唯恐報名額滿，次日即前往報名禪淨班。二〇〇四年四月九日開始修學殊勝的無相憶佛拜佛，此是我人生最大的轉捩點。

人生眞是苦啊！煩惱不斷。但有煩惱才有悟的因緣，想明心見性，唯有在煩惱所生的各種活動中去探究——眞如不離一切煩惱。經中講：「菩薩不斷煩惱證菩提。」眞是所言不虛，今能破參明心、證悟生命實相，還眞要慶幸有諸多煩惱與周遭逆境，激發弟子解脫生死輪迴、堅定修學正法的決心。

上課時，陳老師從最基礎佛法一一詳細解說，建立我們正確知見，教導無相憶佛拜佛行門功夫，引導我們於日常生活中解行並重；爲幫助學員深入法義，把自己糗事無保留的拿來作比喻；並藉著自己與周遭朋友之生活點滴，讓我們瞭解法的妙用及對法的信心。弟子受益良多，其懇切爲人之悲心，弟子無限的感佩。

陳老師教我們以憶念兒女的心憶佛拜佛，憶念兒女不需形相，此善巧方便快速成就弟子無相憶佛拜佛的功夫。修學了三個月，親朋好友見到我，皆訝異我面相的改變；臉上愁容煙消雲散，變成神清氣爽又莊嚴。來正覺講堂共修前，公司常有意想不到的事發生，不是人事出問題，就是業務出紕漏，焦心勞思、無所適從。學了無相拜佛之後，早晚作功課前，先懺悔，與冤親債主溝通；發願，請諸佛菩薩加被。作功課後將所有殊勝功德，迴向冤親債主；公司不順的現象竟然消失。更不可思議的事是同修十五年的身體不適，在一個半月前換了醫生，健康狀況大大改觀；想不到修學無上大法之功德受用，竟是這麼大，眞是受益無窮啊！

今年一月中旬，陳老師教授五蘊、十八界之知見及觀行：眞心是別於妄心之另一心，眞心離見聞覺知，不分別、不作主，與七轉識妄心和合似一。吃水果作觀行，把屬於□□□□□之部分□□，□□□皆在「□」上，除了妄心能憶念、觀察、分別、作主外，似有另一非能憶、能知、能觀、不分別的心，□□□運作。告知老師自己的體驗，老師沒有「肯」，把所有體驗擱下；再參，還是無其他進展。眼看禪三在即，絞盡腦汁還是無所獲，心想：每天早晚作功課前，皆先懺悔，與冤親債主溝通，也發了願，定慧福德亦積極累積，並祈求 釋尊、諸佛菩薩加持弟子能一次破參明心；因「不識本心、學法無益」，若不能證悟明心，如何有能力幫助一切有緣眾生？深入經藏亦無法明白經中眞正法義，作任何事將裹足不前；愧對 釋尊、諸佛菩薩、導師、親教師、盧老師。想至此，內心非常難過，不禁潸然淚下。盧老師安慰弟子：「交給佛菩薩安排吧！」想想也對，謀事在我，明心與否在諸佛菩薩，因緣成熟自有開悟的一天，轉個念頭：「得之，我幸；不得，我命。」把一切交給佛菩薩，放鬆心情，就這樣上禪三吧！

平時帶著憶佛念上班、看書、作家事。六月下旬某天下午，完成工作進度，閒暇拿出 導師著作閱讀，正看得專心，忽覺背部有微細物在流動，連續約十多分鐘；心裡直覺怪怪，未將此事放心上。隔幾天，耳朵出現相似現象；拜佛時腳、手、膝蓋亦有相同狀況；躺在床上，此種體驗更分明。心想：莫非是「祂」和妄心和合運作？是 導師所說的「夜夜抱佛眠」嗎？

禪三第一天，到了女童軍訓練中心，原來放鬆的心情，進了禪堂，不由自主收攝起來。整理妥適，先到 釋尊及菩薩像前發願，祈求讓弟子一次通過明心考驗，順利破參。萬緣放下，便全心全力參究。下午起三典禮後，導師開示、殺我們的我見：**離念靈知是意識心，定中之覺知心亦是；前念已過、後念未起之短暫離念靈知心，亦未遠離五別境心所法之了別性，仍是意識心**。要我們確實斷除我見。

每餐過堂用齋，桌上擺滿飯菜、水果，色香味俱全；護三師姊的用心、苦心，讓我們餐餐都能享用美食，衷心的感謝。導師每餐藉吃水果、使機鋒，玩腦筋急轉彎，要我們回答問題，常讓人丈二金剛摸不著頭腦，不知如何是好。明明是蕃茄，回答「蕃茄」不對，回答「水果」也不對，有人回答：「**是蕃茄即非蕃茄。**」

幾乎都有挨三十大板、六十大板機會（記帳），想笑又不敢笑。

晚上講公案，是學員最期待的時間，其間妙語如珠，精彩絕倫，趣味橫生；導師智慧深廣，說唱俱佳；說法像法師，說禪像禪師，讓弟子佩服得五體投地。弟子希望生生世世皆能依止 平實菩薩摩訶薩修學正法、護持正法、摧邪顯正，直至成佛。

第二天輪到弟子小參，進了小參室，導師慈悲親切中帶威儀；對 導師信受力十足，故不覺得害怕。簡單幾句話，即把弟子個性看得很透徹；其智慧與觀察力，令弟子衷心佩服。導師問：「找到無門之門了嗎？」弟子把拜佛時之體驗據實稟報，與 導師應對中，方知自己已觸證，但體驗不夠；導師作了開示與引導，並問弟子一些問題；會則直接回答，亦有答非所問；然後讓弟子整理「□□、□□、□□□」，□□□□□□□□□。

回座位思惟整理，一直在總相上繞。與游老師小參，說得支支吾吾，言不及義。最後老師要弟子用「桌上杯子」表達，一語點通弟子，方知思惟方向錯誤，總算稍有頭緒；但仍回答得太籠統，不夠明確而出局，只好再回禪堂繼續思惟整理。

第二次登記小參方順利過關。接著游老師要弟子思惟「□□時□□□□□□□?」初次上禪三，未明白此問題亦是口述，以為是用紙筆寫出報告；急急忙忙出來向護三菩薩拿紙筆，方知未清楚狀況。要再小參，需重新登記，護三菩薩說要等二個小時才可再登記。原以為第三天晚上應可輪到小參，因小參登記人數很多，第四天早上尚未輪到，心裡開始著急，不知還有幾個題目？時間來得及嗎？急也無用，只有到佛前請求 釋尊、諸佛菩薩幫忙。回到座位時，整個心情放鬆不少；繼續拜佛體驗，一切交給佛菩薩了。不久白老師告知：導師要和弟子小參。諸佛菩薩眞是有求必應，眞的讓弟子一次破參。弟子明瞭，此次能破參明心，釋尊、諸佛菩薩加持外，導師您特別有心的□□，□□□、開示；單憑弟子自己的能力，想要破參談何容易？弟子感恩再感恩。

從小參室出來，禮佛三拜，感謝 釋尊傳給眾生如此深妙可修可證法門；讓我依之修學實證，離苦得樂。弟子誓願信守誓言，奉行十無盡願，是則名為報佛恩、報師恩。

最後 導師要破參的學員體驗喝水時□□□□□的運作，觀察□□□□□□□□；進入小參室報告體驗時，導師又教授弟子們深細部分；其觀察入微，讓

弟子折服與讚歎。感謝諸佛菩薩安排，讓弟子何其有幸得遇大善知識，修學無上大法。在此弟子願將破參明心之殊勝功德迴向

導師色身康泰、長久住世，般若智慧、地地增上通達無礙；

師母身心健康、道業迅速增長，智慧如海，闔家平安；

陳老師、盧老師、講堂所有親教師、義工菩薩，道業迅速增進，度眾無礙，身體健康，闔家平安；

願生生世世之冤親債主，都能往生善趣、修學佛法、早證菩提。

弟子　黃惠枝　頂禮

公元二〇〇六年十一月

見性報告

—黃惠枝—

南無本師　釋迦牟尼佛

南無極樂世界　阿彌陀佛　觀世音菩薩摩訶薩　大勢至菩薩摩訶薩

南無護法　韋陀尊天菩薩摩訶薩

南無　平實菩薩摩訶薩

記得小時候有一修行人到家裡化緣，看到我在庭院玩，指著我，告訴祖父說：「這孩子將來必有一番成就。」稍長，每次遇到挫折情緒低潮時，這句話便在耳邊響起，心裡不免納悶：「我會有何成就呢？」一般人花費三十年修行，想要明心，如同天上摘月不可得，更何況想要眼見佛性？如今我進入同修會修學僅五年半，承蒙諸佛菩薩加持庇佑和善知識攝受，得以「明心、見性」，在佛菩提道的修行上跨進一大步，正應驗了那修行人的預言，使我在修行上更具信心和期望。

時常有人問我：「你要上班，又要照顧小孩，看孩子的功課，作家務事，還要照顧您家同修、作義工、上課、拜佛，您哪來那麼多的時間和體力？」答：「只要心得決定，有毅力，有恆心，自然可達成目標，時間是靠自己掌握的。」想生生世世不離三界修行菩薩道，利樂一切有情，度盡一切眾生，明心、見性是菩薩行者進入佛法內門實修的二道門檻。二○○六年十月開悟明心後，決定再接再勵往第二關眼見佛性邁進；想要眼見佛性，除了祈求諸佛菩薩加持庇佑和善知識的攝受外，必須具足大福德、定力、正確的慧力，才有可能眼見分明。

爲了累積福德，除了在正法道場〈正覺講堂〉作錢財上的布施外，舉凡講堂、祖師堂所有的清潔打掃、往生助念、彌陀法會、大悲懺法會、發結緣書、編譯組的校對、論義班研討會、禪三的護三，班級義工、法會義工、財務組副組長、班級助教老師等義工，皆很熱衷參與；只要時間許可，從不輕易放棄任何積聚福德的機會；編譯組校對工作和財務組的帳務整理，時常工作至深夜（每天無相拜佛作功夫優先，遇時間緊迫只好熬夜完成工作），一邊作帳一邊憶佛。參與往生助念和彌陀法會，除了可累積福德外，又可增長定力；融入助念唱誦，身心感覺莊嚴寧靜又安祥，使我看透生命的短暫、人生的無常、虛幻、痛苦，減輕對於身邊眷屬的情執和貪愛；人身難得，更堅定我尋求解脫生死，早日成就佛道的信念。

假日家人睡得晚、起得晚，我常利用上午外出到住家附近山上風景區擺書攤、發放結緣書；沿途漫步於山間小路，空氣清新，鳥語花香；路邊花草上露珠在陽光照耀下閃閃發光，邊走邊看話頭，修福德兼作功夫，真是一舉兩得。來山上運動的人很多，但每個人有每個人的因緣，接引學員秉著「隨緣盡分」從不強求，有因緣自然水到渠成。回家途中順道到捷運站發放結緣書一個小時，傍晚前往素食餐廳補充結緣書。

每天早晚在家中供養諸佛菩薩香、華、果，持誦總持咒、發願文，並作發願、懺悔、迴向；誓願生生世世修行菩薩道，迴入娑婆利樂一切有情，奉行十無盡願，生生世世荷擔如來家業，續佛慧命，祈求諸佛菩薩爲弟子安排。曾數次於夢中夢見導師、孫老師、余老師，心想過去生應與正法和大善知識有很深的因緣，才會看了《無相念佛》一書如此相應信受；每次唸誦〈正覺發願文〉，常不由自主淚流滿面，惹來家中同修一臉錯愕，不知所措，誤以爲發生甚麼事了。

同修會的大悲懺法會不同於外面道場，只要有大悲懺法會必定參加；每個人無始劫來不知造了多少惡業，招惹多少冤親債主，把往世之惡行作懺悔，可以減少修行的障礙。

睡夢中被響徹雲霄的鈴聲吵醒，又是小兒子房間的鬧鐘叫起床，再大聲的鬧鈴也無法叫醒他；每天早上六點起床，一面作早餐和午餐便當，一面提高嗓門叫孩子們起床上學和上班。明心後繼續鍛鍊無相拜佛動中定的功夫，仍然不敢懈怠，每天於上班前完成一小時至九十分鐘的無相拜佛；偶遇突發事件不能於上班前完成拜佛功課，必於下班完成家務事、督導孩子功課後，繼續修鍊未完成的動中定功夫——拜佛。晚上體力不足、精疲力盡，修學定力效果不佳，常拜佛拜到不知不覺睡著；醒來已經深夜，兩腳發麻站不起來。有時利用午休時間在小辦公室，關起門拜佛作功夫；滿腦子想的儘是如何找時間拜佛，如何把小兒子早點哄上床睡覺，才好專心拜佛。

二〇〇八年全球性金融風暴，導致經濟不景氣，大小企業受到大環境影響，訂單減少，業績滑落，公司亦受到波及；過年後爲提升業績，每天早上召開業務會議，原本早上的拜佛修定只好改在晚上。今年三月決定報名十月的禪三——「求眼見佛性」，業障開始現前，以前不曾發生的問題接踵而來；首先家中同修的健康又出現問題：藥物中毒昏倒，不省人事送醫急救；皮膚出現乾癬、脊椎長骨刺、腰痛無法起床；每天必須服侍同修盥洗、擦藥。接著公司人事出現狀況、貨源不順、產品出現瑕疵。家庭和事業問題層出不窮，白天上班忙著處理公司事情，下班回家有家務事要作、小孩的功課要看、照顧家中同修；心裡惦記著無相拜佛修定力、看話頭，這三年來真是家庭、事業、功夫三頭燒。原本作功夫修定的時間本就有限，突然的轉變使得修定看話頭的時間不易掌握，只好利用中午午休時間拜佛修定力，搭車、走路時間看話頭，並在家裡養魚用來看話頭。

長期處在精神緊繃狀態，心情無法放鬆，睡眠不足導致頭痛，頸椎、肩膀、手臂痠痛，體重減少五公斤，醫師警告我：「**現在再不放鬆，等到將來想放鬆時將無法控制自己。**」只好暫時辭去部分義工職事，將時間用在無相拜佛和看話頭的加強。並把每天禮佛時間集合在同一時間用功，使同一次的禮佛時間延長，定力較容易增長。定力的增長必須長時間的累積，是一步一腳印，並非一蹴可幾。

假日停止所有的休閒娛樂，把修定作功夫時間延長四至五小時；較長的時間用來拜佛，撿零碎時間看話頭；禪三前三個月，爲了節省時間作功夫，三餐不是吃火鍋（把所有的菜丟入大鍋子煮），就是外買便當。在子女眼中，媽媽的興趣只有拜佛，女兒笑著說：「**媽媽活在自己的拜佛世界裡。**」小兒子日記上寫著：「□□□

同學好幸福喔！放學回家有熱騰騰的四菜一湯可吃。我考試期間拼命啃書，大家都忙，沒人會送點心進來給我吃。」眞是於心不忍，令身爲媽媽的我感到很慚愧心酸；爲了求見性，只顧著作功夫，竟然疏忽子女心裡的感受。

八月遞出禪三報名表，心裡壓力與日俱增，所幸自己的定力不斷的增長；拜佛時已經可以制心一處、一念相續，輕安、沒妄念，漸漸深入定境。剛開始入定不深，稍微不留意，常著涼感冒；只好把冷氣溫度調高一些，使自己在稍熱情況下入定，才避免感冒現象。有時會被定境影響而無法入睡，只好在傍晚太陽未下山前，外出運動兼看話頭，情況才得以改善；這種拼命的日子眞是苦不堪言，但因爲有明確的目標要奮鬥，願接受這種痛苦，繼續努力。

十月十日左右接到禪三錄取通知，又興奮又緊張；排在第二梯次，可以多一週時間用功。導師曾經提到：**同修會已經七年沒有人見性，眼見佛性比開悟明心更加困難，必須具足大福德、定力、慧力，缺一不可。**每年都有不少人明心，但七年來都沒有人眼見佛性；很多人認爲見性遙不可及，此世應無因緣，不敢抱任何希望，更遑論報名禪三求見性。雖然見性很困難，但想到 導師閉關十九天辛苦參究無著落，於是放棄以前追隨大法師所學的錯誤知見，自己重新整理思惟參究，在短短半小時內，即通過「開悟明心」和「眼見佛性」兩關；而我們禪三有 導師引導，只要依照 導師的方法去作，成功機會應更大。心想：倘能一舉順利通過，定能帶動一陣風氣，使同修會有心求見性者躍躍欲試；見性人數愈多，維繫正法家業的力量就越大。想及此，頓感責任重大，非得一次通過「眼見佛性」這一關不可。

但還是很擔心自己因緣是否具足？福德、定力、慧力是否具足？感覺壓力很大，不像第一次上禪三求明心開悟「得之我幸、不得我命」般的灑脫。禪三前突然有個奇想：何不請示 釋尊？祂老人家一向都很庇佑我、關照我，所有的疑難問題都會給我指示。利用早上供香時請示 釋尊：此次上禪三是否有因緣可以「眼見佛性」？竟然連續給了三個聖杯。爲了拼功夫，已經好長一段時間沒和堂上二老閒話家常了，臨行前上樓稟明要參加禪三，說明四天三夜去處，家母說：「**上回求明心開悟，一次就通過，預祝妳求見性也可以順利過關。**」釋尊的庇護和家母的祝福，給了我無比的信心；果眞如 釋尊的指示，弟子親證了「眼見佛性」，成就了世界如幻觀；三年的煎熬日子，總算沒有白費。

十月十六日，禪三報到的日子，菩薩保佑，天氣晴朗，風和日麗，很適合在戶外看話頭。七點四十分到達禪三道場，距離報到時間還有一小時；走進花園、菜圃，到處是蝴蝶、蜻蜓、蝗蟲、螳螂、蜜蜂飛來飛去，眞是看話頭的好地方。

報到後安頓好行李，洗過手，進入三樓禪堂，映入眼簾的是慈悲的 釋尊聖像、莊嚴威武的 韋陀菩薩、仁慈的 克勤圜悟菩薩；找到我的位置——女眾最後一排最後一位，先到佛前一一頂禮諸佛菩薩，並發願：願行十無盡願，並將眼見佛性的功德，發起更大的智慧，護持正法、弘揚正法，廣度一切有情，利樂一切眾生；請求諸冤親債主不要障礙我，使我早日成就佛道。

此次報名「眼見佛性」只錄取我一位，灑淨程序由親教師孫老師主法，《楊枝淨水讚》一起腔，不由自主淚流滿面；中午上供後，過堂用齋，義工菩薩們用心準備色香味俱佳的午齋，令我食慾大開。下午一點半拜願懺悔，每次禪三，都會有冤親債主來障礙，但拜懺前監香老師告知：「主三和尚指示，要你不必參加拜懺，進入小參室拜佛作功夫。」心想：「爲何不用拜懺？若冤親債主來障礙怎麼辦？不知自己福德夠嗎？」心裡又想：「導師會觀看因緣，應知我定力須要再加強。」我既要上班照顧公司，又要照顧家庭，又常常會有突發事情用掉我的時間，拼功夫的時間可能有些不足。既然依止善知識 導師您修學正法，依照您的話作準沒錯。

晚上 導師普說公案，一向妙語如珠、趣味橫生、表情生動，使人親歷其境，常逗得在場的人哄堂大笑；但我仍然必須留在小參室加強定力，很可惜無緣聽聞。

拜懺完畢，接著起三，讚偈開始，心中感動而髮根豎起，眼淚竟不聽使喚潸然而下。主三和尚要大眾宣誓：「**永不裨販如來，且要善守密意，絕不為作人情而將密意隨意洩漏。**」爲了宗門法脈綿延，導師您總是不厭其煩的叮嚀再叮嚀、囑咐再囑咐，唯恐弟子們洩漏密意，傷了眾生的法身慧命，亦使正法命脈無法永續流傳。

用齋時，導師吃得不多，急忙起身巡視；邊開示，邊使「水果禪」機鋒，還沒破參的學員都難逃 導師的如意棒。雖然說得夠白，可惜多數人無明遮障，透不過，一念相應慧還是無法生起。

持續禮佛作功夫，到禪三第二天，導師交代改為一小時在禪堂拜佛，一小時外出看話頭；普說、經行時間依舊單獨在小參室拜佛作功夫，糾察老師到了看話頭的時間，都會來提醒我。導師每天要照顧及引導求明心的學員，另一面還要撥出時間特地下樓到園林指導我看話頭，同時觀察看話頭功夫的演變情況。

在這兩天多的時間裡，依照 導師以前的指導和這兩天指示的要領，時時帶著話頭，邊走邊看向所見景物：花、樹葉、蝴蝶、蜻蜓、蜜蜂……等。葉子上的露珠，閃閃發亮，葉子這麼鮮綠，花這麼豔美。導師問：「與以前有無不同之處？」答：「看起來□□□□，□□特別□□，特別□□□。」有了定力看所有景物，看得更□□。第二天 導師關心我看話頭的演變狀況，抽空來園林勘察時又問：「現在看一切事物時，應該和以前不一樣，有沒有覺得□□？」答：「有。」導師又說：「現在看話頭時，有沒有□□很□□？」答：「有。」導師認為功夫方面最後應該出現的境界，今天都已具足了；隨即吩咐繼續看話頭，加強定力，明天（第三天）將會引導，可以更有把握。

繼續反覆拜佛及看話頭，但第二天下午拜佛進入定境中，全身毛細孔張開；起身外出看話頭時，沒有先把身上的汗擦拭，又沒搓揉色身讓毛細孔回復，下樓時吹到風，感受風寒而引起色身不適；加上第一晚鄰床鼾聲無法入眠，今天到了晚上普說時間，在小參室獨自禮佛用功時，體力已不支；眼痠頭痛，無法繼續拜佛作功夫，普說結束回到座位後，趕緊離開禪堂回寮房休息。

第三天四點半起床，因為一夜好睡，昨天傍晚又喝了護三菩薩特地準備的特殊飲料，今早體力已經恢復。但今天下午可能要作見性的引導，心情不免緊張和不安；午齋時，義工菩薩雖擺滿色香味俱全佳餚，卻無法引起好食慾。導師確定下午三點左右會作見性引導，由於以往引導常有看不見佛性、成爲解悟佛性的案例；七年以來，無有人通過見性這關的考驗。導師擔心引導失敗，我可能看不見佛性，神情很緊張，給人如履薄冰之感。導師問：「**甚麼是佛性？**」答：「□□□。」導師：「**這不是佛性。參出這樣的佛性，不可能在山河大地上看得見。**」又說：「**佛陀□□□□，那麼佛性是什麼？**」答：「□□□□□□□的□□□。」導師：「**用□□□□。**」答：「□□。」這時導師往草地一指，就看見了。導師又指著天上的層積雲，佛性在層積雲上也清晰可見。導師吩咐說：「□□無□□，**回去寮房沖個澡，加強感受□□□□的□□。**」

接著爲了保任不退的緣故，導師指示在解三前可以繼續在大殿中拜佛及外出看佛性，交替進行。當天晚上的普說，就可以隨眾聽聞了；普說時住於見性境界中，於禪堂內所有有情、無情物皆可見自己的佛性，主三和尚和學員的佛性亦清晰可見；學員聚精會神盯著投影在銀幕上的公案，導師手上拿著竹如意，利用各種巧妙譬喻、機鋒，只爲讓學人能悟入；禪風平易近人，生動又活潑，是那麼親切又睿智；講解公案妙語如珠，趣味橫生，表情生動，逗得在場的護三菩薩和已經找到眞心的學員們哄堂大笑，導師自己也笑出淚水。晚上普說時，莊嚴的禪堂到處充滿溫馨和樂氣氛，在這樣幸福的背景下卻又處處機鋒，處處指出法身的所在；在正覺同修會中修學佛法與參禪，竟是如此快樂、幸福。

第四天，因爲自己今天晚上還有班級助教的職務，必須先下山趕去講堂；正在收拾行李時，戴老師來傳喚進禪堂。導師見了就引到禪堂外的迴廊，垂詢保任佛性的情況，以及今天所見的佛性有沒有更清晰？然後又指著天際的層積雲要我看，一樣清楚分明。導師說：「你有沒有辦法說給沒見性的人聽懂？」想了好久，始終無法以言語講清楚；不論怎麼講，沒看見的人都會誤會我的意思；除了直接指出佛性的名義以外，眞的好難形容給別人知道。這時所見的山河大地竟是那樣的虛幻不實，覺得只有佛性才是眞實的；而自己的色陰與覺知心相形之下，顯得更加虛妄不眞。原來如幻觀是這樣的境界，是眼見當下就虛幻不實，不是以緣起性空的觀行智慧來觀察的，這時才知道明心與見性所知的如幻是大不相同的。

見性回家以後，自己看著佛性，覺得佛性眞的很難說明，心想：是一種□□，卻不是如來藏運作時顯示出來的功能性，也不是識陰六陰的知覺性；若是用□□來說明，也許貼切一些，因爲佛性並不是六識的見聞知覺性。只能從眼見佛性與明心的不同現象來作說明：眼見佛性的人，皆能於山河大地上看見自己的佛性；明心的人，無法於山河大地上看見自己的如來藏功能性；所以眼見佛性後所見的佛性，不是看見別人身上如來藏的功能性。歸納起來，只能如此說：1、還沒有參出佛性時，或是參出不對的名義時就看不見佛性；才剛參出來時，善知識指示往草地上一看時就看見了。2、家中同修睡著時，他的六識知覺性不見了，但他的佛性還是清楚地現前，卻不是看見他的如來藏的功能性。3、從別人身上可以看見自己的佛性，也能看見別人的佛性。

佛性確實肉眼可見。當時 導師說：「恭喜了。」一句恭喜，讓我如釋重負；長期的辛苦，一下子煙消雲散；奇怪的是，當時既沒大笑、亦沒大哭，只是住在所見佛性的境界中。剛學佛時不曾想過自己可以開悟明心，如今竟然又見性了；回想眼見佛性的因緣，除了祈求諸佛菩薩加持庇佑和善知識的攝受外，自己還必須具足福德、定力、慧力，缺一不可，特別是大福德與正確的慧力。見性這一關還要在善知識的指導下，正確修鍊看話頭的功夫，才有可能眼見分明。看話頭是眼見佛性的唯一親證法門，捨此法門，則無門可入，無法可證；看見佛性時，才知道原來看話頭與看佛性是一樣的看，怪不得 導師要教導我們看話頭。看話頭的過程中，也會有許多變化，有一些是不必理會的，有一些是看話頭功夫進展的現象；若不是親自走過來的人，不可能知道其中內容，更不可能指導別人眼見佛性。

回想最後這一年來，每天睡眠時間不超過五小時，要照顧家庭與孩子、要經營事業、也要撥時間照顧家中生病的同修，每天神經緊繃。如今看見佛性了，忽然看見器世間如此的虛幻，世界身心的如幻是親眼看見的，不是以智慧推究觀察而知的；頓時躋身於十住位中，眞是喜出望外。如今見性了，公司的營運也在正常狀況下持續，精神不必再像以前一樣每天時時緊繃著，家中同修身心健康亦在康復中，覺得無事一身輕。前段日子每一個假日都停止所有的休閒活動，幾乎與周遭朋友隔絕；世尊的庇佑和 導師您的加持，使我得以順利見性，心懷感恩、感謝外，還有無可言喻的幸福呢！在正覺講堂學佛，眞是菩薩道中最大的幸福呢！

在此也要勉勵正覺的同修們，今生得以値遇大善知識 平實導師，怎可不把握難得的人身，努力修學正法、護持正法呢？只要努力護持正法，具備了大福德，在多年熏習正法增長慧力後，請 導師指導看話頭的功夫。等到看話頭的動中定力足夠時，在大福德與慧力的支持下，導師引導以後一定可以眼見佛性的，見性的境界一定可以實證的。在此發願：願行十無盡願，生生世世行菩薩道，努力護持正法，弘揚正法，廣度一切有情，利樂一切眾生。

見性後，因為以前擱著許多沒有處理的事情，必須立即處理；自己的文筆也不好，不知如何著手，寫了很久才終於寫好；今天才呈給您，請您原諒。在此弟子願將眼見佛性之殊勝功德迴向

平實導師色身康泰、長久住世、佛道無礙、弘法無礙。

師母色身康泰、佛道無礙，智慧如海，闔家平安。

正覺講堂所有親教師、義工菩薩道業迅速增長，度眾無礙，身體健康，闔家平安。

願生生世世之冤親債主，都能往生善趣、修學佛法、早證菩提。

佛弟子 黃惠枝 佛前頂禮

公元二〇〇九年十一月

佛教正覺同修會〈修學佛道次第表〉

第一階段

＊以憶佛及拜佛方式修習動中定力。
＊學第一義佛法及禪法知見。
＊無相拜佛功夫成就。
＊具備一念相續功夫—動靜中皆能看話頭。
＊努力培植福德資糧，勤修三福淨業。

第二階段

＊參話頭，參公案。
＊開悟明心，一片悟境。
＊鍛鍊功夫求見佛性。
＊眼見佛性〈餘五根亦如是〉親見世界如幻，成就如幻觀。
＊學習禪門差別智。
＊深入第一義經典。
＊修除性障及隨分修學禪定。
＊修證十行位陽焰觀。

第三階段

＊學一切種智真實正理—楞伽經、解深密經、成唯識論…。
＊參究末後句。
＊解悟末後句。
＊透牢關—親自體驗所悟末後句境界，親見實相，無得無失。
＊救護一切眾生迴向正道。護持了義正法，修證十迴向位如夢觀。
＊發十無盡願，修習百法明門，親證猶如鏡像現觀。
＊修除五蓋，發起禪定。持一切善法戒。親證猶如光影現觀。
＊進修四禪八定、四無量心、五神通。進修大乘種智，求證猶如谷響現觀。

佛菩提二主要道次第概要表——二道並修，以外無別佛法

佛菩提道——大菩提道

遠波羅蜜多

十信位修集信心 —— 一劫乃至一萬劫

資糧位

初住位修集布施功德（以財施爲主）。

二住位修集持戒功德。

三住位修集忍辱功德。

四住位修集精進功德。

五住位修集禪定功德。

六住位修集般若功德（熏習般若中觀及斷我見，加行位也）。

外門廣修六度萬行

見道位

七住位明心般若正觀現前，親證本來自性清淨涅槃。

八住位起於一切法現觀般若中道。漸除性障。

十住位眼見佛性，世界如幻觀成就。

一至十行位，於廣行六度萬行中，依般若中道慧，現觀陰處界猶如陽焰，至第十行滿心位，陽焰觀成就。

一至十迴向位熏習一切種智；修除性障，唯留最後一分思惑不斷。第十迴向滿心位成就菩薩道如夢觀。

內門廣修六度萬行

初地：第十迴向位滿心時，成就道種智一分（八識心王一一親證後，領受五法、三自性、七種第一義、七種性自性、二種無我法）復由勇發十無盡願，成通達位菩薩。復又永伏性障而不具斷，能證慧解脫而不取證，由大願故留惑潤生。此地主修法施波羅蜜多及百法明門。證「猶如鏡像」現觀，故滿初地心。

二地：初地功德滿足以後，再成就道種智一分而入二地；主修戒波羅蜜多及一切種智。滿心位成就「猶如光影」現觀，戒行自然清淨。

解脫道：二乘菩提

斷三縛結，成初果解脫 ←

薄貪瞋癡，成二果解脫 ←

斷五下分結，成三果解脫 ←

入地前的四加行令煩惱障現行悉斷，成四果解脫，留惑潤生。分段生死已斷，煩惱障習氣種子開始斷除，兼斷無始無明上煩惱。

近波羅蜜多

大波羅蜜多

圓滿波羅蜜多

修道位

三地：二地滿心再證道種智一分，故入三地。此地主修忍波羅蜜多及四禪八定、四無量心、五神通。能成就俱解脫果而不取證，留惑潤生。滿心位成就「猶如谷響」現觀及無漏妙定意生身。

四地：由三地再證道種智一分故入四地。主修精進波羅蜜多，於此土及他方世界廣度有緣，無有疲倦。進修一切種智，滿心位成就「如水中月」現觀。

五地：由四地再證道種智一分故入五地。主修禪定波羅蜜多及一切種智，斷除下乘涅槃貪。滿心位成就「變化所成」現觀。

六地：由五地再證道種智一分故入六地。此地主修般若波羅蜜多——依道種智現觀十二因緣一一有支及意生身化身，皆自心眞如變化所現，「非有似有」，成就細相觀，不由加行而自然證得滅盡定，成俱解脫大乘無學。

七地：由六地「非有似有」現觀，再證道種智一分故入七地。此地主修一切種智及方便波羅蜜多，由重觀十二有支一一支中之流轉門及還滅門一切細相，成就方便善巧，念念隨入滅盡定。滿心位證得「如犍闥婆城」現觀。

八地：由七地極細相觀成就故再證道種智一分而入八地。此地主修一切種智及願波羅蜜多。至滿心位純無相觀任運恆起，故於相土自在，滿心位復證「如實覺知諸法相意生身」故。

九地：由八地再證道種智一分故入九地。主修力波羅蜜多及一切種智，成就四無礙，滿心位證得「種類俱生無行作意生身」。

十地：由九地再證道種智一分故入此地。此地主修一切種智——智波羅蜜多。滿心位起大法智雲，及現起大法智雲所含藏種種功德，成受職菩薩。

等覺：由十地道種智成就故入此地。此地應修一切種智，圓滿等覺地無生法忍；於百劫中修集極廣大福德，以之圓滿三十二大人相及無量隨形好。

究竟位

妙覺：示現受生人間已斷盡煩惱障一切習氣種子，並斷盡所知障一切隨眠，永斷變易生死無明，成就大般涅槃，四智圓明。人間捨壽後，報身常住色究竟天利樂十方地上菩薩；以諸化身利樂有情，永無盡期，成就究竟佛道。

七地滿心斷除故意保留之最後一分思惑時，煩惱障所攝色、受、想三陰有漏習氣種子全部斷盡。

煩惱障所攝行、識二陰無漏習氣種子任運漸斷，所知障所攝上煩惱任運漸斷。

斷盡變易生死成就大般涅槃

圓滿成就究竟佛果

佛子蕭平實 謹製

（二〇〇九、〇二 修訂）

（二〇一二、〇二 增補）

佛教正覺同修會 共修現況 及 招生公告 2021/04/21

一、共修現況：（請在共修時間來電，以免無人接聽。）

台北正覺講堂 103 台北市承德路三段 277 號九樓 捷運淡水線圓山站旁
Tel..**總機** 02-25957295（晚上）（**分機：九樓**辦公室 10、11；知客櫃檯 12、13。 **十樓**知客櫃檯 15、16；書局櫃檯 14。 **五樓**辦公室 18；知客櫃檯 19。**二樓**辦公室 20；知客櫃檯 21。）
Fax..25954493

第一講堂 台北市承德路三段 277 號九樓

禪淨班：週一晚班、週三晚班、週四晚班、週五晚班、週六下午班、週六上午班（共修期間二年半，全程免費。皆須報名建立學籍後始可參加共修，欲報名者詳見本公告末頁。）

增上班：瑜伽師地論詳解：單週六晚班。雙週六晚班（重播班）。17.50～20.50。平實導師講解，2003 年 2 月開講至今，僅限已明心之會員參加。

禪門差別智：每月第一週日全天 平實導師主講（事冗暫停）。

解深密經詳解 本經從六度波羅蜜多談到八識心王，再詳論大乘見道所證眞如，然後論及悟後進修的相見道位所觀七眞如，以及入地後的十地所修，乃至成佛時的四智圓明一切種智境界，皆是可修可證之法，流傳至今依舊可證，顯示佛法眞是義學而非玄談，淺深次第皆所論及之第一義諦妙義。已於 2021 年三月下旬起開講，由 平實導師詳解。每逢週二晚上開講，第一至第六講堂都可同時聽聞，歡迎菩薩種性學人，攜眷共同參與此殊勝法會現場聞法，不限制聽講資格。本會學員憑上課證進入第一至第四講堂聽講，會外學人請以身分證件換證進入聽講（此爲大樓管理處安全管理規定之要求，敬請諒解）；第五及第六講堂（B1、B2）對外開放，不需出示任何證件，請由大樓側門直接進入。

第二講堂 台北市承德路三段 267 號十樓。

禪淨班：週一晚班。

進階班：週三晚班、週四晚班、週五晚班、週六早班、週六下午班。禪淨班結業後轉入共修。

解深密經詳解：平實導師講解。每週二 18.50~20.50 影像音聲即時傳輸

第三講堂 台北市承德路三段 277 號五樓。

禪淨班：週六下午班。

進階班：週一晚班、週三晚班、週四晚班、週五晚班。

解深密經詳解：平實導師講解。每週二 18.50~20.50 影像音聲即時傳輸

第四講堂 台北市承德路三段 267 號二樓。

進階班：週一晚班、週三晚班、週四晚班（禪淨班結業後轉入共修）。

解深密經詳解：平實導師講解。每週二 18.50~20.50 影像音聲即時傳輸

第五、第六講堂

念佛班　每週日晚上，第六講堂共修（B2），一切求生極樂世界的三寶弟子皆可參加，不限制共修資格。

進階班：週一晚班、週三晚班、週四晚班。

解深密經詳解：平實導師講解。每週二 18.50~20.50 影像音聲即時傳輸。第五、第六講堂爲**開放式講堂**，不需以身分證件換證即可進入聽講，台北市承德路三段 267 號地下一樓、地下二樓。每逢週二晚上講經時段開放給會外人士自由聽經，請由大樓側面梯階逕行進入聽講。**聽講者請尊重講者的著作權及肖像權，請勿錄音錄影，以免違法；若有錄音錄影被查獲者，將依法處理。**

正覺祖師堂　大溪區美華里信義路 650 巷坑底 5 之 6 號（台 3 號省道 34 公里處　妙法寺對面斜坡道進入）電話 03-3886110　傳眞 03-3881692 本堂供奉 克勤圓悟大師，專供會員每年四月、十月各三次精進禪三共修，兼作本會出家菩薩掛單常住之用。開放參訪日期請參見本會公告。教內共修團體或道場，得另申請其餘時間作團體參訪，務請事先與常住確定日期，以便安排常住菩薩接引導覽，亦免妨礙常住菩薩之日常作息及修行。

桃園正覺講堂（第一、第二講堂）：桃園市介壽路 286、288 號 10 樓（陽明運動公園對面）電話：03-3749363（請於共修時聯繫，或與台北聯繫）

禪淨班：週一晚班（1）、週一晚班（2）、週三晚班、週四晚班、週五晚班。

進階班：週四晚班、週五晚班、週六上午班。

增上班：雙週六晚班（增上重播班）。

解深密經詳解：平實導師講解。每週二晚上，以台北正覺講堂所錄 DVD 放映；歡迎會外學人共同聽講，不需出示身分證件。

新竹正覺講堂　新竹市東光路 55 號二樓之一　電話 03-5724297（晚上）

第一講堂：

禪淨班：週五晚班。

進階班：週三晚班、週四晚班、週六上午班。由禪淨班結業後轉入共修

增上班：單週六晚班。雙週六晚班（重播班）。

解深密經詳解：平實導師講解。每週二晚上，以台北正覺講堂所錄 DVD 放映。歡迎會外學人共同聽講，不需出示身分證件。

第二講堂：

禪淨班：週一晚班、週三晚班、週四晚班、週六上午班。

解深密經詳解：每週二晚上與第一講堂同步播放講經 DVD。

第三、第四講堂：裝修完畢，即將開放。

台中正覺講堂　04-23816090（晚上）

第一講堂　台中市南屯區五權西路二段 666 號 13 樓之四（國泰世華銀行樓上。鄰近縣市經第一高速公路前來者，由五權西路交流道可以快速到達，大樓旁有停車場，對面有素食館）。

禪淨班：週四晚班、週五晚班。

進階班：週一晚班、週三晚班、週六上午班（由禪淨班結業後轉入共修）。

增上班：單週六晚班。雙週六晚班（重播班）。

解深密經詳解：平實導師講解。每週二晚上，以台北正覺講堂所錄 DVD 放映。歡迎會外學人共同聽講，不需出示身分證件。

第二講堂　台中市南屯區五權西路二段 666 號 4 樓

禪淨班：週一晚班、週三晚班。

第三講堂台中市南屯區五權西路二段 666 號 4 樓

禪淨班：週一晚班。

第四講堂台中市南屯區五權西路二段 666 號 4 樓。

進階班：週一晚班、週四晚班、週六上午班，由禪淨班結業後轉入共修

解深密經詳解：每週二晚上與第一講堂同步播放講經 DVD。

嘉義正覺講堂　嘉義市友愛路 288 號八樓之一　電話：05-2318228

第一講堂：

禪淨班：週四晚班、週五晚班、週六上午班。

進階班：週一晚班、週三晚班（由禪淨班結業後轉入共修）。

增上班：單週六晚班。雙週六晚班（重播班）。

解深密經詳解：平實導師講解。每週二晚上，以台北正覺講堂所錄 DVD 放映。歡迎會外學人共同聽講，不需出示身分證件。

第二講堂　嘉義市友愛路 288 號八樓之二。

第三講堂　嘉義市友愛路 288 號四樓之七。

禪淨班：週一晚班、週三晚班。

台南正覺講堂

第一講堂　台南市西門路四段 15 號 4 樓。06-2820541（晚上）

禪淨班：週一晚班、週三晚班、週四晚班、週五晚班、週六下午班。

增上班：單週六晚班。雙週六晚班（重播班）。

第二講堂　台南市西門路四段 15 號 3 樓。

解深密經詳解：每週二晚上與第三講堂同步播放講經 DVD。

第三講堂　台南市西門路四段 15 號 3 樓。

進階班：週一晚班、週三晚班、週四晚班、週五晚班（由禪淨班結業後轉入共修）。

解深密經詳解：平實導師講解。每週二晚上，以台北正覺講堂所錄 DVD 放映。歡迎會外學人共同聽講，不需出示身分證件。。

高雄正覺講堂　高雄市新興區中正三路 45 號五樓 07-2234248（晚上）

第一講堂（五樓）：

禪淨班：週一晚班、週三晚班、週四晚班、週五晚班、週六上午班。

增上班：單週六晚班。雙週六晚班（重播班）。

解深密經詳解：平實導師講解。每週二晚上，以台北正覺講堂所錄 DVD 放映。歡迎會外學人共同聽講，不需出示身分證件。

第二講堂（四樓）：

進階班：週三晚班、週四晚班、週六上午班（由禪淨班結業後轉入共修）。

解深密經詳解：每週二晚上與第一講堂同步播放講經 DVD。

第三講堂（三樓）：

進階班：週四晚班（由禪淨班結業後轉入共修）。

香港正覺講堂

香港新界葵涌打磚坪街 93 號維京科技商業中心A 座 18 樓。

電話：(852) 23262231

英文地址：18/F, Tower A, Viking Technology & Business Centre, 93 Ta Chuen Ping Street, Kwai Chung, N.T., Hong Kong.

禪淨班：雙週六下午班、雙週日下午班、單週六下午班、單週日下午班

進階班：雙週五晚上班、雙週日早上班（由禪淨班結業後轉入共修）。

增上班：每月第一週週日，以台北增上班課程錄成 DVD 放映之。

增上重播班：每月第一週週六，以台北增上班課程錄成 DVD 放映之。

大法鼓經詳解：平實導師講解。每週六、日 19:00～21:00，以台北正覺講堂所錄 DVD 放映；歡迎會外學人共同聽講，不需出示身分證件。

美國洛杉磯正覺講堂　☆**已遷移新址**☆

825 S. Lemon Ave Diamond Bar, CA 91789 U.S.A.

Tel. (909) 595-5222（請於週六 9:00~18:00 之間聯繫）

Cell. (626) 454-0607

禪淨班：每逢週末 16：00~18：00 上課。

進階班：每逢週末上午 10：00~12：00 上課。

解深密經詳解：平實導師講解。每週六下午 13：30~15：30 以台北所錄 DVD 放映。歡迎各界人士共享第一義諦無上法益，不需報名。

二、招生公告　本會台北講堂及全省各講堂、香港講堂，每逢**四月、十月**下旬開新班，每週共修一次（每次二小時。開課日起三個月內仍可插班）；但美國洛杉磯共修處之禪淨班得隨時插班共修。各班共修期間皆為二年半，全程免費，欲參加者請向本會函索報名表（各共修處皆於共修時間方有人執事，非共修時間請勿電詢或前來洽詢、請書），或直接從本會官方網站(http://www.enlighten.org.tw/newsflash/class)或成佛之道網站下載報名表。共修期滿時，若經報名禪三審核通過者，可參加四天三夜之禪三精進共修，有機會明心、取證如來藏，發起般若實相智慧，成為實義菩薩，脫離凡夫菩薩位。

三、新春禮佛祈福 農曆**年假**期間停止共修：自農曆新年前七天起停止共修與弘法，正月 8 日起回復共修、弘法事務。新春期間正月初一～初七 9.00～17.00 開放台北講堂、正月初一~初三開放新竹、台中、嘉義、台南、高雄講堂，以及大溪禪三道場（正覺祖師堂），方便會員供佛、祈福及會外人士請書。美國洛杉磯共修處之休假時間，請逕詢該共修處。

密宗四大派修雙身法，是外道性力派的邪法；又以生滅的識陰作為常住法，是常見外道，是假的藏傳佛教。

西藏覺囊巴以他空見弘揚第八識如來藏勝法，才是真藏傳佛教

佛教正覺同修會　弘法行事表

2021/04/21

1、**禪淨班**　以無相念佛及拜佛方式修習動中定力，實證一心不亂功夫。傳授解脫道正理及第一義諦佛法，以及參禪知見。共修期間：二年六個月。每逢四月、十月開新班，詳見招生公告表。

2、**進階班**　禪淨班畢業後得轉入此班，進修更深入的佛法，期能證悟明心。各地講堂各有多班，繼續深入佛法、增長定力，悟後得轉入增上班修學道種智，期能證得無生法忍。

3、**增上班 瑜伽師地論**詳解　詳解論中所言凡夫地至佛地等 17 師之修證境界與理論，從凡夫地、聲聞地……宣演到諸地所證無生法忍、一切種智之眞實正理。由平實導師開講，每逢一、三、五週之週末晚上開示，僅限已明心之會員參加。2003 年二月開講至今，預定 2021 年講畢。

4、**解深密經**詳解　本經所說妙法極爲甚深難解，非唯論及佛法中心主旨的八識心王及般若實證之標的，亦論及眞見道之後轉入相見道位中應該修學之法，即是七眞如之觀行內涵，然後始可入地。亦論及見道之後，如何與解脫及佛菩提智相應，兼論十地進修之道，末論如來法身及四智圓明的一切種智境界。如是眞見道、相見道、諸地修行之義，傳至今時仍然可證，顯示佛法眞是義學而非玄談或思想，有實證之標的與內容，非諸思惟研究者之所能到，乃是離言絕句之第八識第一義諦妙義。已於 2021 年三月下旬開講，由平實導師詳解。不限制聽講資格。

5、**精進禪三**　主三和尚：平實導師。於四天三夜中，以克勤圓悟大師及大慧宗杲之禪風，施設機鋒與小參、公案密意之開示，幫助會員剋期取證，親證不生不滅之眞實心——人人本有之如來藏。每年四月、十月各舉辦三個梯次；平實導師主持。僅限本會會員參加禪淨班共修期滿，報名審核通過者，方可參加。並選擇會中定力、慧力、福德三條件皆已具足之已明心會員，給以指引，令得眼見自己無形無相之佛性遍佈山河大地，眞實而無障礙，得以肉眼現觀世界身心悉皆如幻，具足成就如幻觀，圓滿十住菩薩之證境。

6、**阿含經**詳解　選擇重要之阿含部經典，依無餘涅槃之實際而加以詳解，令大眾得以現觀諸法緣起性空，亦復不墮斷滅見中，顯示經中所隱說之涅槃實際—如來藏—確實已於四阿含中隱說；令大眾得以聞後觀行，確實斷除我見乃至我執，證得**見到**眞現觀，乃至**身證**……等眞現觀；已得大乘或二乘見道者，亦可由此聞熏及聞後之觀行，除斷我所之貪著，成就慧解脫果。由平實導師詳解。不限制聽講資格。

7、**成唯識論**詳解　詳解一切種智眞實正理，詳細剖析一切種智之微細深妙廣大正理；並加以舉例說明，使已悟之會員深入體驗所證如來藏之微密行相；及證驗見分相分與所生一切法，皆由如來藏—阿賴耶識—直接或展轉而生，因此證知一切法無我，證知無餘涅槃之本際。將於增上班《瑜伽師地論》講畢後，由平實導師重講。僅限已明心之會員參加。

8、**精選如來藏系經典**詳解　精選如來藏系經典一部，詳細解說，以此完全印證會員所悟如來藏之眞實，得入不退轉住。另行擇期詳細解說之，由平實導師講解。僅限已明心之會員參加。

9、**禪門差別智**　藉禪宗公案之微細淆訛難知難解之處，加以宣說及剖析，以增進明心、見性之功德，啓發差別智，建立擇法眼。每月第一週日全天，由平實導師開示，僅限破參明心後，復又眼見佛性者參加（事冗暫停）。

10、**枯木禪**　先講智者大師的《小止觀》，後說《釋禪波羅蜜》，詳解四禪八定之修證理論與實修方法，細述一般學人修定之邪見與岔路，及對禪定證境之誤會，消除枉用功夫、浪費生命之現象。已悟般若者，可以藉此而實修初禪，進入大乘通教及聲聞教的三果心解脫境界，配合應有的大福德及後得無分別智、十無盡願，即可進入初地心中。親教師：平實導師。未來緣熟時將於正覺寺開講。不限制聽講資格。

註：本會例行年假，自 2004 年起，改爲每年農曆新年前七天開始停息弘法事務及共修課程，農曆正月 8 日回復所有共修及弘法事務。新春期間（每日 9.00~17.00）開放台北講堂，方便會員禮佛祈福及會外人士請書。大溪區的正覺祖師堂，開放參訪時間，詳見〈正覺電子報〉或成佛之道網站。本表得因時節因緣需要而隨時修改之，不另作通知。

佛教正覺同修會　贈閱書籍 目錄　2021/8/30

1.**無相念佛**　平實導師著　回郵 36 元
2.**念佛三昧修學次第**　平實導師述著　回郵 52 元
3.**正法眼藏—護法集**　平實導師述著　回郵 76 元
4.**真假開悟簡易辨正法&佛子之省思**　平實導師著　回郵 26 元
5.**生命實相之辨正**　平實導師著　回郵 31 元
6.**如何契入念佛法門**（附：印順法師否定極樂世界）平實導師著　回郵 26 元
7.**平實書箋**—答元覽居士書　平實導師著　回郵 52 元
8.**三乘唯識**—如來藏系經律彙編　平實導師編　回郵 80 元
（精裝本　長 27 cm　寬 21 cm　高 7.5 cm　重 2.8 公斤）
9.**三時繫念全集**—修正本　回郵掛號 52 元（長 26.5 cm×寬 19 cm）
10.**明心與初地**　平實導師述　回郵 31 元
11.**邪見與佛法**　平實導師述著　回郵 36 元
12.**甘露法雨**　平實導師述　回郵 36 元
13.**我與無我**　平實導師述　回郵 36 元
14.**學佛之心態**—修正錯誤之學佛心態始能與正法相應 孫正德老師著 回郵52元
附錄：平實導師著《**略說八、九識並存…等之過失**》
15.**大乘無我觀**—《悟前與悟後》別說　平實導師述著　回郵 36 元
16.**佛教之危機**—中國台灣地區現代佛教之真相（附錄：公案拈提六則）
平實導師著　回郵 52 元
17.**燈 影**—燈下黑（覆「求教後學」來函等）　平實導師著　回郵 76 元
18.**護法與毀法**—覆上平居士與徐恒志居士網站毀法二文
張正圜老師著　回郵 76 元
19.**淨土聖道**—兼評**選擇本願念佛**　正德老師著　**由正覺同修會購贈**　回郵 52 元
20.**辨唯識性相**—對「紫蓮心海《辯唯識性相》書中否定阿賴耶識」之回應
正覺同修會 台南共修處法義組 著　回郵 52 元
21.**假如來藏**—對法蓮法師《如來藏與阿賴耶識》書中否定阿賴耶識之回應
正覺同修會 台南共修處法義組 著　回郵 76 元
22.**入不二門**—公案拈提集錦 第一輯（於平實導師公案拈提諸書中選錄約二十則，
合輯爲一冊流通之）平實導師著　回郵 52 元
23.**真假邪說**—西藏密宗索達吉喇嘛《破除邪說論》真是邪說
釋正安法師著　上、下冊回郵各 52 元
24.**真假開悟**—真如、如來藏、阿賴耶識間之關係　平實導師述著　回郵 76 元
25.**真假禪和**—辨正釋傳聖之謗法謬說　孫正德老師著　回郵 76 元

26.**眼見佛性**—駁慧廣法師**眼見佛性的含義**文中謬說
游正光老師著　回郵52元

27.**普門自在**—公案拈提集錦 第二輯（於平實導師公案拈提諸書中選錄約二十則，合輯為一冊流通之）平實導師著　回郵52元

28.**印順法師的悲哀**—以現代禪的質疑為線索　恒毓博士著　回郵52元

29.**識蘊真義**—現觀識蘊內涵、取證初果、親斷三縛結之具體行門。
—依《成唯識論》及《唯識述記》正義，略顯安慧《大乘廣五蘊論》之邪謬
平實導師著　回郵76元

30.**正覺電子報** 各期紙版本　免附回郵　每次最多函索三期或三本。
（已無存書之較早各期，不另增印贈閱）

31.**現代人應有的宗教觀**　蔡正禮老師 著　回郵31元

32.**遠惑趣道**—正覺電子報般若信箱問答錄　第一輯　回郵52元

33.**遠惑趣道**—正覺電子報般若信箱問答錄　第二輯　回郵52元

34.**確保您的權益**—器官捐贈應注意自我保護　游正光老師 著　回郵31元

35.**正覺教團電視弘法三乘菩提 DVD 光碟（一）**
由正覺教團多位親教師共同講述錄製 DVD 8 片，MP3 一片，共 9 片。有二大講題：一為「三乘菩提之意涵」，二為「學佛的正知見」。內容精闢，深入淺出，精彩絕倫，幫助大眾快速建立三乘法道的正知見，免被外道邪見所誤導。有志修學三乘佛法之學人不可不看。（製作工本費 100 元，回郵 52 元）

36.**正覺教團電視弘法 DVD 專輯（二）**
總有二大講題：一為「三乘菩提之念佛法門」，一為「學佛正知見（第二篇）」，由正覺教團多位親教師輪番講述，內容詳細闡述如何修學念佛法門、實證念佛三昧，以及學佛應具有的正確知見，可以幫助發願往生西方極樂淨土之學人，得以把握往生，更可令學人快速建立三乘法道的正知見，免於被外道邪見所誤導。有志修學三乘佛法之學人不可不看。（一套 17 片，工本費 160 元。回郵 76 元）

37.**喇嘛性世界**—揭開假藏傳佛教譚崔瑜伽的面紗　張善思 等人合著
由正覺同修會購贈　回郵52元

38.**假藏傳佛教的神話**—性、謊言、喇嘛教　張正玄教授編著
由正覺同修會購贈　回郵52元

39.**隨　緣**—理隨緣與事隨緣　平實導師述　回郵52元。

40.**學佛的覺醒**　正枝居士 著　回郵52元

41.**導師之真實義**　蔡正禮老師 著　回郵31元

42.**淺談達賴喇嘛之雙身法**—兼論解讀「密續」之達文西密碼
吳明芷居士 著　回郵31元

43.**魔界轉世**　張正玄居士 著　回郵31元

44.**一貫道與開悟**　蔡正禮老師 著　回郵31元

45.**博愛**—愛盡天下女人　正覺教育基金會 編印　回郵36元

46.**意識虛妄經教彙編**—實證解脫道的關鍵經文　正覺同修會編印　回郵36元

47.**邪箭囈語**—破斥藏密外道多識仁波切《破魔金剛箭雨論》之邪說

陸正元老師著　上、下冊回郵各52元

48.**真假沙門**—依　佛聖教闡釋佛教僧寶之定義

蔡正禮老師著　俟正覺電子報連載後結集出版

49.**真假禪宗**—藉評論釋性廣《印順導師對變質禪法之批判

及對禪宗之肯定》以顯示真假禪宗

附論一：凡夫知見　無助於佛法之信解行證

附論二：世間與出世間一切法皆從如來藏實際而生而顯

余正偉老師著　俟正覺電子報連載後結集出版　回郵未定

★ 上列贈書之郵資，係台灣本島地區郵資，大陸、港、澳地區及外國地區，請另計酌增（大陸、港、澳、國外地區之郵票不許通用）。尚未出版之書，請勿先寄來郵資，以免增加作業煩擾。

★ 本目錄若有變動，唯於後印之書籍及「成佛之道」網站上修正公佈之，不另行個別通知。

函索書籍請寄：佛教正覺同修會　103台北市承德路3段277號9樓
台灣地區函索書籍者請附寄郵票，無時間購買郵票者可以等值現金抵用，但不接受郵政劃撥、支票、匯票。大陸地區得以人民幣計算，國外地區請以美元計算（請勿寄來當地郵票，在台灣地區不能使用）。欲以掛號寄遞者，請另附掛號郵資。

親自索閱：正覺同修會各共修處。　★請於共修時間前往取書，餘時無人在道場，請勿前往索取；共修時間與地點，詳見書末正覺同修會共修現況表（以近期之共修現況表爲準）。

註：正智出版社發售之局版書，請向各大書局購閱。若書局之書架上已經售出而無陳列者，請向書局櫃台指定洽購；若書局不便代購者，請於正覺同修會共修時間前往各共修處請購，正智出版社已派人於共修時間送書前往各共修處流通。 郵政劃撥購書及 大陸地區 購書，請詳別頁正智出版社發售書籍目錄最後頁之說明。

成佛之道 網站：http://www.a202.idv.tw　正覺同修會已出版之結緣書籍，多已登載於 成佛之道 網站，若住外國、或住處遙遠，不便取得正覺同修會贈閱書籍者，可以從本網站閱讀及下載。

＊＊假藏傳佛教修雙身法，非佛教＊＊

正智出版社 籌募弘法基金發售書籍目錄　　2021/10/17

1.**宗門正眼**—公案拈提 第一輯 重拈　平實導師著　500 元
因重寫內容大幅度增加故，字體必須改小，並增爲 576 頁 主文 546 頁。比初版更精彩、更有內容。初版《禪門摩尼寶聚》之讀者，可寄回本公司免費調換新版書。免附回郵，亦無截止期限。（2007 年起，每冊附贈本公司精製公案拈提〈超意境〉CD 一片。市售價格 280 元，多購多贈。）

2.**禪淨圓融**　平實導師著　200 元（第一版舊書可換新版書。）

3.**真實如來藏**　平實導師著　400 元

4.**禪—悟前與悟後**　平實導師著　上、下冊，每冊 250 元

5.**宗門法眼**—公案拈提 第二輯　平實導師著　500 元
（2007 年起，每冊附贈本公司精製公案拈提〈超意境〉CD 一片）

6.**楞伽經詳解**　平實導師著　全套共 10 輯　每輯 250 元

7.**宗門道眼**—公案拈提 第三輯　平實導師著　500 元
（2007 年起，每冊附贈本公司精製公案拈提〈超意境〉CD 一片）

8.**宗門血脈**—公案拈提 第四輯　平實導師著　500 元
（2007 年起，每冊附贈本公司精製公案拈提〈超意境〉CD 一片）

9.**宗通與說通**—成佛之道 平實導師著 主文 381 頁 全書 400 頁售價 300 元

10.**宗門正道**—公案拈提 第五輯　平實導師著　500 元
（2007 年起，每冊附贈本公司精製公案拈提〈超意境〉CD 一片）

11.**狂密與真密 一～四輯**　平實導師著　西藏密宗是人間最邪淫的宗教，本質不是佛教，只是披著佛教外衣的印度教性力派流毒的喇嘛教。此書中將西藏密宗密傳之男女雙身合修樂空雙運所有祕密與修法，毫無保留完全公開，並將全部喇嘛們所不知道的部分也一併公開。內容比大辣出版社喧騰一時的《西藏慾經》更詳細。並且函蓋藏密的所有祕密及其錯誤的中觀見、如來藏見……等，藏密的所有法義都在書中詳述、分析、辨正。每輯主文三百餘頁　每輯全書約 400 頁　售價每輯 300 元

12.**宗門正義**—公案拈提 第六輯　平實導師著　500 元
（2007 年起，每冊附贈本公司精製公案拈提〈超意境〉CD 一片）

13.**心經密意**—心經與解脫道、佛菩提道、祖師公案之關係與密意　平實導師述　300 元

14.**宗門密意**—公案拈提 第七輯　平實導師著　500 元
（2007 年起，每冊附贈本公司精製公案拈提〈超意境〉CD 一片）

15.**淨土聖道**—兼評「選擇本願念佛」　正德老師著　200 元

16.**起信論講記**　平實導師述著　共六輯　每輯三百餘頁　售價各 250 元

17.**優婆塞戒經講記**　平實導師述著 共八輯 每輯三百餘頁 售價各 250 元

18.**真假活佛**—略論附佛外道盧勝彥之邪說（對前岳靈犀網站主張「盧勝彥是證悟者」之修正）　正犀居士（岳靈犀）著　流通價 140 元

19.**阿含正義**—唯識學探源　平實導師著　共七輯　每輯 300 元

20.**超意境** CD 以平實導師公案拈提書中超越意境之頌詞，加上曲風優美的旋律，錄成令人嚮往的超意境歌曲，其中包括正覺發願文及平實導師親自譜成的黃梅調歌曲一首。詞曲雋永，殊堪翫味，可供學禪者吟詠，有助於見道。內附設計精美的彩色小冊，解說每一首詞的背景本事。每片 280 元。【每購買公案拈提書籍一冊，即贈送一片。】

21.**菩薩底憂鬱** CD 將菩薩情懷及禪宗公案寫成新詞，並製作成超越意境的優美歌曲。 1.主題曲〈菩薩底憂鬱〉，描述地後菩薩能離三界生死而迴向繼續生在人間，但因尚未斷盡習氣種子而有極深沈之憂鬱，非三賢位菩薩及二乘聖者所知，此憂鬱在七地滿心位方才斷盡；本曲之詞中所說義理極深，昔來所未曾見；此曲係以優美的情歌風格寫詞及作曲，聞者得以激發嚮往諸地菩薩境界之大心，詞、曲都非常優美，難得一見；其中勝妙義理之解說，已印在附贈之彩色小冊中。 2.以各輯公案拈提中直示禪門入處之頌文，作成各種不同曲風之超意境歌曲，值得玩味、參究；聆聽公案拈提之優美歌曲時，請同時閱讀內附之印刷精美說明小冊，可以領會超越三界的證悟境界；未悟者可以因此引發求悟之意向及疑情，眞發菩提心而邁向求悟之途，乃至因此眞實悟入般若，成眞菩薩。 3.正覺總持咒新曲，總持佛法大意；總持咒之義理，已加以解說並印在隨附之小冊中。本 CD 共有十首歌曲，長達 63 分鐘。每盒各附贈二張購書優惠券。每片 280 元。

22.**禪意無限** CD 平實導師以公案拈提書中偈頌寫成不同風格曲子，與他人所寫不同風格曲子共同錄製出版，幫助參禪人進入禪門超越意識之境界。盒中附贈彩色印製的精美解說小冊，以供聆聽時閱讀，令參禪人得以發起參禪之疑情，即有機會證悟本來面目而發起實相智慧，實證大乘菩提般若，能如實證知般若經中的眞實意。本 CD 共有十首歌曲，長達 69 分鐘，每盒各附贈二張購書優惠券。每片 280 元。

23.**我的菩提路**第一輯　釋悟圓、釋善藏等人合著　售價 300 元

24.**我的菩提路**第二輯　郭正益等人合著　售價 300 元

25.**我的菩提路**第三輯　王美伶等人合著　售價 300 元

26.**我的菩提路**第四輯　陳晏平等人合著　售價 300 元

27.**我的菩提路**第五輯　林慈慧等人合著　售價 300 元

28.**我的菩提路**第六輯　劉惠莉等人合著　售價 300 元

29.**我的菩提路**第七輯　余正偉等人合著　售價 300 元

30.**鈍鳥與靈龜**—考證後代凡夫對大慧宗杲禪師的無根誹謗。

平實導師著 共 458 頁 售價 350 元

31.**維摩詰經講記** 平實導師述 共六輯 每輯三百餘頁 售價各 250 元

32.**真假外道**—破劉東亮、杜大威、釋證嚴常見外道見　正光老師著　200 元

33.**勝鬘經講記**—兼論印順《勝鬘經講記》對於《勝鬘經》之誤解。
平實導師述　共六輯　每輯三百餘頁　售價 250 元

34.**楞嚴經講記**　平實導師述　共 **15** 輯，每輯三百餘頁　售價 300 元

35.**明心與眼見佛性**—駁慧廣〈蕭氏「眼見佛性」與「明心」之非〉文中謬說
正光老師著　共 448 頁　售價 300 元

36.**見性與看話頭**　黃正倖老師　著，本書是禪宗參禪的方法論。
內文 375 頁，全書 416 頁，售價 300 元。

37.**達賴真面目**—玩盡天下女人　白正偉老師　等著　中英對照彩色精裝大本 800 元

38.**喇嘛性世界**—揭開假藏傳佛教譚崔瑜伽的面紗　張善思　等人著　200 元

39.**假藏傳佛教的神話**—性、謊言、喇嘛教　正玄教授編著　200 元

40.**金剛經宗通**　平實導師述　共九輯　每輯售價 250 元。

41.**空行母**—性別、身分定位，以及藏傳佛教。
珍妮·坎貝爾著　呂艾倫　中譯　售價 250 元

42.**末代達賴**—性交教主的悲歌　張善思、呂艾倫、辛燕編著　售價 250 元

43.**霧峰無霧**—給哥哥的信　辨正釋印順對佛法的無量誤解
游宗明　老師著　售價 250 元

44.**霧峰無霧**—第二輯—救護佛子向正道　細說釋印順對佛法的各類誤解
游宗明　老師著　售價 250 元

45.**第七意識與第八意識？**—穿越時空「超意識」
平實導師述　每冊 300 元

46.**黯淡的達賴**—失去光彩的諾貝爾和平獎
正覺教育基金會編著　每冊 250 元

47.**童女迦葉考**—論呂凱文〈佛教輪迴思想的論述分析〉之謬。
平實導師　著　定價 180 元

48.**人間佛教**—實證者必定不悖三乘菩提
平實導師　述，定價 400 元

49.**實相經宗通**　平實導師述　共八輯　每輯 250 元

50.**真心告訴您(一)**—達賴喇嘛在幹什麼？
正覺教育基金會編著　售價 250 元

51.**中觀金鑑**—詳述應成派中觀的起源與其破法本質
孫正德老師著　分為上、中、下三冊，每冊 250 元

52.**藏傳佛教要義**—《狂密與真密》之簡體字版　平實導師　著　上、下冊
僅在大陸流通　每冊 300 元

53.**法華經講義**　平實導師述　共二十五輯　每輯 300 元
已於 2015/05/31 起開始出版，每二個月出版一輯

54.**西藏「活佛轉世」制度**—附佛、造神、世俗法
許正豐、張正玄老師合著　定價 150 元

55.**廣論三部曲**　郭正益老師著　定價 150 元

56.**真心告訴您(二)**—達賴喇嘛是佛教僧侶嗎？
—補祝達賴喇嘛八十大壽
正覺教育基金會編著　售價 300 元
57.**次法**—實證佛法前應有的條件
張善思居士著　分為上、下二冊，每冊 250 元
58.**涅槃**—解說四種涅槃之實證及內涵　平實導師著 上、下冊 各 350 元
59.**山法**—西藏關於他空與佛藏之根本論
篤補巴．喜饒堅贊著　　傑弗里．霍普金斯英譯
張火慶教授、呂艾倫老師中譯　精裝大本 1200 元
60.**佛藏經講義**　平實導師述　2019 年 7 月 31 日開始出版　共 21 輯
每二個月出版一輯，每輯 300 元。
61.**假鋒虛焰金剛乘**—揭示顯密正理，兼破索達吉師徒《般若鋒兮金剛焰》
釋正安法師著 簡體字版 即將出版 售價未定
62.**廣論之平議**—宗喀巴《菩提道次第廣論》之平議　正雄居士著
約二或三輯　俟正覺電子報連載後結集出版　書價未定
63.**大法鼓經講義**　平實導師講述　《佛藏經講義》出版後發行，每輯 300 元
64.**不退轉法輪經講義**　平實導師講述　《大法鼓經講義》出版後發行
65.**八識規矩頌**詳解　○○居士 註解　出版日期另訂　書價未定。
66.**中觀正義**—註解平實導師《中論正義頌》。
○○法師（居士）著　出版日期未定　書價未定
67.**中論正義**—釋龍樹菩薩《中論》頌正理。
孫正德老師著　出版日期未定　書價未定
68.**成唯識論釋**—詳解大唐玄奘菩薩所著的《成唯識論》，平實導師述著。總
共十輯，於每講完一輯的分量以後即予出版，預計 2022
年十月出版第一輯，以後每七個月出版一輯，每輯 400 元。
69.**中國佛教史**—依中國佛教正法史實而論。 ○○老師 著　書價未定。
70.**印度佛教史**—法義與考證。依法義史實評論印順《印度佛教思想史、佛教
史地考論》之謬說　正偉老師著　出版日期未定　書價未定
71.**阿含經講記**—將選錄四阿含中數部重要經典全經講解之，講後整理出版。
平實導師述　約二輯　每輯 300 元　出版日期未定
72.**寶積經講記**　平實導師述　每輯三百餘頁 優惠價 300 元 出版日期未定
73.**解深密經講義**　平實導師述 約四輯　將於重講後整理出版
74.**修習止觀坐禪法要講記**　平實導師述　每輯三百餘頁
將於正覺寺建成後重講、以講記逐輯出版　出版日期未定
75.**無門關**—《無門關》公案拈提　平實導師著　出版日期未定
76.**中觀再論**—兼述印順《中觀今論》謬誤之平議。正光老師著 出版日期未定
77.**輪迴與超度**—佛教超度法會之真義。
○○法師（居士）著　出版日期未定　書價未定

78.《**釋摩訶衍論**》**平議**—對偽稱龍樹所造《釋摩訶衍論》之平議
○○法師（居士）著　出版日期未定　書價未定
79.**正覺發願文**註解—以真實大願為因 得證菩提
正德老師著　出版日期未定　書價未定
80.**正覺總持咒**—佛法之總持　正圜老師著　出版日期未定　書價未定
81.**三自性**—依四食、五蘊、十二因緣、十八界法，說三性三無性。
作者未定　出版日期未定
82.**道品**—從三自性說大小乘三十七道品　作者未定　出版日期未定
83.**大乘緣起觀**—依四聖諦七真如現觀十二緣起 作者未定　出版日期未定
84.**三德**—論解脫德、法身德、般若德。　作者未定　出版日期未定
85.**真假如來藏**—對印順《如來藏之研究》謬說之平議　作者未定 出版日期未定
86.**大乘道次第**　作者未定　出版日期未定　書價未定
87.**四緣**—依如來藏故有四緣。　作者未定　出版日期未定
88.**空之探究**—印順《空之探究》謬誤之平議　作者未定 出版日期未定
89.**十法義**—論阿含經中十法之正義　作者未定　出版日期未定
90.**外道見**—論述外道六十二見　作者未定　出版日期未定

正智出版社有限公司 書籍介紹

禪淨圓融：言淨土諸祖所未曾言，示諸宗祖師所未曾示；禪淨圓融，另闢成佛捷徑，兼顧自力他力，闡釋淨土門之速行易行道，亦同時揭櫫聖教門之速行易行道；令廣大淨土行者得免緩行難證之苦，亦令聖道門行者得以藉著淨土速行道而加快成佛之時劫。乃前無古人之超勝見地，非一般弘揚禪淨法門典籍也，先讀爲快。平實導師著 200元。

宗門正眼—公案拈提第一輯：繼承克勤圜悟大師碧巖錄宗旨之禪門鉅作。先則舉示當代大法師之邪說，消弭當代禪門大師鄉愿之心態，摧破當今禪門「世俗禪」之妄談；次則旁通教法，表顯宗門正理；繼以道之次第，消弭古今狂禪；後藉言語及文字機鋒，直示宗門入處。悲智雙運，禪味十足，數百年來難得一睹之禪門鉅著也。平實導師著 500元（原初版書《禪門摩尼寶聚》，改版後補充爲五百餘頁新書，總計多達二十四萬字，內容更精彩，並改名爲《宗門正眼》，讀者原購初版《禪門摩尼寶聚》皆可寄回本公司免費換新，免附回郵，亦無截止期限）（2007年起，凡購買公案拈提第一輯至第七輯，每購一輯皆贈送本公司精製公案拈提〈超意境〉CD一片，市售價格280元，多購多贈）。

禪—悟前與悟後：本書能建立學人悟道之信心與正確知見，圓滿具足而有次第地詳述禪悟之功夫與禪悟之內容，指陳參禪中細微淆訛之處，能使學人明自眞心、見自本性。若未能悟入，亦能以正確知見辨別古今中外一切大師究係眞悟？或屬錯悟？便有能力揀擇，捨名師而選明師，後時必有悟道之緣。一旦悟道，遲者七次人天往返，便出三界，速者一生取辦。學人欲求開悟者，不可不讀。平實導師著。上、下冊共500元，單冊250元。

真實如來藏：如來藏眞實存在，乃宇宙萬有之本體，並非印順法師、達賴喇嘛等人所說之「唯有名相、無此心體」。如來藏是涅槃之本際，是一切有智之人竭盡心智、不斷探索而不能得之生命實相；是古今中外許多大師自以爲悟而當面錯過之生命實相。如來藏即是阿賴耶識，乃是一切有情本自具足、不生不滅之眞實心。當代中外大師於此書出版之前所未能言者，作者於本書中盡情流露、詳細闡釋。眞悟者讀之，必能增益悟境、智慧增上；錯悟者讀之，必能檢討自己之錯誤，免犯大妄語業；未悟者讀之，能知參禪之理路，亦能以之檢查一切名師是否眞悟。此書是一切哲學家、宗教家、學佛者及欲昇華心智之人必讀之鉅著。 平實導師著 售價400元。

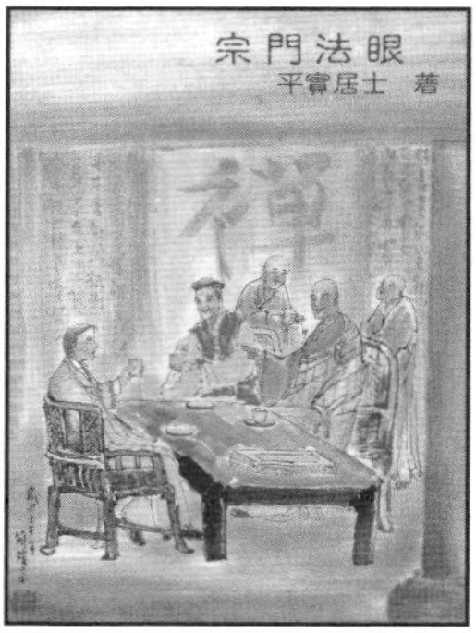

宗門法眼—**公案拈提**第二輯：列舉實例，闡釋土城廣欽老和尚之悟處；並直示這位不識字的老和尚妙智橫生之根由，繼而剖析禪宗歷代大德之開悟公案，解析當代密宗高僧卡盧仁波切之錯悟證據，並例舉當代顯宗高僧、大居士之錯悟證據（凡健在者，爲免影響其名聞利養，皆隱其名）。藉辨正當代名師之邪見，向廣大佛子指陳禪悟之正道，彰顯宗門法眼。悲勇兼出，強捋虎鬚；慈智雙運，巧探驪龍；摩尼寶珠在手，直示宗門入處，禪味十足；若非大悟徹底，不能爲之。禪門精奇人物，允宜人手一冊，供作參究及悟後印證之圭臬。本書於2008年4月改版，增寫爲大約500頁篇幅，以利學人研讀參究時更易悟入宗門正法，以前所購初版首刷及初版二刷舊書，皆可免費換取新書。平實導師著 500元（2007年起，凡購買公案拈提第一輯至第七輯，每購一輯皆贈送本公司精製公案拈提〈超意境〉CD一片，市售價格280元，多購多贈）。

宗門道眼—**公案拈提**第三輯：繼宗門法眼之後，再以金剛之作略、慈悲之胸懷、犀利之筆觸，舉示寒山、拾得、布袋三大士之悟處，消弭當代錯悟者對於寒山大士……等之誤會及誹謗。 亦舉出民初以來與虛雲和尚齊名之蜀郡鹽亭袁煥仙夫子——南懷瑾老師之師，其「悟處」何在？並蒐羅許多眞悟祖師之證悟公案，顯示禪宗歷代祖師之睿智，指陳部分祖師、奧修及當代顯密大師之謬悟，作爲殷鑑，幫助禪子建立及修正參禪之方向及知見。假使讀者閱此書已，一時尚未能悟，亦可一面加功用行，一面以此宗門道眼辨別眞假善知識，避開錯誤之印證及歧路，可免大妄語業之長劫慘痛果報。欲修禪宗之禪者，務請細讀。平實導師著 售價500元（2007年起，凡購買公案拈提第一輯至第七輯，每購一輯皆贈送本公司精製公案拈提〈超意境〉CD一片，市售價格280元，多購多贈）。

楞伽經詳解：本經是禪宗見道者印證所悟眞僞之根本經典，亦是禪宗見道者悟後起修之依據經典；故達摩祖師於印證二祖慧可大師之後，將此經典連同佛鉢祖衣一併交付二祖，令其依此經典佛示金言、進入修道位，修學一切種智。由此可知此經對於眞悟之人修學佛道，是非常重要之一部經典。此經能破外道邪說，亦破佛門中錯悟名師之謬說，亦破禪宗部分祖師之狂禪：不讀經典、一向主張「一悟即成究竟佛」之謬執。並開示愚夫所行禪、觀察義禪、攀緣如禪、如來禪等差別，令行者對於三乘禪法差異有所分辨；亦糾正禪宗祖師古來對於如來禪之誤解，嗣後可免以訛傳訛之弊。此經亦是法相唯識宗之根本經典，禪者悟後欲修一切種智而入初地者，必須詳讀。平實導師著，全套共十輯，已全部出版完畢，每輯主文約320頁，每冊約352頁，定價250元。

宗門血脈—公案拈提第四輯：末法怪象—許多修行人自以爲悟，每將無念靈知認作眞實；崇尚二乘法諸師及其徒眾，則將**外於如來藏之緣起性空**—無因論之無常空、斷滅空、一切法空—錯認爲 佛所說之般若空性。這兩種現象已於當今海峽兩岸及美加地區顯密大師之中普遍存在；人人自以爲悟，心高氣壯，便敢寫書解釋祖師證悟之公案，大多出於意識思惟所得，言不及義，錯誤百出，因此誤導廣大佛子同陷大妄語之地獄業中而不能自知。彼等書中所說之悟處，其實處處違背第一義經典之聖言量。彼等諸人不論是否身披袈裟，都非佛法宗門血脈，或雖有禪宗法脈之傳承，亦只徒具形式；猶如螟蛉，非眞血脈，未悟得根本眞實故。禪子欲知 佛、祖之眞血脈者，請讀此書，便知分曉。平實導師著，主文452頁，全書464頁，定價500元（2007年起，凡購買公案拈提第一輯至第七輯，每購一輯皆贈送本公司精製公案拈提〈超意境〉CD一片，市售價格280元，多購多贈）。

宗通與說通：古今中外，錯誤之人如麻似粟，每以常見外道所說之靈知心，認作眞心；或妄想虛空之勝性能量爲眞如，或錯認物質四大元素藉冥性（靈知心本體）能成就吾人色身及知覺，或認初禪至四禪中之了知心爲不生不滅之涅槃心。此等皆非通宗者之見地。復有錯悟之人一向主張「宗門與教門不相干」，此即尚未通達宗門之人也。其實宗門與教門互通不二，宗門所證者乃是眞如與佛性，教門所說者乃說宗門證悟之眞如佛性，故教門與宗門不二。本書作者以宗教二門互通之見地，細說「宗通與說通」，從初見道至悟後起修之道、細說分明；並將諸宗諸派在整體佛教中之地位與次第，加以明確之教判，學人讀之即可了知佛法之梗概也。欲擇明師學法之前，允宜先讀。平實導師著，主文共381頁，全書392頁，只售成本價300元。

宗門正道—**公案拈提**第五輯：修學大乘佛法有二果須證—解脫果及大菩提果。二乘人不證大菩提果，唯證解脫果；此果之智慧，名爲聲聞菩提、緣覺菩提。大乘佛子所證二果之菩提果爲佛菩提，故名大菩提果，其慧名爲一切種智—函蓋二乘解脫果。然此大乘二果修證，須經由禪宗之宗門證悟方能相應。而宗門證悟極難，自古已然；其所以難者，咎在古今佛教界普遍存在三種邪見：1.以修定認作佛法，2.以無因論之緣起性空—否定涅槃本際如來藏以後之一切法空作爲佛法，3.以常見外道邪見（離語言妄念之靈知性）作爲佛法。 如是邪見，或因自身正見未立所致，或因邪師之邪教導所致，或因無始劫來虛妄熏習所致。若不破除此三種邪見，永劫不悟宗門眞義、不入大乘正道，唯能外門廣修菩薩行。平實導師於此書中，有極爲詳細之說明，有志佛子欲摧邪見、入於內門修菩薩行者，當閱此書。主文共496頁，全書512頁。售價500元（2007年起，凡購買公案拈提第一輯至第七輯，每購一輯皆贈送本公司精製公案拈提〈超意境〉CD一片，市售價格280元，多購多贈）。

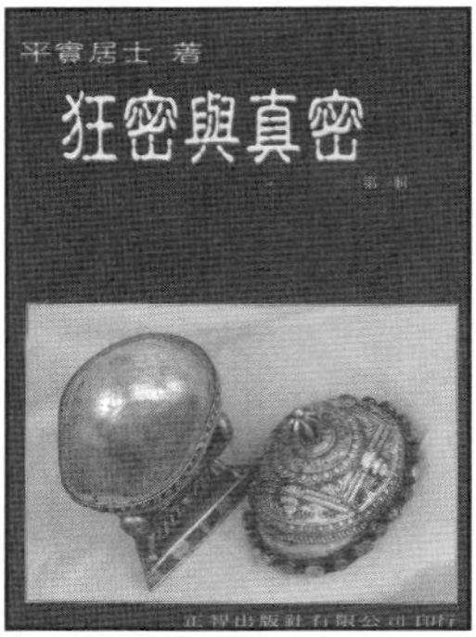

狂密與眞密：密教之修學，皆由有相之觀行法門而入，其最終目標仍不離顯教經典所說第一義諦之修證；若離顯教第一義經典、或違背顯教第一義經典，即非佛教。西藏密教之觀行法，如灌頂、觀想、遷識法、寶瓶氣、大聖歡喜雙身修法、喜金剛、無上瑜伽、大樂光明、樂空雙運等，皆是印度教**兩性生生不息**思想之轉化，**自始至終**皆以**如何能運用交合淫樂之法達到全身受樂**爲其中心思想，純屬欲界五欲的貪愛，不能令人超出欲界輪迴，更不能令人斷除我見；何況大乘之明心與見性，更無論矣！故密宗之法絕非佛法也。而其明光大手印、大圓滿法教，又皆同以常見外道所說**離語言妄念之無念靈知心**錯認爲佛地之眞如，不能直指不生不滅之眞如。西藏密宗所有法王與徒眾，都尚未開頂門眼，不能辨別眞僞，以**依人不依法**、**依密續不依經典**故，不肯將其上師喇嘛所說對照第一義經典，純依密續之藏密祖師所說爲準，因此而誇大其證德與證量，動輒謂彼祖師上師爲究竟佛、爲地上菩薩；如今台海兩岸亦有自謂其師證量高於 釋迦文佛者，然觀其師所述，猶未見道，仍在觀行即佛階段，尚未到禪宗相似即佛、分證即佛階位，竟敢標榜爲究竟佛及地上法王，誑惑初機學人。凡此怪象皆是狂密，不同於眞密之修行者。近年狂密盛行，密宗行者被誤導者極眾，動輒自謂已證佛地眞如，自視爲究竟佛，陷於大妄語業中而不知自省，反謗顯宗眞修實證者之證量粗淺；或如義雲高與釋性圓…等人，於報紙上公然誹謗眞實證道者爲「騙子、無道人、人妖、癩蛤蟆…」等，造下誹謗大乘勝義僧之大惡業；或以外道法中有爲有作之甘露、魔術……等法，誑騙初機學人，狂言彼外道法爲眞佛法。如是怪象，在西藏密宗及附藏密之外道中，不一而足，舉之不盡，學人宜應愼思明辨，以免上當後又犯毀破菩薩戒之重罪。密宗學人若欲遠離邪知邪見者，請閱此書，即能了知密宗之邪謬，從此遠離邪見與邪修，轉入眞正之佛道。 平實導師著 共四輯 每輯約400頁（主文約340頁）每輯售價300元。

宗門正義—**公案拈提**第六輯：佛教有六大危機，乃是藏密化、世俗化、膚淺化、學術化、宗門密意失傳、悟後進修諸地之次第混淆；其中尤以宗門密意之失傳，爲當代佛教最大之危機。由宗門密意失傳故，易令 世尊本懷普被錯解，易令 世尊正法被轉易爲外道法，以及加以淺化、世俗化，是故宗門密意之廣泛弘傳與具緣佛弟子，極爲重要。然而欲令宗門密意之廣泛弘傳予具緣之佛弟子者，必須同時配合錯誤知見之解析、普令佛弟子知之，然後輔以公案解析之直示入處，方能令具緣之佛弟子悟入。而此二者，皆須以公案拈提之方式爲之，方易成其功、竟其業，是故平實導師續作宗門正義一書，以利學人。　全書500餘頁，售價500元（2007年起，凡購買公案拈提第一輯至第七輯，每購一輯皆贈送本公司精製公案拈提〈超意境〉CD一片，市售價格280元，多購多贈）。

心經密意—心經與解脫道、佛菩提道、祖師公案之關係與密意。　二乘菩提所證之解脫道，實依第八識心之斷除煩惱障現行而立解脫之名；大乘菩提所證之佛菩提道，實依親證第八識如來藏之涅槃性、清淨自性、及其中道性而立般若之名；禪宗祖師公案所證之眞心，即是此第八識如來藏；是故三乘佛法所修所證之三乘菩提，皆依此如來藏心而立名也。此第八識心，即是《心經》所說之心也。證得此如來藏已，即能漸入大乘佛菩提道，亦可因證知此心而了知二乘無學所不能知之無餘涅槃本際，是故《心經》之密意，與三乘佛菩提之關係極爲密切、不可分割，三乘佛法皆依此心而立名故。今者平實導師以其所證解脫道之無生智及佛菩提之般若種智，將《心經》與解脫道、佛菩提道、祖師公案之關係與密意，以演講之方式，用淺顯之語句和盤托出，發前人所未言，呈三乘菩提之眞義，令人藉此《心經密意》一舉而窺三乘菩提之堂奧，迴異諸方言不及義之說；欲求眞實佛智者、不可不讀！　主文317頁，連同跋文及序文…等共384頁，售價300元。

宗門密意—**公案拈提**第七輯：佛教之世俗化，將導致學人以信仰作爲學佛，則將以感應及世間法之庇祐，作爲學佛之主要目標，不能了知學佛之主要目標爲親證三乘菩提。大乘菩提則以般若實相智慧爲主要修習目標，以二乘菩提解脫道爲附帶修習之標的；是故學習大乘法者，應以禪宗之證悟爲要務，能親入大乘菩提之實相般若智慧中故，般若實相智慧非二乘聖人所能知故。此書則以台灣世俗化佛教之三大法師，說法似是而非之實例，配合眞悟祖師之公案解析，提示證悟般若之關節，令學人易得悟入。平實導師著，全書五百餘頁，售價500元（2007年起，凡購買公案拈提第一輯至第七輯，每購一輯皆贈送本公司精製公案拈提〈超意境〉CD一片，市售價格280元，多購多贈）。

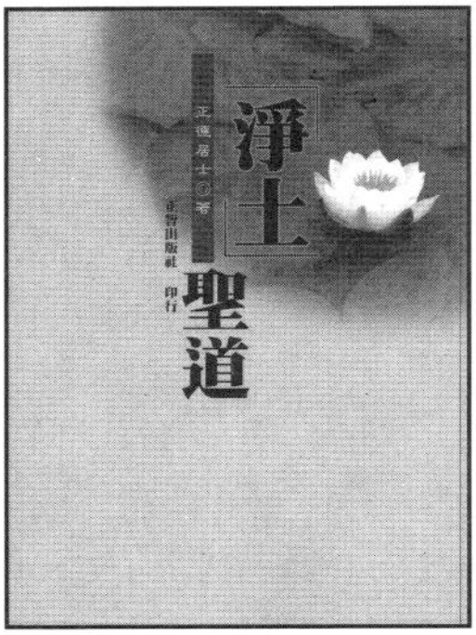

淨土聖道—兼評日本本願念佛：佛法甚深極廣，般若玄微，非諸二乘聖僧所能知之，一切凡夫更無論矣！所謂一切證量皆歸淨土是也！是故大乘法中「聖道之淨土、淨土之聖道」，其義甚深，難可了知；乃至眞悟之人，初心亦難知也。今有正德老師眞實證悟後，復能深探淨土與聖道之緊密關係，憐憫眾生之誤會淨土實義，亦欲利益廣大淨土行人同入聖道，同獲淨土中之聖道門要義，乃振奮心神、書以成文，今得刊行天下。主文279頁，連同序文等共301頁，總有十一萬六千餘字，正德老師著，成本價200元。

起信論講記：詳解大乘起信論**心生滅門**與**心眞如門**之眞實意旨，消除以往大師與學人對起信論所說**心生滅門**之誤解，由是而得了知眞心如來藏之非常非斷中道正理；亦因此一講解，令此論以往隱晦而被誤解之眞實義，得以如實顯示，令大乘佛菩提道之正理得以顯揚光大；初機學者亦可藉此正論所顯示之法義，對大乘法理生起正信，從此得以眞發菩提心，眞入大乘法中修學，世世常修菩薩正行。平實導師演述，共六輯，都已出版，每輯三百餘頁，售價各250元。

優婆塞戒經講記：本經詳述在家菩薩修學大乘佛法，應如何受持菩薩戒？對人間善行應如何看待？對三寶應如何護持？應如何正確地修集此世後世證法之福德？應如何修集後世「行菩薩道之資糧」？並詳述第一義諦之正義：五蘊非我非異我、自作自受、異作異受、不作不受……等深妙法義，乃是修學大乘佛法、行菩薩行之在家菩薩所應當了知者。出家菩薩今世或未來世登地已，捨報之後多數將如華嚴經中諸大菩薩，以在家菩薩身而修行菩薩行，故亦應以此經所述正理而修之，配合《楞伽經、解深密經、楞嚴經、華嚴經》等道次第正理，方得漸次成就佛道；故此經是一切大乘行者皆應證知之正法。平實導師講述，每輯三百餘頁，售價各250元；共八輯，已全部出版。

真假活佛—略論附佛外道盧勝彥之邪說：人人身中都有眞活佛，永生不滅而有大神用，但眾生都不了知，所以常被身外的西藏密宗假活佛籠罩欺瞞。本來就眞實存在的眞活佛，才是眞正的密宗無上密！諾那活佛因此而說禪宗是大密宗，但藏密的所有活佛都不知道、也不曾實證自身中的眞活佛。本書詳實宣示眞活佛的道理，舉證盧勝彥的「佛法」不是眞佛法，也顯示盧勝彥是假活佛，直接的闡釋第一義佛法見道的眞實正理。眞佛宗的所有上師與學人們，都應該詳細閱讀，包括盧勝彥個人在內。正犀居士著，優惠價140元。

阿含正義—唯識學探源：廣說四大部《阿含經》諸經中隱說之眞正義理，一一舉示佛陀本懷，令阿含時期初轉法輪根本經典之眞義，如實顯現於佛子眼前。並提示末法大師對於阿含眞義誤解之實例，一一比對之，證實唯識增上慧學確於原始佛法之阿含諸經中已隱覆密意而略說之，證實世尊確於原始佛法中已曾密意而說第八識如來藏之總相；亦證實世尊在四阿含中已說此藏識是名色十八界之因、之本—證明如來藏是能生萬法之根本心。佛子可據此修正以往受諸大師（譬如西藏密宗應成派中觀師：印順、昭慧、性廣、大願、達賴、宗喀巴、寂天、月稱、……等人）誤導之邪見，建立正見，轉入正道乃至親證初果而無困難；書中並詳說三果所證的**心解脫**，以及四果**慧解脫**的親證，都是如實可行的具體知見與行門。全書共七輯，已出版完畢。平實導師著，每輯三百餘頁，售價300元。

超意境CD：以平實導師公案拈提書中超越意境之頌詞，加上曲風優美的旋律，錄成令人嚮往的超意境歌曲，其中包括正覺發願文及平實導師親自譜成的黃梅調歌曲一首。詞曲雋永，殊堪翫味，可供學禪者吟詠，有助於見道。內附設計精美的彩色小冊，解說每一首詞的背景本事。每片280元。【每購買公案拈提書籍一冊，即贈送一片。】

鈍鳥與靈龜：鈍鳥及靈龜二物，被宗門證悟者說爲二種人：前者是精修禪定而無智慧者，也是以定爲禪的愚癡禪人；後者是或有禪定、或無禪定的宗門證悟者，凡已證悟者皆是靈龜。但後者被人虛造事實，用以嘲笑大慧宗杲禪師，說他雖是靈龜，卻不免被天童禪師預記「患背」痛苦而亡：「**鈍鳥離巢易，靈龜脫殼難**。」藉以貶低大慧宗杲的證量；同時又將天童禪師實證如來藏的證量，曲解爲意識境界的離念靈知。自從大慧禪師入滅以後，錯悟凡夫對他的不實毀謗就一直存在著，不曾止息，並且捏造的假事實也隨著年月的增加而越來越多，終至編成「鈍鳥與靈龜」的假公案、假故事。本書是考證大慧與天童之間的不朽情誼，顯現這件假公案的虛妄不實；更見大慧宗杲面對惡勢力時的正直不阿，亦顯示大慧對天童禪師的至情深義，將使後人對大慧宗杲的誣謗至此而止，不再有人誤犯毀謗賢聖的惡業。書中亦舉出大慧與天童二師的證悟內容，證明宗門的所悟確以第八識如來藏爲標的，詳讀之後必可改正以前被錯悟大師誤導的參禪知見，日後必定有助於實證禪宗的開悟境界，得階大乘眞見道位中，即是實證般若之賢聖。全書459頁，售價350元。

菩薩底憂鬱CD將菩薩情懷及禪宗公案寫成新詞，並製作成超越意境的優美歌曲。1.主題曲〈菩薩底憂鬱〉，描述地後菩薩能離三界生死而迴向繼續生在人間，但因尚未斷盡習氣種子而有極深沈之憂鬱，非三賢位菩薩及二乘聖者所知，此憂鬱在七地滿心位方才斷盡；本曲之詞中所說義理極深，昔來所未曾見；此曲係以優美的情歌風格寫詞及作曲，聞者得以激發嚮往諸地菩薩境界之大心，詞、曲都非常優美，難得一見；其中勝妙義理之解說，已印在附贈之彩色小冊中。2.以各輯公案拈提中直示禪門入處之頌文，作成各種不同曲風之超意境歌曲，值得玩味、參究；聆聽公案拈提之優美歌曲時，請同時閱讀內附之印刷精美說明小冊，可以領會超越三界的證悟境界；未悟者可以因此引發求悟之意向及疑情，眞發菩提心而邁向求悟之途，乃至因此眞實悟入般若，成眞菩薩。3.正覺總持咒新曲，總持佛法大意；總持咒之義理，已加以解說並印在隨附之小冊中。本CD共有十首歌曲，長達63分鐘，附贈二張購書優惠券。每片280元。

我的菩提路第一輯：凡夫及二乘聖人不能實證的佛菩提證悟，末法時代的今天仍然有人能得實證，由正覺同修會釋悟圓、釋善藏法師等二十餘位實證如來藏者所寫的見道報告，已爲當代學人見證宗門正法之絲縷不絕，證明大乘義學的法脈仍然存在，爲末法時代求悟般若之學人照耀出光明的坦途。由二十餘位大乘見道者所繕，敘述各種不同的學法、見道因緣與過程，參禪求悟者必讀。全書三百餘頁，售價300元。

我的菩提路第二輯：由郭正益老師等人合著，書中詳述彼等諸人歷經各處道場學法，一一修學而加以檢擇之不同過程以後，因閱讀正覺同修會、正智出版社書籍而發起抉擇分，轉入正覺同修會中修學；乃至學法及見道之過程，都一一詳述之。其中張志成等人係由前現代禪轉進正覺同修會，張志成原爲現代禪副宗長，以前未閱本會書籍時，曾被人藉其名義著文評論 平實導師（詳見《宗通與說通》辨正及《眼見佛性》書末附錄…等）；後因偶然接觸正覺同修會書籍，深覺以前聽人評論平實導師之語不實，於是投入極多時間閱讀本會書籍、深入思辨，詳細探索中觀與唯識之關聯與異同，認爲正覺之法義方是正法，深覺相應；亦解開多年來對佛法的迷雲，確定應依八識論正理修學方是正法。乃不顧面子，毅然前往正覺同修會面見平實導師懺悔，並正式學法求悟。今已與其同修王美伶（亦爲前現代禪傳法老師），同樣證悟如來藏而證得法界實相，生起實相般若眞智。此書中尚有七年來本會第一位眼見佛性者之見性報告一篇，一同供養大乘佛弟子。全書四百頁，售價300元。

我的菩提路第三輯：由王美伶老師等人合著。自從正覺同修會成立以來，每年夏初、冬初都舉辦精進禪三共修，藉以助益會中同修們得以證悟明心發起般若實相智慧；凡已實證而被平實導師印證者，皆書具見道報告用以證明佛法之眞實可證而非玄學，證明佛法並非純屬思想、理論而無實質，是故每年都能有人證明正覺同修會的「實證佛教」主張並非虛語。特別是眼見佛性一法，自古以來中國禪宗祖師實證者極寡，較之明心開悟的證境更難令人信受；至2017年初，正覺同修會中的證悟明心者已近五百人，然而其中眼見佛性者至今唯十餘人爾，可謂難能可貴，是故明心後欲冀眼見佛性者實屬不易。黃正倖老師是懸絕七年無人見性後的第一人，她於2009年的見性報告刊於本書的第二輯中，爲大眾證明佛性確實可以眼見；其後七年之中求見性者都屬解悟佛性而無人眼見，幸而又經七年後的2016冬初，以及2017夏初的禪三，復有三人眼見佛性，希冀鼓舞四眾佛子求見佛性之大心，今則具載一則於書末，顯示求見佛性之事實經歷，供養現代佛教界欲得見性之四眾弟子。全書四百頁，售價300元，已於2017年6月30日發行。

我的菩提路第四輯：由陳晏平等人著。中國禪宗祖師往往有所謂「見性」之言，所言多屬看見如來藏具有能令人發起成佛之自性，並非《大般涅槃經》中如來所說之眼見佛性。眼見佛性者，於親見佛性之時，即能於山河大地眼見自己佛性，亦能於他人身上眼見自己佛性及對方之佛性，如是境界無法爲尚未實證者解釋；勉強說之，縱使眞實明心證悟之人聞之，亦只能以自身明心之境界想像之，但不論如何想像多屬非量，能有正確之比量者亦是稀有，故說眼見佛性極爲困難。眼見佛性之人若所見極分明時，在所見佛性之境界下所眼見之山河大地、自己五蘊身心皆是虛幻，自有異於明心者之解脫功德受用，此後永不思證二乘涅槃，必定邁向成佛之道而進入第十住位中，已超第一阿僧祇劫三分有一，可謂之爲超劫精進也。今又有明心之後眼見佛性之人出於人間，將其明心及後來見性之報告，連同其餘證悟明心者之精彩報告一同收錄於此書中，供養眞求佛法實證之四眾佛子。全書380頁，售價300元，已於2018年6月30日發行。

我的菩提路第五輯：林慈慧老師等人著，本輯中所舉學人從相似正法中來到正覺同修會的過程，各人都有不同，發生的因緣亦是各有差別，然而都會指向同一個目標——證實生命實相的源底，確證自己生從何來、死往何去的事實，所以最後都證明佛法眞實而可親證，絕非玄學；本書將彼等諸人的始修及末後證悟之實例，羅列出來以供學人參考。本期亦有一位會裡的老師，是從1995年即開始追隨 平實導師修學，1997年明心後持續進修不斷，直到2017年眼見佛性之實例，足可證明《大般涅槃經》中世尊開示眼見佛性之法正眞無訛，第十住位的實證在末法時代的今天仍有可能，如今一併具載於書中以供學人參考，並供養現代佛教界欲得見性之四眾弟子。全書四百頁，售價300元，已於2019年12月31日發行。

我的菩提路第六輯：劉惠莉老師等人著，本輯中舉示劉老師明心多年以後的眼見佛性實錄，供末法時代學人了知明心之異於見性本質，足可證明《大般涅槃經》中世尊開示眼見佛性之法正眞無訛。亦列舉多篇學人從各道場來到正覺學法之不同過程，以及如何發覺邪見之異於正法的所在，最後終能在正覺禪三中悟入的實況，以證明佛教正法仍在末法時代的人間繼續弘揚的事實，鼓舞一切眞實學法的菩薩大眾思之：我等諸人亦可有因緣證悟，絕非空想白思。約四百頁，售價300元，已於2020年6月30日發行。

勝鬘經講記：如來藏爲三乘菩提之所依，若離如來藏心體及其含藏之一切種子，即無三界有情及一切世間法，亦無二乘菩提緣起性空之出世間法；本經詳說無始無明、一念無明皆依如來藏而有之正理，藉著詳解煩惱障與所知障間之關係，令學人深入了知二乘菩提與佛菩提相異之妙理；聞後即可了知佛菩提之特勝處及三乘修道之方向與原理，邁向攝受正法而速成佛道的境界中。平實導師講述，共六輯，每輯三百餘頁，售價各250元。

禪意無限CD平實導師以公案拈提書中偈頌寫成不同風格曲子，與他人所寫不同風格曲子共同錄製出版，幫助參禪人進入禪門超越意識之境界。盒中附贈彩色印製的精美解說小冊，以供聆聽時閱讀，令參禪人得以發起參禪之疑情，即有機會證悟本來面目，實證大乘菩提般若。本CD共有十首歌曲，長達69分鐘，每盒各附贈二張購書優惠券。每片280元。

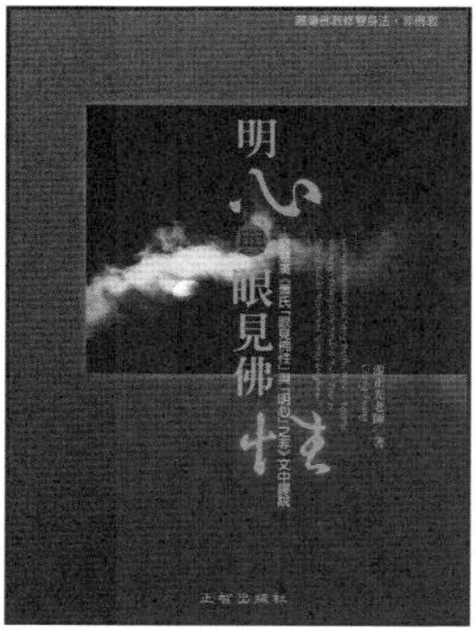

明心與眼見佛性：本書細述明心與眼見佛性之異同，同時顯示了中國禪宗破初參明心與重關眼見佛性二關之間的關聯；書中又藉法義辨正而旁述其他許多勝妙法義，讀後必能遠離佛門長久以來積非成是的錯誤知見，令讀者在佛法的實證上有極大助益。也藉慧廣法師的謬論來教導佛門學人回歸正知正見，遠離古今禪門錯悟者所墮的意識境界，非唯有助於斷我見，也對未來的開悟明心實證第八識如來藏有所助益，是故學禪者都應細讀之。游正光老師著　共448頁　售價300元

見性與看話頭：黃正倖老師的《見性與看話頭》於《正覺電子報》連載完畢，今結集出版。書中詳說禪宗看話頭的詳細方法，並細說看話頭與眼見佛性的關係，以及眼見佛性者求見佛性前必須具備的條件。本書是禪宗實修者追求明心開悟時參禪的方法書，也是求見佛性者作功夫時必讀的方法書，內容兼顧眼見佛性的理論與實修之方法，是依實修之體驗配合理論而詳述，條理分明而且極爲詳實、周全、深入。本書內文375頁，全書416頁，售價300元。

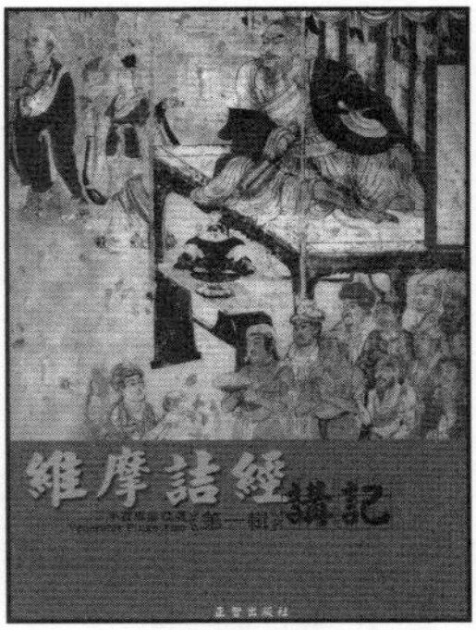

維摩詰經講記：本經係 世尊在世時，由等覺菩薩維摩詰居士藉疾病而演說之大乘菩提無上妙義，所說函蓋甚廣，然極簡略，是故今時諸方大師與學人讀之悉皆錯解，何況能知其中隱含之深妙正義，是故普遍無法爲人解說；若強爲人說，則成依文解義而有諸多過失。今由平實導師公開宣講之後，詳實解釋其中密意，令維摩詰菩薩所說大乘不可思議解脫之深妙正法得以正確宣流於人間，利益當代學人及與諸方大師。書中詳實演述大乘佛法深妙不共二乘之智慧境界，顯示諸法之中絕待之實相境界，建立大乘菩薩妙道於永遠不敗不壞之地，以此成就護法偉功，欲冀永利娑婆人天。已經宣講圓滿整理成書流通，以利諸方大師及諸學人。全書共六輯，每輯三百餘頁，售價各250元。

金剛經宗通：三界唯心，萬法唯識，是成佛之修證內容，是諸地菩薩之所修；般若則是成佛之道（實證三界唯心、萬法唯識）的入門，若未證悟實相般若，即無成佛之可能，必將永在外門廣行菩薩六度，永在凡夫位中。然而實相般若的發起，全賴實證萬法的實相；若欲證知萬法的眞相，則必須探究萬法之所從來，則須實證自心如來—金剛心如來藏，然後現觀這個金剛心的金剛性、眞實性、如如性、清淨性、涅槃性、能生萬法的自性性、本住性，名爲證眞如；進而現觀三界六道唯是此金剛心所成，人間萬法須藉八識心王和合運作方能現起。如是實證《華嚴經》的「三界唯心、萬法唯識」以後，由此等現觀而發起實相般若智慧，繼續進修第十住位的如幻觀、第十行位的陽焰觀、第十迴向位的如夢觀，再生起增上意樂而勇發十無盡願，方能滿足三賢位的實證，轉入初地；自知成佛之道而無偏倚，從此按部就班、次第進修乃至成佛。第八識自心如來是般若智慧之所依，般若智慧的修證則要從實證金剛心自心如來開始；《金剛經》則是解說自心如來之經典，是一切三賢位菩薩所應進修之實相般若經典。這一套書，是將平實導師宣講的《金剛經宗通》內容，整理成文字而流通之；書中所說義理，迥異古今諸家依文解義之說，指出大乘見道方向與理路，有益於禪宗學人求開悟見道，及轉入內門廣修六度萬行。已於2013年9月出版完畢，總共9輯，每輯約三百餘頁，售價各250元。

真假外道：本書具體舉證佛門中的常見外道知見實例，並加以教證及理證上的辨正，幫助讀者輕鬆而快速的了知常見外道的錯誤知見，進而遠離佛門內外的常見外道知見，因此即能改正修學方向而快速實證佛法。游正光老師著。成本價200元。

空行母——性別、身分定位，以及藏傳佛教　本書作者爲蘇格蘭哲學家，因爲嚮往佛教深妙的哲學內涵，於是進入當年盛行於歐美的假藏傳佛教密宗，擔任卡盧仁波切的翻譯工作多年以後，被邀請成爲卡盧的空行母（又名佛母、明妃），開始了她在密宗裡的實修過程；後來發覺在密宗雙身法中的修行，其實無法使自己成佛，也發覺密宗對女性岐視而處處貶抑，並剝奪女性在雙身法中擔任一半角色時應有的身分定位。當她發覺自己只是雙身法中被喇嘛利用的工具，沒有獲得絲毫應有的尊重與基本定位時，發現了密宗的父權社會控制女性的本質；於是作者傷心地離開了卡盧仁波切與密宗，但是卻被恐嚇不許講出她在密宗裡的經歷，也不許她說出自己對密宗的教義與教制下對女性剝削的本質，否則將被咒殺死亡。後來她去加拿大定居，十餘年後方才擺脫這個恐嚇陰影，下定決心將親身經歷的實情及觀察到的事實寫下來並且出版，公諸於世。出版之後，她被流亡的達賴集團人士大力攻訐，誣指她爲精神狀態失常、說謊……等。但有智之士並未被達賴集團的政治操作及各國政府政治運作吹捧達賴的表相所欺，使她的書銷售無阻而又再版。正智出版社鑑於作者此書是親身經歷的事實，所說具有針對「**藏傳佛教**」而作學術研究的價值，也有使人認清假藏傳佛教剝削佛母、明妃的男性本位實質，因此洽請作者同意中譯而出版於華人地區。珍妮·坎貝爾女士著，呂艾倫 中譯，每冊250元。

假藏傳佛教的神話—性、謊言、喇嘛教 本書編著者是由一首名為「阿姊鼓」的歌曲為緣起，展開了序幕，揭開假藏傳佛教—喇嘛教—的神秘面紗。其重點是蒐集、摘錄網路上質疑「喇嘛教」的帖子，以揭穿「假藏傳佛教的神話」為主題，串聯成書，並附加彩色插圖以及說明，讓讀者們瞭解西藏密宗及相關人事如何被操作為「神話」的過程，以及神話背後的眞相。作者：張正玄教授。售價200元。

霧峰無霧—給哥哥的信 本書作者藉兄弟之間信件往來論義，略述佛法大義；並以多篇短文辨義，舉出釋印順對佛法的無量誤解證據，並一一給予簡單而清晰的辨正，令人一讀即知。久讀、多讀之後即能認清楚釋印順的六識論見解，與眞實佛法之牴觸是多麼嚴重；於是在久讀、多讀之後，於不知不覺之間提升了對佛法的極深入理解，正知正見就在不知不覺間建立起來了。當三乘佛法的正知見建立起來之後，對於三乘菩提的見道條件便將隨之具足，於是聲聞解脫道的見道也就水到渠成；接著大乘見道的因緣也將次第成熟，未來自然也會有親見大乘菩提之道的因緣，悟入大乘實相般若也將自然成功，自能通達般若系列諸經而成實義菩薩。作者居住於南投縣霧峰鄉，自喻見道之後不復再見霧峰之霧，故鄉原野美景一一明見，於是立此書名為《霧峰無霧》；讀者若欲撥霧見月，可以此書為緣。游宗明 老師著 已於2015年出版 售價250元。

霧峰無霧—第二輯—**救護佛子向正道** 本書作者藉釋印順著作中之各種錯謬法義提出辨正，以詳實的文義一一提出理論上及實證上之解析，列舉釋印順對佛法的無量誤解證據，藉此教導佛門大師與學人釐清佛法義理，遠離岐途轉入正道，然後知所進修，久之便能見道明心而入大乘勝義僧數。被釋印順誤導的大師與學人極多，很難救轉，是故作者大發悲心深入解說其錯謬之所在，佐以各種義理辨正而令讀者在不知不覺之間轉歸正道。如是久讀之後欲得斷身見、證初果，即不為難事；乃至久之亦得大乘見道而得證眞如，脫離空有二邊而住中道，實相般若智慧生起，於佛法不再茫然，漸漸亦知悟後進修之道。屆此之時，對於大乘般若等深妙法之迷雲暗霧亦將一掃而空，生命及宇宙萬物之故鄉原野美景一一明見，是故本書仍名《霧峰無霧》，為第二輯；讀者若欲撥雲見日、離霧見月，可以此書為緣。游宗明 老師著 已於2019年出版 售價250元。

達賴真面目—玩盡天下女人：假使您不想戴綠帽子，請記得詳細閱讀此書；假使您不想讓好朋友戴綠帽子，請您將此書介紹給您的好朋友。假使您想保護家中的女性，也想要保護好朋友的女眷，請記得將此書送給家中的女性和好友的女眷都來閱讀。本書爲印刷精美的大本彩色中英對照精裝本，爲您揭開達賴喇嘛的眞面目，內容精彩不容錯過，爲利益社會大眾，特別以優惠價格嘉惠所有讀者。編著者：白志偉等。大開版雪銅紙彩色精裝本。售價800元。

喇嘛性世界—揭開假藏傳佛教譚崔瑜伽的面紗：這個世界中的喇嘛，號稱來自世外桃源的香格里拉，穿著或紅或黃的喇嘛長袍，散布於我們的身邊傳教灌頂，吸引了無數的人嚮往學習；這些喇嘛虔誠地爲大眾祈福，手中拿著寶杵（金剛）與寶鈴（蓮花），口中唸著咒語：「唵．嘛呢．叭咪．吽……」，咒語的意思是說：「我至誠歸命金剛杵上的寶珠伸向蓮花寶穴之中」！「喇嘛性世界」是什麼樣的「世界」呢？本書將爲您呈現喇嘛世界的面貌。當您發現眞相以後，您將會唸：「噢！喇嘛．性．世界，譚崔性交嘛！」作者：張善思、呂艾倫。售價200元。

末代達賴—性交教主的悲歌：簡介從藏傳僞佛教（喇嘛教）的修行核心—性力派男女雙修，探討達賴喇嘛及藏傳僞佛教的修行內涵。書中引用外國知名學者著作、世界各地新聞報導，包含：歷代達賴喇嘛的祕史、達賴六世修雙身法的事蹟，以及《時輪續》中的性交灌頂儀式……等；達賴喇嘛書中開示的雙修法、達賴喇嘛的黑暗政治手段；達賴喇嘛所領導的寺院爆發喇嘛性侵兒童；新聞報導《西藏生死書》作者索甲仁波切性侵女信徒、澳洲喇嘛秋達公開道歉、美國最大假藏傳佛教組織領導人邱陽創巴仁波切的性氾濫，等等事件背後眞相的揭露。作者：張善思、呂艾倫、辛燕。售價250元。

黯淡的達賴—失去光彩的諾貝爾和平獎：本書舉出很多證據與論述，詳述達賴喇嘛不爲世人所知的一面，顯示達賴喇嘛並不是眞正的和平使者，而是假借諾貝爾和平獎的光環來欺騙世人；透過本書的說明與舉證，讀者可以更清楚的瞭解，達賴喇嘛是結合暴力、黑暗、淫欲於喇嘛教裡的集團首領，其政治行爲與宗教主張，早已讓諾貝爾和平獎的光環染污了。本書由財團法人正覺教育基金會寫作、編輯，由正覺出版社印行，每冊250元。

楞嚴經講記：楞嚴經係密教部之重要經典，亦是顯教中普受重視之經典；經中宣說明心與見性之內涵極爲詳細，將一切法都會歸如來藏及佛性—妙眞如性；亦闡釋五陰區宇及五陰盡的境界，作諸地菩薩自我檢驗證量之依據，旁及佛菩提道修學過程中之種種魔境，以及外道誤會涅槃之狀況，亦兼述明三界世間之起源。然因言句深澀難解，法義亦復深妙寬廣，學人讀之普難通達，是故讀者大多誤會，不能如實理解佛所說之明心與見性內涵，亦因是故多有悟錯之人引爲開悟之證言，成就大妄語罪。今由平實導師詳細講解之後，整理成文，以易讀易懂之語體文刊行天下，以利學人。全書十五輯，全部出版完畢。每輯三百餘頁，售價每輯300元。

第七意識與第八意識？—穿越時空「超意識」「三界唯心，萬法唯識」是佛教中應該實證的聖教，也是《華嚴經》中明載而可以實證的法界實相。唯心者，三界一切境界、一切諸法唯是一心所成就，即是每一個有情的第八識如來藏，不是意識心。唯識者，即是人類各各都具足的八識心王——眼識、耳鼻舌身意識、意根、阿賴耶識，第八阿賴耶識又名如來藏，人類五陰相應的萬法，莫不由八識心王共同運作而成就，故說萬法唯識。依聖教量及現量、比量，都可以證明意識是二法因緣生，是由第八識藉意根與法塵二法爲因緣而出生，又是夜夜斷滅不存之生滅心，即無可能反過來出生第七識意根、第八識如來藏，當知不可能從生滅性的意識心中，細分出恆審思量的第七識意根，更無可能細分出恆而不審的第八識如來藏。本書是將演講內容整理成文字，細說如是內容，並已在《正覺電子報》連載完畢，今彙集成書以廣流通，欲幫助佛門有緣人斷除意識我見，跳脫於識陰之外而取證聲聞初果；嗣後修學禪宗時即得不墮外道神我之中，得以求證第八識金剛心而發起般若實智。平實導師 述，每冊300元。

人間佛教—實證者必定不悖三乘菩提　「大乘非佛說」的講法似乎流傳已久，卻只是日本人企圖擺脫中國正統佛教的影響，而在明治維新時期才開始提出來的說法；台灣佛教、大陸佛教的淺學無智之人，由於未曾實證佛法而迷信日本人錯誤的學術考證，錯認爲這些別有用心的日本佛學考證的講法爲天竺佛教的眞實歷史；甚至還有更激進的反對佛教者提出「**釋迦牟尼佛並非眞實存在，只是後人捏造的假歷史人物**」，竟然也有少數佛教徒願意跟著「學術」的假光環而信受不疑，亦導致部分台灣佛教界人士，造作了反對中國大乘佛教而推崇南洋小乘佛教的行爲，使台灣佛教的信仰者難以檢擇，亦導致一般大陸人士開始轉入基督教的盲目迷信中。在這些佛教及外教人士之中，也就有一分人根據此邪說而大聲主張「大乘非佛說」的謬論，這些人以「人間佛教」的名義來抵制中國正統佛教，公然宣稱中國的大乘佛教是由聲聞部派佛教的凡夫僧所創造出來的。這樣的說法流傳於台灣及大陸佛教界凡夫僧之中已久，卻非眞正的佛教歷史中曾經發生過的事，只是繼承六識論的聲聞法中凡夫僧，以及別有居心的日本佛教界，依自己的意識境界立場，純憑臆想而編造出來的妄想說法，卻已經影響許多無智之凡夫僧俗信受不移。本書則是從佛教的經藏法義實質及實證的現量內涵本質立論，證明大乘佛法本是佛說，是從《阿含正義》尚未說過的不同面向來討論「人間佛教」的議題，證明「大乘眞佛說」。閱讀本書可以斷除六識論邪見，迴入三乘菩提正道發起實證的因緣；也能斷除禪宗學人學禪時普遍存在之錯誤知見，對於建立參禪時的正知見有很深的著墨。平實導師 述，內文488頁，全書528頁，定價400元。

童女迦葉考—論呂凱文〈佛教輪迴思想的論述分析〉之謬　童女迦葉是佛世率領五百大比丘遊行於人間的歷史事實，是以童貞行而依止菩薩戒弘化於人間的大菩薩，不依別解脫戒（聲聞戒）來弘化於人間。這是大乘佛教與聲聞佛教同時存在於佛世的歷史明證，證明大乘佛教不是從聲聞法中分裂出來的部派佛教的產物，卻是聲聞佛教分裂出來的部派佛教聲聞凡夫僧所不樂見的史實；於是古今聲聞法中的凡夫都欲加以扭曲而作詭說，更是末法時代高聲大呼「大乘非佛說」的六識論聲聞凡夫極力想要扭曲的佛教史實之一，於是想方設法扭曲迦葉菩薩爲聲聞僧，以及扭曲迦葉童女爲比丘僧等荒謬不實之論著便陸續出現，古時聲聞僧寫作的《分別功德論》是最具體之事例，現代之代表作則是呂凱文先生的〈佛教輪迴思想的論述分析〉論文。鑑於如是假藉學術考證以籠罩大眾之不實謬論，未來仍將繼續造作及流竄於佛教界，繼續扼殺大乘佛教學人法身慧命，必須舉證辨正之，遂成此書。平實導師 著，每冊180元。

中觀金鑑—詳述應成派中觀的起源與其破法本質　學佛人往往迷於中觀學派之不同學說，被應成派與自續派所迷惑；修學般若中觀二十年後自以爲實證般若中觀了，卻仍不曾入門，甫聞實證般若中觀者之所說，則茫無所知，迷惑不解；隨後信心盡失，不知如何實證佛法；凡此，皆因惑於這二派中觀學說所致。自續派中觀所說同於常見，以意識境界立爲第八識如來藏之境界，應成派所說則同於斷見，但又同立意識爲常住法，故亦具足斷常二見。今者孫正德老師有鑑於此，乃將起源於密宗的應成派中觀學說，追本溯源，詳考其來源之外，亦一一舉證其立論內容，詳加辨正，令密宗雙身法祖師以識陰境界而造之應成派中觀學說本質，詳細呈現於學人眼前，令其維護雙身法之目的無所遁形。若欲遠離密宗此二大派中觀謬說，欲於三乘菩提有所進道者，允宜具足閱讀並細加思惟，反覆讀之以後將可捨棄邪道返歸正道，則於般若之實證即有可能，證後自能現觀如來藏之中道境界而成就中觀。本書分上、中、下三冊，每冊250元，已全部出版完畢。

實相經宗通： 學佛之目的在於實證一切法界背後之實相，禪宗稱之爲本來面目或本地風光，佛菩提道中稱之爲實相法界；此實相法界即是金剛藏，又名佛法之祕密藏，即是能生有情五陰、十八界及宇宙萬有（山河大地、諸天、三惡道世間）的第八識如來藏，又名阿賴耶識心，即是禪宗祖師所說的眞如心，此心即是三界萬有背後的實相。證得此第八識心時，自能瞭解般若諸經中隱說的種種密意，即得發起實相般若——實相智慧。每見學佛人修學佛法二十年後仍對實相般若茫然無知，亦不知如何入門，茫無所趣；更因不知三乘菩提的互異互同，是故越是久學者對佛法越覺茫然，都肇因於尚未瞭解佛法的全貌，亦未瞭解佛法的修證內容即是第八識心所致。本書對於修學佛法者所應實證的實相境界提出明確解析，並提示趣入佛菩提道的入手處，有心親證實相般若的佛法實修者，宜詳讀之，於佛菩提道之實證即有下手處。平實導師述著，共八輯，已於2016年出版完畢，每輯成本價250元。

真心告訴您（一）—達賴喇嘛在幹什麼？這是一本報導篇章的選集，更是「破邪顯正」的暮鼓晨鐘。「破邪」是戳破假象，說明達賴喇嘛及其所率領的密宗四大派法王、喇嘛們，弘傳的佛法是仿冒的佛法；他們是假藏傳佛教，是坦特羅(譚崔性交)外道法和藏地崇奉鬼神的苯教混合成的「喇嘛教」，推廣的是以所謂「無上瑜伽」的男女雙身法冒充佛法的假佛教，詐財騙色誤導眾生，常常造成信徒家庭破碎、家中兒少失怙的嚴重後果。「顯正」是揭櫫眞相，指出眞正的藏傳佛教只有一個，就是覺囊巴，傳的是　釋迦牟尼佛演繹的第八識如來藏妙法，稱爲他空見大中觀。正覺教育基金會即以此古今輝映的如藏正法正知見，在眞心新聞網中逐次報導出來，將箇中原委「眞心告訴您」，如今結集成書，與想要知道密宗眞相的您分享。售價250元。

真心告訴您（二）—達賴喇嘛是佛教僧侶嗎？補祝達賴喇嘛八十大壽：這是一本針對當今達賴喇嘛所領導的喇嘛教，冒用佛教名相、於師徒間或師兄姊間，實修男女邪淫，而從佛法三乘菩提的現量與聖教量，揭發其謊言與邪術，證明達賴及其喇嘛教是仿冒佛教的外道，是「假藏傳佛教」。藏密四大派教義雖有「八識論」與「六識論」的表面差異，然其實修之內容，皆共許「無上瑜伽」四部灌頂爲究竟「成佛」之法門，也就是共以男女雙修之邪淫法爲「即身成佛」之密要，雖美其名曰「欲貪爲道」之「金剛乘」，並誇稱其成就超越於(應身佛)釋迦牟尼佛所傳之顯教般若乘之上；然詳考其理論，則或以意識離念時之粗細心爲第八識如來藏，或以中脈裡的明點爲第八識如來藏，或如宗喀巴與達賴堅決主張第六意識爲常恆不變之眞心者，分別墮於外道之常見與斷見中；全然違背　佛說能生五蘊之如來藏的實質。售價300元。

西藏「活佛轉世」制度—附佛、造神、世俗法：歷來關於喇嘛教活佛轉世的研究，多針對歷史及文化兩部分，於其所以成立的理論基礎，較少系統化的探討。尤其是此制度是否依據「佛法」而施設？是否合乎佛法眞實義？現有的文獻大多含糊其詞，或人云亦云，不曾有明確的闡釋與如實的見解。因此本文先從活佛轉世的由來，探索此制度的起源、背景與功能，並進而從活佛的尋訪與認證之過程，發掘活佛轉世的特徵，以確認「活佛轉世」在佛法中應具足何種果德。定價150元。

法華經講義：此書爲平實導師始從2009/7/21演述至2014/1/14之講經錄音整理所成。世尊一代時教，總分五時三教，即是華嚴時、聲聞緣覺教、般若教、種智唯識教、法華時；依此五時三教區分爲藏、通、別、圓四教。本經是最後一時的圓教經典，圓滿收攝一切法教於本經中，是故最後的圓教聖訓中，特地指出無有三乘菩提，其實唯有一佛乘；皆因眾生愚迷故，方便區分爲三乘菩提以助眾生證道。世尊於此經中特地說明如來示現於人間的唯一大事因緣，便是爲有緣眾生「開、示、悟、入」諸佛的所知所見——第八識如來藏妙眞如心，並於諸品中隱說「妙法蓮花」如來藏心的密意。然因此經所說甚深難解，眞義隱晦，古來難得有人能窺堂奧；平實導師以知如是密意故，特爲末法佛門四眾演述《妙法蓮華經》中各品蘊含之密意，使古來未曾被古德註解出來的「此經」密意，如實顯示於當代學人眼前。乃至〈藥王菩薩本事品〉、〈妙音菩薩品〉、〈觀世音菩薩普門品〉、〈普賢菩薩勸發品〉中的微細密意，亦皆一併詳述之，可謂開前人所未曾言之密意，示前人所未見之妙法。最後乃至以〈法華大義〉而總其成，全經妙旨貫通始終，而依佛旨圓攝於一心如來藏妙心，厥爲曠古未有之大說也。平實導師述，共有25輯，已於2019/05/31出版完畢。每輯300元。

涅槃——解說四種涅槃之實證及內涵：眞正學佛之人，首要即是見道，由見道故方有涅槃之實證，證涅槃者方能出生死，但涅槃有四種：二乘聖者的有餘涅槃、無餘涅槃，以及大乘聖者的本來自性清淨涅槃、佛地的無住處涅槃。大乘聖者實證本來自性清淨涅槃，入地前再取證二乘涅槃，然後起惑潤生捨離二乘涅槃，繼續進修而在七地心前斷盡三界愛之習氣種子，依七地無生法忍之具足而證得念念入滅盡定；八地後進斷異熟生死，直至妙覺地下生人間成佛，具足四種涅槃，方是眞正成佛。此理古來少人言，以致誤會涅槃正理者比比皆是，今於此書中廣說四種涅槃、如何實證之理、實證前應有之條件，實屬本世紀佛教界極重要之著作，令人對涅槃有正確無訛之認識，然後可以依之實行而得實證。本書共有上下二冊，每冊各四百餘頁，對涅槃詳加解說，每冊各350元。

佛藏經講義：本經說明為何佛菩提難以實證之原因，都因往昔無數阿僧祇劫前的邪見，引生此世求證時之業障而難以實證。即以諸法實相詳細解說，繼之以念佛品、念法品、念僧品，說明諸佛與法之實質；然後以淨戒品之說明，期待佛弟子四眾堅持清淨戒而轉化心性，並以往古品的實例說明歷代學佛人在實證上的業障由來，教導四眾務必滅除邪見轉入正見中，不再造作謗法及謗賢聖之大惡業，以免未來世尋求實證之時被業障所障；然後以了戒品的說明和囑累品的付囑，期望末法時代的佛門四眾弟子皆能清淨知見而得以實證。平實導師於此經中有極深入的解說，總共21輯，每輯300元，於2019/07/31開始每二個月發行一輯。

我的菩提路第七輯：余正偉老師等人著，本輯中舉示余老師明心二十餘年以後的眼見佛性實錄，供末法時代學人了知明心異於見性之本質，並且舉示其見性後與平實導師互相討論眼見佛性之諸多疑訛處；除了證明《大般涅槃經》中世尊開示眼見佛性之法正真無訛以外，亦得一解明心後尚未見性者之所未知處，甚為精彩。此外亦列舉多篇學人從各不同宗教進入正覺學法之不同過程，以及發覺諸方道場邪見之內容與過程，最終得於正覺精進禪三中悟入的實況，足供末法精進學人借鑑，以彼鑑己而生信心，得以投入了義正法中修學及實證。凡此，皆足以證明不唯明心所證之第七住位般若智慧及解脫功德仍可實證，乃至第十住位的實證與當場發起如幻觀之實證，於末法時代的今天皆仍有可能。本書約四百頁，售價300元。

大法鼓經講義：本經解說佛法的總成：法、非法。由開解法、非法二義，說明了義佛法與世間戲論法的差異，指出佛法實證之標的即是法第八識如來藏；並顯示實證後的智慧，如實擊大法鼓、演深妙法，演說如來祕密教法，非二乘定性及諸凡夫所能得聞，唯有具足菩薩性者方能得聞。正聞之後即得依於 世尊大願而拔除邪見，入於正法而得實證；深解不了義經之方便說，亦能實解了義經所說之眞實義，得以證法如來藏，而得發起根本無分別智，乃至進修而發起後得無分別智；並堅持布施及受持清淨戒而轉化心性，得以現觀眞我眞法如來藏之各種層面。此爲第一義諦聖教，並授記末法最後餘四十年時，一切世間樂見離車童子將繼續護持此經所說正法。平實導師於此經中有極深入的解說，總共六輯，每輯300元，於《佛藏經講義》出版完畢後開始發行，每二個月發行一輯。

解深密經講義：本經是所有尋求大乘見道及悟後欲入地者所應詳習串習的三經之一，即是《楞伽經》、《解深密經》、《楞嚴經》三經中的一經，亦可作爲見道眞假的自我印證依據。此經是 世尊晚年第三轉法輪時，宣說地上菩薩所應熏修之無生法忍唯識正義經典；經中總說眞見道位所見的智慧總相，兼及相見道位所應熏修的七眞如等法，以及入地應修之十地眞如等義理，乃是大乘一切種智增上慧學，以阿陀那識—如來藏—阿賴耶識爲成佛之道的主體。禪宗之證悟者，若欲修證初地無生法忍乃至八地無生法忍者，必須修學《楞伽經、解深密經、楞嚴經》所說之八識心王一切種智。此三經所說正法，方是眞正成佛之道；印順法師否定第八識如來藏之後所說萬法緣起性空之法，墮於六識論中而著作的《成佛之道》，乃宗本於密宗宗喀巴六識論邪思而寫成的邪見，是以誤會後之二乘解脫道取代大乘眞正成佛之道，承襲自古天竺部派佛教聲聞凡夫論師的邪見，尙且不符二乘解脫道正理，亦已墮於斷滅見及常見中，所說全屬臆想所得的外道見，不符本經中佛所說的正義。平實導師曾於本會郭故理事長往生時，於喪宅中從首七開始宣講此經，於每一七起各宣講三小時，至第十七而快速略講圓滿，作爲郭老之往生後的佛事功德，迴向郭老早證八地、速返娑婆住持正法。茲爲今時後世學人故，已經開始重講《解深密經》，以淺顯之語句講畢後，將會整理成文並梓行流通，用供證悟者進道；亦令諸方未悟者，據此經中佛語正義修正邪見，依之速能入道。平實導師述著，全書輯數未定，每輯三百餘頁，將於未來重講完畢後逐輯陸續出版。

成唯識論釋：本論係大唐玄奘菩薩揉合當時天竺十大論師的說法加以辨正而著成，攝盡佛門證悟菩薩及部派佛教聲聞凡夫論師對佛法的論述，並函蓋當時天竺諸大外道對生命實相的錯誤論述加以辨正，是由玄奘大師依據無生法忍證量加以評論確定而成爲此論。平實導師弘法初期即已依於證量略講過一次，歷時大約四年，當時正覺同修會規模尚小，聞法成員亦多尚未證悟，是故並未整理成書；如今正覺同修會中的證悟同修已超過六百人，鑑於此論在護持正法、實證佛法及悟後進修上的重要性，擬於2022年初重講，並已經預先註釋完畢編輯成書，名爲《成唯識論釋》，總共十輯，每輯目次41頁、序文7頁、內文370頁；於增上班宣講時的內容將會更詳細於書中所說，涉及佛法密意的詳細內容只於增上班中宣講，於書中皆依佛誡隱覆密意而說，攝屬判教的〈目次〉已經詳盡判定論中諸段句義，用供學人參考；是故讀者閱完此論之釋，即可深解成佛之道的正確內涵；預定將於每一輯內容講述完畢時即予出版，預計每七個月出版一輯，每輯定價400元。

修習止觀坐禪法要講記：修學四禪八定之人，往往錯會禪定之修學知見，欲以無止盡之坐禪而證禪定境界，卻不知修除性障之行門才是修證四禪八定不可或缺之要素，故智者大師云「性障初禪」；性障不除，初禪永不現前，云何修證二禪等？又：行者學定，若唯知數息，而不解六妙門之方便善巧者，欲求一心入定，未到地定極難可得，智者大師名之爲「事障未來」：障礙未到地定之修證。又禪定之修證，不可違背二乘菩提及第一義法，否則縱使具足四禪八定，亦不能實證涅槃而出三界。此諸知見，智者大師於《修習止觀坐禪法要》中皆有闡釋。作者平實導師以其第一義之見地及禪定之實證證量，曾加以詳細解析。將俟正覺寺竣工啓用後重講，不限制聽講者資格；講後將以語體文整理出版。欲修習世間定及增上定之學者，宜細讀之。平實導師述著。

阿含經講記—小乘解脫道之修證：數百年來，南傳佛法所說證果之不實，所說解脫道之虛妄，所弘解脫道法義之世俗化，皆已少人知之；從南洋傳入台灣與大陸之後，所說法義虛謬之事，亦復少人知之；今時台灣全島印順系統之法師居士，多不知南傳佛法數百年來所說解脫道之義理已然偏斜、已然世俗化、已非眞正之二乘解脫正道，猶極力推崇與弘揚。彼等南傳佛法近代所謂之證果者皆非眞實證果者，譬如阿迦曼、葛印卡、帕奧禪師、一行禪師……等人，悉皆未斷我見故。近年更有台灣南部大願法師，高抬南傳佛法之二乘修證行門爲「捷徑究竟解脫之道」者，然而南傳佛法縱使眞修實證，得成阿羅漢，至高唯是二乘菩提解脫之道，絕非**究竟**解脫，無餘涅槃中之實際尚未得證故，法界之實相尚未了知故，習氣種子待除故，一切種智未實證故，焉得謂爲「究竟解脫」？即使南傳佛法近代眞有實證之阿羅漢，尚且不及三賢位中之七住明心菩薩本來自性清淨涅槃智慧境界，則不能知此賢位菩薩所證之無餘涅槃實際，仍非大乘佛法中之見道者，何況普未實證聲聞果乃至未斷我見之人？謬充證果已屬逾越，更何況是誤會二乘菩提之後，以未斷我見之凡夫知見所說之二乘菩提解脫偏斜法道，焉可高抬爲「究竟解脫」？而且自稱「捷徑之道」？又妄言解脫之道即是成佛之道，完全否定般若實智、否定三乘菩提所依之如來藏心體，此理大大不通也！平實導師爲令修學二乘菩提欲證解脫果者，普得迴入二乘菩提正見、正道中，是故選錄四阿含諸經中，對於二乘解脫道法義有具足圓滿說明之經典，預定未來十年內將會加以詳細講解，令學佛人得以了知二乘解脫道之修證理路與行門，庶免被人誤導之後，未證言證，梵行未立，干犯道禁自稱阿羅漢或成佛，成大妄語，欲升反墮。本書首重斷除我見，以助行者斷除我見而實證初果爲著眼之目標，若能根據此書內容，配合平實導師所著《識蘊眞義》《阿含正義》內涵而作實地觀行，實證初果非爲難事，行者可以藉此三書自行確認聲聞初果爲實際可得現觀成就之事。此書中除依二乘經典所說加以宣示外，亦依斷除我見等之證量，及大乘法中道種智之證量，對於意識心之體性加以細述，令諸二乘學人必定得斷我見、常見，免除三縛結之繫縛。次則宣示斷除我執之理，欲令升進而得薄貪瞋痴，乃至斷五下分結…等。平實導師將擇期講述，然後整理成書。共二冊，每冊三百餘頁。每輯300元。

總經銷： 聯合發行股份有限公司
231 新北市新店區寶橋路 235 巷 6 弄 6 號 4F
Tel.02－2917-8022（代表號） Fax.02－2915-6275（代表號）
零售：1.**全台連鎖經銷書局：**
三民書局、誠品書局、何嘉仁書店
敦煌書店、紀伊國屋、金石堂書局、建宏書局
諾貝爾圖書城、墊腳石圖書文化廣場
2.**台北市：**佛化人生 **大安區**羅斯福路 3 段 325 號 6 樓之 4　台電大樓對面
3.**新北市：**春大地書店 **蘆洲區**中正路 117 號
4.**桃園市：**御書堂 **龍潭區**中正路 123 號
5.**新竹市：**大學書局 **東區**建功路 10 號
6.**台中市：**瑞成書局 **東區**雙十路 1 段 4 之 33 號
佛教詠春書局 **南屯區**永春東路 884 號
文春書店 **霧峰區**中正路 1087 號
7.**彰化市：**心泉佛教文化中心 南瑤路 286 號
8.**高雄市：**政大書城 **前鎮區**中華五路 789 號 2 樓（高雄夢時代店）
明儀書局 **三民區**明福街 2 號
青年書局 **苓雅區**青年一路 141 號
9.**台東市：**東普佛教文物流通處 博愛路 282 號
10.**其餘鄉鎮市經銷書局：**請電詢總經銷**聯合**公司。
11.**大陸地區請洽：**
香港：樂文書店
銅鑼灣店 :香港銅鑼灣駱克道 506 號 2 樓
電話 : (852) 2881 1150 email: luckwinbs@gmail.com
廈門：廈門外圖臺灣書店有限公司
地址:廈門市思明區湖濱南路809 號 廈門外圖書城3 樓 郵編:361004
電話：0592-5061658（臺灣地區請撥打 86-592-5061658）
E-mail：JKB118@188.COM
12.**美國：世界日報圖書部：**紐約圖書部　電話 7187468889#6262
洛杉磯圖書部　電話 3232616972#202
13.**國內外地區網路購書：**
正智出版社 書香園地　http://books.enlighten.org.tw/
（書籍簡介、經銷書局可直接聯結下列網路書局購書）
三民 網路書局　http://www.sanmin.com.tw
誠品 網路書局　http://www.eslitebooks.com
博客來 網路書局　http://www.books.com.tw
金石堂 網路書局　http://www.kingstone.com.tw
聯合 網路書局　http:// www.nh.com.tw

附註：1.請儘量向各經銷書局購買：郵政劃撥需要八天才能寄到（本公司在您劃撥後第四天才能接到劃撥單，次日寄出後第二天您才能收到書籍，此六天中可能會遇到週休二日，是故共需八天才能收到書籍）若想要早日收到書籍者，請劃撥完畢後，將劃撥收據貼在紙上，旁邊寫上您的姓名、住址、郵區、電話、買書詳細內容，直接傳眞到本公司 02-28344822，並來電 02-28316727、28327495 確認是否已收到您的傳眞，即可提前收到書籍。 **2**.因台灣每月皆有五十餘種宗教類書籍上架，書局書架空間有限，故唯有新書方有機會上架，通常每次只能有一本新書上架；本公司出版新書，大多上架不久便已售出，若書局未再叫貨補充者，書架上即無新書陳列，則請直接向書局櫃台訂購。 **3**.若書局不便代購時，可於晚上共修時間向正覺同修會各共修處請購（共修時間及地點，詳閱**共修現況表**。每年例行年假期間請勿前往請書，年假期間請見共修現況表）。 **4**. 郵購：郵政劃撥帳號 19068241。 **5**. 正覺同修會會員購書都以八折計價（戶籍台北市者爲一般會員，外縣市爲護持會員）都可獲得優待，欲一次購買全部書籍者，可以考慮入會，節省書費。入會費一千元（第一年初加入時才需要繳），年費二千元。**6.尚未出版之書籍，請勿預先郵寄書款與本公司，謝謝您！** **7**.若欲一次購齊本公司書籍，或同時取得正覺同修會贈閱之全部書籍者，請於正覺同修會共修時間，親到各共修處請購及索取；**台北市讀者**請洽：103 台北市承德路三段 267 號 10 樓（捷運淡水線 圓山站旁）請書時間：週一至週五爲 18.00~21.00，第一、三、五週週六爲 10.00~21.00，雙週之週六爲 10.00~18.00 請購處專線電話：25957295-分機 14（於請書時間方有人接聽）。

敬告大陸讀者：

大陸讀者購書、索書捷徑（尚未在大陸出版的書籍，以下二個途徑都可以購得，電子書另包括結緣書籍）：

1.**廈門外國圖書公司**：廈門市思明區湖濱南路 809 號 廈門外圖書城 3F
郵編：361004 電話：0592-5061658 網址：http://www.xibc.com.cn/

2.**電子書**：正智出版社有限公司及正覺同修會在台灣印行的各種局版書、結緣書，已有『**正覺電子書**』陸續上線中，提供讀者於手機、平板電腦上購書、下載、閱讀正智出版社、正覺同修會及正覺教育基金會所出版之電子書，詳細訊息敬請參閱『正覺電子書』專頁：
http://books.enlighten.org.tw/ebook

關於平實導師的書訊，請上網查閱：
成佛之道 http://www.a202.idv.tw
正智出版社 書香園地 http://books.enlighten.org.tw/

中國網採訪佛教正覺同修會、正覺教育基金會訊息：

http://foundation.enlighten.org.tw/newsflash/20150817_1

http://video.enlighten.org.tw/zh-CN/visit_category/visit10

★ 正智出版社有限公司售書之稅後盈餘，全部捐助財團法人正覺寺籌備處、佛教正覺同修會、正覺教育基金會，供作弘法及購建道場之用；懇請諸方大德支持，功德無量。

★ 聲 明 ★

本社於 2015/01/01 開始調整本目錄中部分書籍之售價，以因應各項成本的持續增加。

* 喇嘛教修外道雙身法、墮識陰境界，非佛教 *

* 弘揚如來藏他空見的覺囊派才是真正藏傳佛教 *

換書及道歉公告

《法華經講義》第十三輯，因謄稿、印製等相關人員作業疏失，導致該書中的經文及內文用字將「**親近**」誤植成「清淨」。茲爲顧及讀者權益，自 2017/8/30 開始免費調換新書；敬請所有讀者將以前所購第十三輯初版首刷及二刷本，攜回或寄回本社免費換新，或請自行更正其中的錯誤之處；郵寄者之回郵由本社負擔，不需寄來郵票。同時對因此而造成讀者閱讀、以及換書的困擾及不便，在此向所有讀者致上最誠懇的歉意，祈請讀者大眾見諒！錯誤更正說明如下：

一、第 256 頁第 10 行~第 14 行：【就是先要具備「**法親近處**」、「**眾生親近處**」；法**親近**處就是在實相之法有所實證，如果在實相法上有所實證，他在二乘菩提中自然也能有所實證，以這個作爲第一個**親近**處——第一個基礎。然後還要有第二個基礎，就是瞭解應該如何善待眾生；對於眾生不要有排斥或者是貪取之心，平等觀待而攝受、親近一切有情。以這兩個**親近**處作爲基礎，來實行其他三個安樂行法。】。

二、第 268 頁第 13 行：【具足了那兩個「**親近處**」，使你能夠在末法時代，如實而圓滿的演述《法華經》時，那麼你作這個夢，它就是如理作意的，完全符合邏輯去完成這個過程，就表示你那個晚上，在那短短的一場夢中，已經度了不少眾生了。】

正智出版社有限公司 敬啓

售後服務—換書啓事（免附回郵）　　2017/12/05

《楞伽經詳解》第三輯初版免費調換新書啓事：茲因 平實導師弘法早期尚未回復往世全部證量，有些法義接受他人的說法，寫書當時並未察覺而有二處（同一種法義）跟著誤說，如今發現已將之修正。茲爲顧及讀者權益，已開始免費調換新書；敬請所有讀者將以前所購第三輯（不論第幾刷），攜回或寄回本公司免費換新；郵寄者之回郵由本公司負擔，不需寄來郵票。因此而造成讀者閱讀、以及換書的不便，在此向所有讀者致上萬分的歉意，祈請讀者大眾見諒！

《楞嚴經講記》第 14 輯初版首刷本免費調換新書啓事：本講記第 14 輯出版前因 平實導師諸事繁忙，未將之重新閱讀而只改正校對時發現的錯別字，故未能發覺十年前所說法義有部分錯誤，於第 15 輯付印前重閱時才發覺第 14 輯中有部分錯誤尚未改正。今已重新審閱修改並已重印完成，煩請所有讀者將以前所購第 14 輯初版首刷本，寄回本公司免費換新（初版二刷本無錯誤），本公司將於寄回新書時同時附上您寄書來換新時的郵資，並在此向所有讀者致上最誠懇的歉意。

《心經密意》初版書免費調換二版新書啓事：本書係演講錄音整理成書，講時因時間所限，省略部分段落未講。後於再版時補寫增加 13 頁，維持原價流通之。茲爲顧及初版讀者權益，自 2003/9/30 開始免費調換新書，原有初版一刷、二刷書籍，皆可寄來本公司換書。

《宗門法眼》已經增寫改版爲 464 頁新書，2008 年 6 月中旬出版。讀者原有初版之第一刷、第二刷書本，都可以寄回本公司免費調換改版新書。改版後之公案及錯悟事例維持不變，但將內容加以增說，較改版前更具有廣度與深度，將更能助益讀者參究實相。

換書者**免附回郵**，亦無截止期限；舊書請寄：111 台北郵政 73-151 號信箱 或 103 台北市承德路三段 267 號 10 樓 正智出版社有限公司。舊書若有塗鴨、殘缺、破損者，仍可換取新書；但缺頁之舊書至少應仍有五分之三頁數，方可換書。所有讀者不必顧念本公司是否有盈餘之問題，都請踴躍寄來換書；本公司成立之目的不是營利，只要能眞實利益學人，即已達到成立及運作之目的。若以郵寄方式換書者，免附回郵；並於寄回新書時，由本公司附上您寄來書籍時耗用的郵資。造成您不便之處，再次致上萬分的歉意。

正智出版社有限公司 啓

國家圖書館出版品預行編目資料

我的菩提路. 第二輯／郭正益等合著. -- 再版.
-- 臺北市：正智出版社有限公司，2021.11
面；　公分

ISBN 978-986-06961-4-1（平裝）

1.佛教修持

225.87　110020027

我的菩提路
——第二輯

著　者：郭正益 等人
校　對：章乃均 陳介源 蔡禮政 傅素嫺 王美伶
出版者：**正智出版社**有限公司
電話：○二 28327495　28316727（白天）
傳眞：○二 28344822
111台北郵政73-151號信箱
郵政劃撥帳號：一九○六八二四一
正覺講堂：總機○二25957295（夜間）

總經銷：聯合發行股份有限公司
231新北市新店區寶橋路235巷6弄6號4樓
電話：○二29178022（代表號）
傳眞：○二29156275

初版首刷：公元二○一○年三月底 二千冊
初版二刷：公元二○一○年四月二日 一萬冊
初版四刷：公元二○一六年八月 二千冊
二版首刷：公元二○二一年十二月 二千冊
定　價：三○○元